Bogumil/Heinze/Lehner/Strohmeier

Viel erreicht – wenig gewonnen
Ein realistischer Blick auf das Ruhrgebiet

KLARTEXT

Jörg Bogumil/Rolf G. Heinze/
Franz Lehner/Klaus Peter Strohmeier

Viel erreicht – wenig gewonnen

Ein realistischer Blick auf das Ruhrgebiet

Titelbild: Am 15.12.2010 wurde die 18 Meter hohe Herkules-Skulptur des Düsseldorfer Künstlers Prof. Markus Lüpertz mit einem Spezialkran auf den Turm der ehemaligen Zeche Nordstern in Gelsenkirchen gehoben. (Foto: Martin Möller/WAZ FotoPool)

Bibliografische Information der Deutschen Bibliothek
Die Deutsche Bibliothek verzeichnet diese Publikation in der Deutschen Nationalbibliografie; detaillierte bibliografische Daten sind im Internet über <http://dnb.ddb.de> abrufbar.

1. Auflage Februar 2012
Satz: Griebsch & Rochol Druck GmbH und Co. KG, Hamm
Umschlaggestaltung: Volker Pecher, Essen
Druck und Bindung: winterwork, Borsdorf

ISBN 978-3-8375-0718-8

www.klartext-verlag.de

Inhalt

Abbildungen

Vorwort

Dieses Buch ist eine Gemeinschaftsproduktion von vier Professoren der Ruhr-Universität Bochum, die die Liebe zum Ruhrgebiet und die Sorge um seine Zukunft eint. Solche Gemeinschaftsproduktionen sind oft nicht einfach, da es unterschiedliche Kompetenzen, Eitelkeiten, Schreibstile und Charaktere gibt – zumal unter Professoren – und brauchen daher ihre Zeit. Wir haben uns in den letzten zwei Jahren öfter getroffen, zahlreiche Vorversionen diskutiert, verworfen, umgeschrieben und neue konzipiert und sind nun (endlich) zu einem Ergebnis gekommen. Auch wenn vieles arbeitsteilig geschrieben wurde, haben wir darauf verzichtet, diese Teile einzeln auszuweisen. Alle verantworten letztlich alles, auch wenn es zu einzelnen Passagen immer noch (kleine) Meinungsunterschiede gibt. Aber wenn nicht mal wir vier uns einigen können, wie soll es dann im Ruhrgebiet gelingen.

Wir wenden uns mit diesem Buch nicht in erster Linie an Wissenschaftlerinnen und Wissenschaftler, sondern an ein breiteres Publikum – an Menschen im Ruhrgebiet und anderswo, die sich für das Ruhrgebiet und seine Zukunft interessieren.

Quelle: Ruhr.2010
Abbildung 1: Ruhrgebiet aus dem Weltraum

Abbildung 2: Karte des Regionalverbandes Ruhrgebiet

Wir stellen mit diesem Buch eine *realistische Bestandsaufnahme der neueren sozialen, kulturellen, wirtschaftlichen und politischen Entwicklungen und Strukturen* im Ruhrgebiet vor, und wir bestimmen vor dem Hintergrund dieser Diagnose die Optionen, die dem Ruhrgebiet und seinen Kommunen bleiben. Dabei brechen wir mit den Mythen der Vergangenheit, wir plädieren für forcierte Investition in die Menschen, die der Strukturwandel der letzten Jahrzehnte nicht nur um den Arbeitsplatz, sondern auch um zentrale gesellschaftliche Teilhabechancen gebracht hat, wir plädieren für bessere interkommunale Kooperation und zugleich für mehr „funktionale Differenzierung“ der Kommunen, die immer auch mehr Konkurrenz bedeutet. Das Ruhrgebiet hat nur eine Perspektive, wenn es sich auf den Weg von „unzusammenhängender Gleichartigkeit zu zusammenhängender Vielfalt“ macht (so beschreibt die Sozialwissenschaft „Differenzierung“) und wenn Politik, Wirtschaft und Zivilgesellschaft in seinen Städten zusammenarbeiten.

Als Wissenschaftler stützen wir diese Argumentation selbstverständlich auf wissenschaftliche Erkenntnisse, verzichten aber zugunsten der Lesbarkeit und Verständlichkeit auf Fußnoten, viele Fremdworte und umfangreiche Zitatangaben (auch wenn das heutzutage manchmal gefährlich sein kann). Am Ende jedes Kapitels finden sich stattdessen Hinweise auf die wichtigste Literatur, die wir in diesem Kapitel benutzt haben und wo man Genaueres nachlesen kann.

Dieses Buch entstand im Rahmen der Studiengruppe Lernende Region des Instituts Arbeit und Technik und des Vereins pro Ruhrgebiet. Die Arbeit der Studiengruppe wurde durch die Sparkasse Gelsenkirchen und die Gesellschaft für Energie und Wirtschaft, Gelsenkirchen, finanziell gefördert. Wir danken für diese Unterstützung. Angelika Hüpen schulden wir für die Durchsicht und Korrektur des Manuskripts dieses Buches Dank, Lars Holtkamp für seinen intensiven Hinweis auf realistische Handlungsoptionen.

Bochum, Dezember 2011
Jörg Bogumil, Rolf G. Heinze, Franz Lehner, Klaus Peter Strohmeier

1 Der Kampf des Phönix mit der Asche

Im antiken Griechenland war der Phönix ein mythischer Vogel, der verbrennt und aus seiner Asche neu entsteht. Den Strukturwandel stellt man sich im Ruhrgebiet gern vor wie diese Wiedergeburt des Phönix aus seiner Asche: Aus der alten niedergegangenen Industrieregion soll eine neue Zukunftsregion entstehen, wobei die Zukunftsszenarien wechseln. Zukunftsregion hieß in den 1980er und 1990er Jahren zunächst vor allem Region für Dienstleistungen, dann für Hochtechnologie. Seit einigen Jahren ist die Zukunft des Ruhrgebiets mal die Kreativwirtschaft, mal die Metropole. Allen Zukunftsbildern gemeinsam sind das Visionäre und der ganz neue Glanz, der nach der Asche kommen soll.

Das schöne Bild vom Phönix aus der Asche ist eher ein Wunschbild als ein Abbild der Realität. Im Ruhrgebiet hat sich zwar in den vergangenen dreißig Jahren viel zum Positiven verändert. Es sind neue Arbeitsplätze in zukunftsträchtigen Wirtschaftszweigen entstanden, das Ruhrgebiet hat sich zu einer anspruchsvollen Kulturlandschaft entwickelt, die Lebensqualität des Reviers wurde an vielen Stellen verbessert, und das Ruhrgebiet weist heute eine starke Hochschul- und Forschungslandschaft auf. In der Logistik, der Informationstechnologie, der Chemie und anderen Bereichen haben sich international wettbewerbsfähige Kompetenzfelder entwickelt. Es wurde im Ruhrgebiet in Sachen Strukturwandel also *viel erreicht*, aber es wurde nur *wenig gewonnen*. Die überdurchschnittlichen Arbeitslosenzahlen, die Finanznöte der Kommunen und die Abwanderung vieler qualifizierter junger Menschen und Familien aus der Region machen deutlich, dass das Ruhrgebiet noch längst nicht zu einer wirtschaftlich starken, international wettbewerbsfähigen Region geworden ist. Schlimmer noch: In zwei wichtigen Bereichen hat das Ruhrgebiet nicht nur nichts gewonnen, sondern viel verloren – nämlich beim Humanvermögen und bei seiner regionalen Handlungsfähigkeit.

Die Wiedergeburt des Phönix ist allenfalls zum Teil gelungen. Im Ruhrgebiet kann er sich nicht einfach aus der Asche befreien und in die Lüfte schwingen, sondern er führt mit ihr einen langen Kampf. Diese Asche, die den Phönix am Boden hält, wird wissenschaftlich mit Begriffen wie Pfadabhängigkeit, Innovationssystemen und Innovationsmilieus beschrieben. Wenn Sozialwissenschaftler von Pfadabhängigkeiten sprechen, meinen sie damit, dass wirtschaftliche und gesellschaftliche Entwicklungen durch Bedingungen und Faktoren vorstrukturiert werden, die in der Vergangenheit verwurzelt sind. Bedingungen, die sich in der Vergangenheit herausgebildet haben, hemmen in der Gegenwart und in der Zukunft bestimmte Entwicklungen und fördern andere. Die Entwicklung von wirtschaftlichen und sozialen Strukturen ist zudem immer verbunden mit der Verfestigung bestimmter Strukturen zu Innovationssystemen und Innovationsmilieus.

Der Begriff Innovationssystem bezieht sich auf die „harten“ Faktoren, welche Innovation beeinflussen, wie Hochschulen, Verkehrsinfrastrukturen, die Kooperation zwischen Unternehmen und Hochschulen oder Dienstleistungsangebote; der Begriff Innovationsmilieu dagegen auf „weiche“ Faktoren, zum Beispiel die Aufgeschlossenheit gegenüber Neuem oder die Bildungsbereitschaft in der Bevölkerung.

Innovationssysteme und Innovationsmilieus begünstigen bestimmte Entwicklungen und hemmen andere. Dadurch werden die denkbaren Entwicklungsmöglichkeiten auf einen mehr oder weniger engen Pfad eingeschränkt. Durch diese Pfadabhängigkeiten werden zukünftige Entwicklungen an die Vergangenheit gebunden. Das ist nicht nur im Ruhrgebiet so, sondern in allen Regionen. Im Ruhrgebiet ist die *dominante Pfadabhängigkeit*, die nicht so leicht abzuschütteln ist, die *montanindustrielle Vergangenheit*. Sie prägte groß-industrielle Infrastrukturen und kleinräumige Strukturen, eine Konsenskultur und Kirchturmdenken sowie eine bestimmte Arbeitsmentalität (vgl. 1.1). Daneben sind der demografische Wandel (1.2), die Zerstörung von Humanvermögen (1.3), die kommunalen Finanznöte (1.4) sowie die mentalen Schwächen des Ruhrgebiets (1.5) weitere Teile der Asche, mit der der Phönix zu kämpfen hat.

1.1 Das montanindustrielle Erbe: Kleinräumige Strukturen, Konsenskultur und Kirchturmdenken

Im Montanzeitalter gab es im Ruhrgebiet so etwas wie eine umfassende politische und wirtschaftliche Koalition. In diese Koalition waren alle wichtigen ökonomischen und politischen Akteure – nach dem Zweiten Weltkrieg auch die Gewerkschaften – eingebunden. Das entsprach den Bedürfnissen des montanindustriellen Kerns des Ruhrgebiets und der damit verbundenen Industrien (insbesondere Chemie und Energiewirtschaft). Dabei standen zwei Probleme im Zentrum, nämlich die Sicherung der sozialen und politischen Stabilität und die Durchsetzung von groß-industriellen Infrastrukturen und Anlagen. Auch als die Montanindustrie in die Krise rutschte, blieb diese Koalition zunächst bestehen oder wurde gar noch gestärkt. Montanunternehmen, Gewerkschaften, Kommunen und andere Akteure hatten gemeinsame Interessen, sich dem Niedergang entgegenzustemmen und später zumindest seine wirtschaftlichen und finanziellen Folgen abzuschwächen.

Die große politische und wirtschaftliche Koalition des Montanzeitalters hat eine *Konsenskultur der Eliten* hervorgebracht, die auch den Niedergang des Montanzeitalters lange überdauerte und ihre Spuren bis heute hinterlässt. Diese Kultur war geprägt durch eine starke Betonung von einhelligen, zwischen Wirtschaft und Politik abgestimmten Entscheidungen und Strategien und einer ebenfalls starken

Neigung, Konflikte möglichst gar nicht erst aufkommen zu lassen oder zumindest nicht offen auszutragen, sondern im Stillen zu bereinigen. Damit verbunden war ein gemeinsames wirtschaftliches und gesellschaftliches „Leitbild“, das vom Bergbau und der Montanindustrie geprägt war. In diesem „Leitbild“ schlugen sich die großindustriellen Strukturen der Montanindustrie ebenso nieder wie die Tatsache, dass die Montanindustrie große Arbeitermassen in einer hierarchischen Arbeitsorganisation benötigte, die man integrieren (oder ruhighalten) musste. Der zuletzt genannte Sachverhalt führte zum Aufbau patriarchalischer Strukturen mit einer Versorgung mit Wohnraum, Gesundheitseinrichtungen sowie Einkaufs- und Freizeitmöglichkeiten durch die Unternehmen und damit auch zu einer Entwicklung kleinräumiger sozialer Strukturen des Ruhrgebiets.

Das wirtschaftliche und vor allem das soziale Leben waren sehr *kleinräumig* um die Betriebe der Montanindustrie herum organisiert. Das kann man heute noch mit einem Blick vom Gasometer auf die „Neue Mitte“ in Oberhausen feststellen. Die „Neue Mitte“ in Oberhausen war im Montanzeitalter ein zentraler Standort der Montanindustrie, um den herum die Orte Oberhausen, Sterkrade und Osterfeld lagen – und sich mit der Montanindustrie zu einer größeren Stadt entwickelten. Mit dem Niedergang der Montanindustrie verlor Oberhausen seine Mitte und musste eine neue entwickeln. Auch auf Schalke ist das gut zu beobachten. Zwischen beiden Teilen von Schalke liegt ein großes Gebiet, auf dem früher die Montanindustrie angesiedelt war. Auch sonst wohnten die Menschen im Ruhrgebiet zumeist nahe bei ihren Zechen, Stahlwerken oder anderen Betrieben. Ihre Freizeit- und Einkaufsmöglichkeiten, die oft auch von den Montanunternehmen bereitgestellt wurden, lagen nahe bei ihren Wohnorten. Das Leben der meisten Menschen spielte sich in einem recht kleinen Umkreis um ihre Arbeitsstätten ab. Das schlug sich auch in ihren sozialen Beziehungen nieder, die ebenfalls überwiegend kleinräumig strukturiert waren – und es auch heute zum Teil noch sind. Bezogen auf Mobilität bedeuten diese kleinräumigen Strukturen im Übrigen, dass der ruhrgebietsweite Personennahverkehr kein zentrales Thema war. Das hat sich insofern geändert, als eine wachsende Zahl von Personen nicht mehr in der Nähe ihres Wohnortes arbeitet, sondern zum Arbeitsort pendeln muss. Der auf die Pendlerströme ausgerichtete Personennahverkehr ist im Ruhrgebiet später ausgebaut worden. Was dem Ruhrgebiet aber immer noch fehlt, sind die für die meisten Metropolen charakteristischen dichten Verkehrsverbindungen. Insofern ist die Kleinräumigkeit mitverantwortlich für den im Vergleich zu anderen Metropolen relativ schlecht ausgebauten ÖPNV (vgl. ausführlicher Kapitel 5).

Die aus der Montanzeit „geerbten“ kleinräumigen Siedlungs- und Lebensstrukturen hemmen die Entwicklung und die Entwicklungsmöglichkeiten des Ruhrgebiets. Sie hindern den wirtschaftlichen Austausch im Ruhrgebiet ebenso wie den Wissens- und Technologietransfer. Viele Unternehmen in Duisburg sind

– auch über Kammern und andere Organisationen – zwar gut mit anderen Unternehmen im westlichen Ruhrgebiet und am Niederrhein vernetzt, aber kaum mit solchen im östlichen Ruhrgebiet. Ähnlich verhält es sich mit Unternehmen in Dortmund, die dichte Beziehungen zur Wirtschaft im östlichen Ruhrgebiet und im westlichen Westfalen, aber weniger zur Wirtschaft am Niederrhein unterhalten. Das kann man für alle Städte im Ruhrgebiet so durchdeklinieren – die sozialen Beziehungsnetze der Ruhrgebietswirtschaft sind überwiegend auf Städte oder Teilregionen des Ruhrgebiets beschränkt. Wir sprechen hier nicht über konkrete Geschäftsbeziehungen, sondern über soziale Beziehungen. Das umfasst viel mehr als reine Geschäftsbeziehungen, zum Beispiel Beziehungen im Rahmen von Kammern und Verbänden, Freundes- oder Fördervereinen von Hochschulen, Theatern und anderen Einrichtungen oder von Clubs und Vereinen. Diese sozialen Beziehungen – und nicht bloß reine Geschäftsbeziehungen – sind der Stoff, aus dem innovative Milieus und selbst Cluster entstehen. Kreative Prozesse und innovative Entwicklungen entfalten sich eher da, wo Menschen alltäglich in vielfältige soziale Beziehungen eingebunden sind, als da, wo Menschen alltäglich immer mit denselben Akteuren über dieselben Themen kommunizieren.

Die kleinräumigen Strukturen bergen zudem die Gefahr, dass sich die Städte im Ruhrgebiet wirtschaftlich wechselseitig strangulieren. Weniger dramatisch ausgedrückt, verhindern sie einerseits die Ausschöpfung der Marktpotenziale des Ruhrgebiets und seines Umfeldes und hemmen andererseits die Entwicklung starker Wachstumspole im Revier. Das Ruhrgebiet hat mit seinen rund 5,3 Millionen Einwohnern und weiteren Millionen Einwohnern in seinem Umland ein großes Marktpotenzial. Dieses Marktpotenzial wird jedoch durch die kleinräumigen Strukturen oft zerstückelt. In vielen Marktsegmenten, insbesondere für Konsumgüter und Dienstleistungen, kann keine Stadt das gesamte oder auch nur einen großen Teil des Marktpotenzials der Region nutzen, sondern bleibt auf das eigene Marktpotenzial beschränkt. Deshalb kann die Wirtschaft des Ruhrgebiets in diesen Marktsegmenten qualitativ und quantitativ viel weniger stark wachsen, als wenn dieses Marktpotenzial insgesamt genutzt werden könnte. Das bedeutet beispielsweise, dass viele Städte im Ruhrgebiet ein deutlich schlechteres Angebot an Konsumgütern und Dienstleistungen aufweisen als ähnlich große Städte in anderen Regionen, die eben nicht nur von ihrem eigenen Marktpotenzial leben, sondern auch von dem ihres Umfeldes. Der Grund liegt darin, dass die Entwicklung höherwertiger Marktsegmente für Konsumgüter und Dienstleistungen eine entsprechende Kaufkraft voraussetzt. Je höherwertiger Konsumgüter und Dienstleistungen sind, desto geringer ist in der Regel der Anteil an der Bevölkerung, der diese Güter und Dienstleistungen nachfragt und nachfragen kann, und desto größer muss die Bevölkerung an einem Ort (oder in seinem Umland) sein, damit sich dort diese Segmente entwickeln können. Das Ruhrgebiet hätte zwar insgesamt genügend Bevölkerung und Kaufkraftpotenzial, um auch höherwertige Marktsegmente zu entwickeln, derzeit kann aber kein Ort im Ruhrgebiet wegen der kleinräumigen Strukturen diese Möglichkeiten nutzen.

Die oben dargestellte Konsenskultur hat dem Ruhrgebiet früher eine hohe gemeinsame Handlungsfähigkeit vermittelt, ihm aber auch eine schwere strukturpolitische Hypothek auferlegt. Sie hat das strukturpolitische Denken im Ruhrgebiet und auch in der Landespolitik lange – und zu lange – auf die *Suche nach einer großen Lösung* ausgerichtet. Gesucht wurde nach einem Wirtschaftszweig und einer Technologie, welche die Stelle der Montanindustrie übernehmen könnten. Das waren zunächst die Informations- und Kommunikationstechnologie, dann der Dienstleistungssektor, dann die Gesundheitswirtschaft und jüngst die Kreativwirtschaft. In jedem dieser Bereiche steckte und steckt einiges an Potenzial für das Ruhrgebiet – in keinem jedoch so viel, dass damit eine neue Wachstums- und Beschäftigungsbasis für das gesamte Ruhrgebiet geschaffen werden kann. Diese Einsicht blieb den Städten im strukturpolitischen Alltag auch nicht verborgen.

Da alle Städte auf die gleichen „großen" Wachstumsbereiche und Zukunftstechnologien fixiert waren, führte diese Einsicht dazu, dass das *Kirchturmdenken* aufblühte und die Städte eine Konkurrenz um ähnliche Projekte und Einrichtungen in den angeblichen Zukunftsbereichen entwickelten. Weil jedoch die Konsenskultur noch wirksam war, wurde diese Konkurrenz nicht fruchtbar geordnet – also so, dass sich die Städte jeweils mit Projekten einem Wettbewerb stellen mussten, aus dem dann jeweils besonders tragfähige und zukunftsweisende Projekte als Sieger und damit als Empfänger staatlicher Förderungsmittel hervorgingen. Ebenso wenig wie ein fruchtbarer Wettbewerb kam eine sinnvolle wirtschaftliche Arbeitsteilung zustande. Letzteres werden wir im Kapitel 4 noch ausführlicher darstellen.

In der montanindustriellen Vergangenheit entsprach das Ruhrgebiet somit fast idealtypisch dem, was man heute als Cluster (vgl. 2.3) bezeichnet. Allerdings ist deutlich geworden, dass Cluster auch eine Kehrseite haben können, nämlich die Verhinderung von Innovation und Wandel. Dieses Cluster war verbunden mit einem Elitekartell von Wirtschaft, Gewerkschaften und Politik. Die Mitglieder dieses Elitekartells betrachteten den Niedergang der Montanindustrie lange Zeit als eine vorübergehende Krise. Deshalb haben sie ihre ganzen Kräfte lange dafür eingesetzt, die Montanindustrie im Ruhrgebiet zu erhalten und ihre Wettbewerbsfähigkeit wiederherzustellen. Sie wehrten sich deshalb auch gegen die Ansiedlung von großen Industriebetrieben, die der Montanindustrie dringend benötigte Flächen und qualifizierte Arbeitskräfte nehmen könnten. Als sich die Einsicht dann doch durchsetzte, dass sich der Niedergang von Kohle und Stahl im Ruhrgebiet kaum aufhalten lässt, bemühte sich das montanindustrielle Elitekartell vor allem darum, den Niedergang so sozialverträglich wie möglich zu gestalten. Kein Arbeitnehmer sollte, so hieß es im Bergbau, ins Bergfreie fallen, also seine wirtschaftliche Existenzfähigkeit verlieren. Mit dieser Strategie hat das Elitekartell dem Ruhrgebiet nicht nur viele soziale Konflikte erspart, sondern sie hat auch dazu geführt, dass das Ruhrgebiet weniger stark verarmte und deshalb auch wirtschaftlich weniger stark einbrach als vergleichbare Industrieregionen in anderen Ländern. Die Kehrseite der Medaille war, dass der Druck auf Wirtschaft und Politik, sich für die Ansiedlung oder den Aufbau neuer Unternehmen und die Schaffung neuer Arbeitsplätze einzusetzen, abnahm. Das hat den Strukturwandel lange verzögert und wirkt bis heute nach.

Im Montanzeitalter basierte die Konsenskultur auf wichtigen gemeinsamen Problemen und Interessen (zum Beispiel Raumordnung, leistungsfähige Infrastrukturen) sowie auf einer großen Verteilungsmasse (dem Wachstum der Montanindustrie und dem resultierenden Wohlstand). Die wichtigen gemeinsamen Probleme und Interessen schufen starke Anreize für Kooperation und die große Verteilungsmasse sorgte dafür, dass Kooperation sich für alle lohnte. Dieses „Spiel“ funktionierte auch nach dem Niedergang der Montanindustrie insofern, als das Ruhrgebiet mit seiner geballten politischen Macht gut dotierte Subventionsprogramme durchsetzen konnte, die dafür gesorgt haben, dass der Niedergang der Montanindustrie sozial und ökonomisch abgefedert wurde. Damit war aber der Vorrat an Gemeinsamkeiten auch erschöpft – zumindest der politisch wahrgenommene Vorrat. Das Ruhrgebiet verlor mit dem Niedergang der Montanindustrie seine wirtschaftliche Klammer, in der seine große Handlungsfähigkeit begründet war. Die Städte und Kreise entwickelten sich wirtschaftlich und sozial auseinander. Das bedeutet nicht nur, dass sich die Wirtschaftsstrukturen der Städte und Gemeinden im Ruhrgebiet voneinander unterscheiden – und eher noch unterschiedlicher werden –, sondern auch, dass im Ruhrgebiet nicht an allen Orten die gleichen Voraussetzungen für die Entwicklung von Märkten und Wachstumspolen bestehen. Mit der wirtschaftlichen Einheit verlor das Revier auch seine Außengrenzen. Die Bezüge der Städte und Kreise im Ruhrgebiet zu ihrem jeweiligen Umland gewannen an Gewicht.

Damit wurde das Ruhrgebiet immer mehr das Opfer der Kehrseite seiner bisher großen Handlungsfähigkeit. Die Kehrseite dieser großen gemeinsamen Handlungsfähigkeit war und ist eine starke Binnenorientierung der Politik und anderer wichtiger Akteure im Ruhrgebiet. Das Ruhrgebiet hat sich lange nach außen abgeschottet und Entwicklungen „draußen“ nicht oder verspätet wahrgenommen. Die Öffnung einzelner Städte nach „außen“ – von Dortmund nach Westfalen und von Duisburg zum Niederrhein – stieß im übrigen Ruhrgebiet auf massive Ablehnung. Die Außenbezüge zu den prosperierenden Umfeldern des Ruhrgebiets, insbesondere dem Rheinland, dem Münsterland und Westfalen, wurden selten als Chance für das Ruhrgebiet genutzt. Vielmehr versuchte das Ruhrgebiet, politisch-administrativ eine Einheit durchzusetzen, die es im Inneren längst nicht mehr gab.

Nach dem Niedergang der Montanindustrie hat sich keine wirtschaftliche Arbeitsteilung zwischen den verschiedenen Städten und Gemeinden herausgebildet. Arbeitsteilung heißt in diesem Zusammenhang, dass in den einzelnen Städten und Gemeinden unterschiedliche wirtschaftliche Schwerpunkte existieren, die jeweils auch Leistungen für die anderen Städte und Gemeinden in der Region erbringen. Die Städte und Gemeinden sind also darauf spezialisiert, jeweils in bestimmten Wirtschaftszweigen die Leistungen für die ganze Region zu erbringen. Wissenschaftlich bezeichnet man dies als funktionale Differenzierung.

Funktionale Differenzierung

Funktionale Differenzierung heißt die Aufteilung von Tätigkeiten, Aufgaben und Funktionen auf Personen, Organisationen, Städte und andere Einrichtungen, die sich jeweils für diese Tätigkeiten, Aufgaben und Funktionen spezialisieren. In einer funktional differenzierten regionalen Wirtschaft machen also nicht alle das Gleiche, sondern jede Stadt entwickelt für bestimmte Aktivitäten besondere Kompetenzen und günstige Rahmenbedingungen.

Im Ruhrgebiet fehlt eine solche funktionale Differenzierung. Die abnehmende wirtschaftliche Einheit wurde lange nicht wahrgenommen, dann eher übertüncht als produktiv genutzt. Übertüncht wurde sie sowohl durch Visionen einer neuen Ruhrgebietswirtschaft, etwa der einer Dienstleistungsmetropole oder einer IT-Region, als auch durch die vielen Landesprogramme, die immer wieder für das ganze Ruhrgebiet wenige einheitliche Entwicklungslinien und Handlungsfelder vorgaben. Erst spät erfolgte der Versuch, strukturpolitisch über Kompetenzfelder jeweils auf spezifische Stärken der Kreise und Städte aufzusetzen. Dieser Ansatz war jedoch nur mäßig erfolgreich, weil die meisten Städte und Kreise versuchten, sich an möglichst vielen Kompetenzfeldern zu beteiligen, selbst wenn die Kompetenzen ihre Existenz nur der Geduld von Papier verdankten, auf dem sie wortreich beschrieben wurden. Eine nachhaltige funktionale Differenzierung konnte sich dabei nicht entwickeln. Es ist zwar anstelle der alten Einheit eine wirtschaftlich strukturelle Vielfalt entstanden, aber diese Vielfalt ist nicht sinnvoll organisiert. Sinnvoll organisiert – also als funktionale Differenzierung entwickelt – ist die Vielfalt erst dann, wenn Städte im Ruhrgebiet wirtschaftliche Leistungen für die ganze Region erbringen und wirtschaftlich auch mit der Region gut vernetzt sind.

Unzureichende funktionale Differenzierung zwischen den Städten und Gemeinden im Ruhrgebiet stellt eines der massivsten Entwicklungs- und Wachstumshemmnisse für die Region dar (vgl. ausführlich Kapitel 4). Diese geringe funktionale Differenzierung ist das größte Hemmnis für die Überwindung des Kirchturmdenkens und eine gemeinsame wirtschaftliche Entwicklung des Ruhrgebiets. So paradox es sich zunächst anhören mag: Nur die wirtschaftliche Unterschiedlichkeit und Vielfalt der Städte und Kreise im Ruhrgebiet – wenn sie als funktionale Differenzierung organisiert wird – machen aus dem Ruhrgebiet eine starke wirtschaftliche (und gesellschaftliche) Einheit. Solange diese Einsicht im Ruhrgebiet nicht umgesetzt wird, bleibt das Ruhrgebiet das, was es nach dem Niedergang der Montanindustrie geworden ist – eine Ansammlung von großen Städten, die zu nahe aneinander liegen, um sich selbstständig entwickeln zu können, und die sich in ihrer wirtschaftlichen und gesellschaftlichen Entwicklung behindern, weil sie ihre Nähe nicht sinnvoll, das heißt arbeitsteilig, strukturiert haben. Auf einen einfachen Punkt gebracht heißt das, dass die Metropole Ruhr ohne eine tragfähige funktionale Differenzierung eine Illusion bleibt – oder um das Bild des Phönix noch einmal zu bemühen: Im Ruhrgebiet kann ein Phönix allein nicht fliegen.

1.2 Demografischer Wandel im Ruhrgebiet: Schneller, älter, bunter, ärmer

Die Forschung zum demografischen Wandel und seinen Folgen für die deutsche Gesellschaft thematisiert vor allem die Prozesse der Alterung durch die in den letzten Jahren und Jahrzehnten kontinuierlich gestiegene Lebenserwartung und den generellen Rückgang der Bevölkerung durch sinkende Geburtenraten. Der allgemeine demografische Wandlungsprozess wirkt sich aber regional sehr unterschiedlich aus und ist durch die Gleichzeitigkeit von Wachstum und Schrumpfung geprägt. Heute gibt es nicht nur ein starkes Gefälle zwischen den neuen und den meisten alten Bundesländern, sondern zunehmend zwischen wirtschaftlich prosperierenden und schwächeren Regionen, zwischen Kernstädten und Umland sowie innerhalb der Städte zwischen Stadtteilen und Wohnquartieren mit unterschiedlichem sozialen Rang. Diese sozialräumlichen Differenzierungen treffen auch massiv das Ruhrgebiet, wie man im Vergleich mit NRW erkennt.

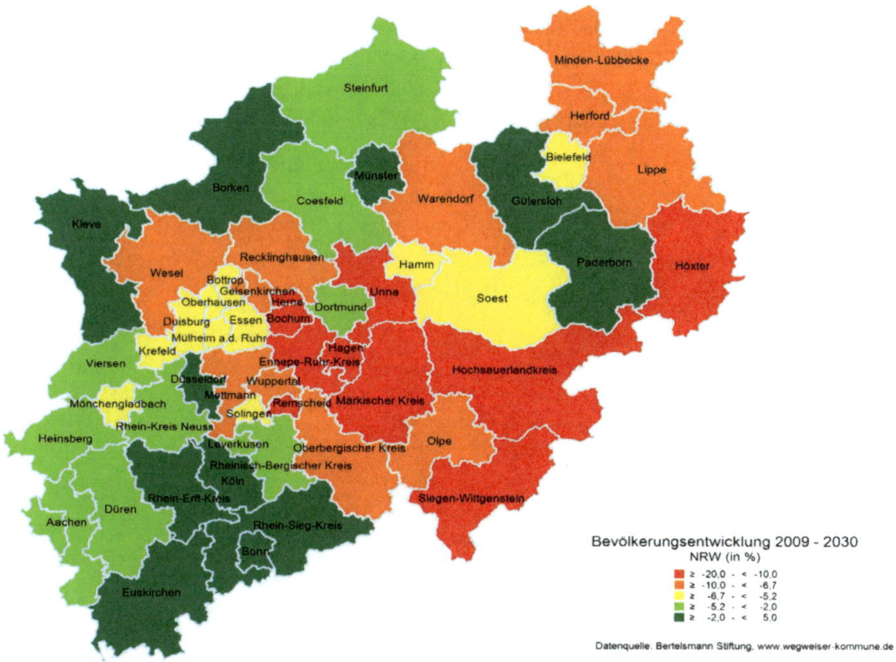

Abbildung 3: Bevölkerungsentwicklung 2009–2030 in NRW

Der demografische Prozess im Ruhrgebiet folgt zwar einem generellen Muster in Deutschland, unterscheidet sich aber von diesem Muster durch *früher einsetzendes und stärkeres Schrumpfen* der Bevölkerung, stärker sinkende Geburtenraten, früheres und stärker ausgeprägtes Altern der Bevölkerung sowie mehr Menschen mit Migrationshintergrund.

Generell ist der Anteil alter Menschen an der Bevölkerung im Ruhrgebiet schon heute relativ hoch, in vielen Kernstädten des Ruhrgebiets entspricht die Bevölkerungsstruktur dem Stand, der für Gesamtdeutschland erst für das Jahr 2015 erwartet wird. Im Jahr 2020 wird der Anteil der über 65-Jährigen in Teilen des Ruhrgebiets bereits über ein Viertel der Bevölkerung erreichen. Das Spezifische am demografischen Wandel im Ruhrgebiet ist neben der früheren Alterung der hohe Anteil von Migranten, der allerdings auch in den Großstädten am Rhein (wie Köln oder Düsseldorf) zu verzeichnen ist.

Das Ruhrgebiet schrumpft aber nicht nur, sondern es fällt hinsichtlich der Bevölkerungsentwicklung, der Lebenslagen der Bevölkerung, insbesondere der Armutsbelastung, und der finanziellen Möglichkeiten der Kommunen zunehmend auseinander. Einer Gruppe noch wachsender Gemeinden in den Randzonen, die Einwohner aus den schrumpfenden, vom wirtschaftlichen Strukturwandel besonders betroffenen Kernbereichen gewinnen und deren wirtschaftliche Möglichkeiten noch relativ gut sind, steht eine andere Gruppe schrumpfender, schnell verarmender Kommunen mit hohen Belastungen durch Sozialaufwendungen im Ballungskern gegenüber. Disparitäten in der Verteilung der Armutslasten in der Folge des Strukturwandels, ein zunehmendes Gefälle und ein Bevölkerungsaustausch zwischen den noch wachsenden Kommunen am Rand und den mit sozialen Problemen belasteten Städten im Ballungskern schwächen die Basis für interkommunale Kooperation und Solidarität im Regionalverband.

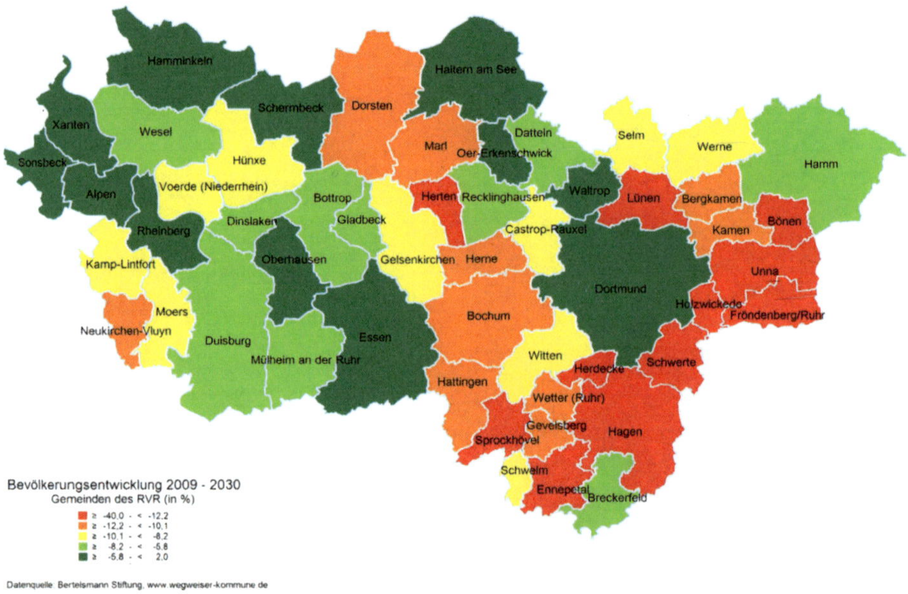

Abbildung 4: Bevölkerungsentwicklung 2009–2030 in den Kommunen des RVR

Die großen Städte in der Region schrumpfen im Ergebnis verschiedener Prozesse: Familienhaushalte der mittleren und oberen Einkommensschichten haben sie in den letzten drei Jahrzehnten verlassen und sind ins Umland gezogen. Inzwischen ziehen auch kinderlose Mittelschichthaushalte an den Rand der Städte oder über ihn hinaus, gute Verkehrsverbindungen fördern diesen Prozess der „Suburbanisierung", den es nicht nur im Ruhrgebiet, sondern in allen Ballungsregionen gibt. Der Motor, der Städte wachsen und schrumpfen lässt, ist schon lange nicht mehr der Arbeitsmarkt. Die wichtigsten Erklärungsfaktoren für Schrumpfung und

Wachstum der Einwohnerzahlen sind die Wohnstandortentscheidungen der mobilen Mittelschichten. Gemeinden im Umland wachsen durch *Familienwanderung* aus den Städten. Universitätsstädte wachsen durch *Bildungswanderung* (den Zuzug von 18- bis 25-Jährigen). Die Schrumpfung der großen Städte wird auf der anderen Seite etwas abgefedert dadurch, dass die meisten Zuwanderer aus dem Ausland in die Kernstädte ziehen und zumindest in der ersten Einwanderergeneration noch höhere Geburtenraten als die länger ansässige „deutsche" Bevölkerung aufweisen. Ohne Einwanderer aus dem Ausland wären die Folgen von Schrumpfung und Alterung in den Kernstädten des Ruhrgebiets heute weitaus dramatischer. Der Anteil der Altersgruppe unter 15 Jahren an der Gesamtbevölkerung hat sich etwa in Duisburg seit 1970 beinahe halbiert, und gut die Hälfte dieser Altersgruppe sind mittlerweile Kinder mit „Migrationshintergrund".

Die Abwanderung der mobilen Mittelschichten in den letzten Jahrzehnten hat dazu geführt, dass in den kreisfreien Städten im Ruhrgebiet deutlich weniger Kinder und Jugendliche aufwachsen als in den Umlandkreisen. Charakteristisch für die Kernstädte des Ruhrgebiets ist aber, dass besonders hohe Anteile dieser in den Städten verbliebenen Kinder und Jugendlichen in Armut bzw. in armutsnahen Lebenslagen leben. Das hat „System".

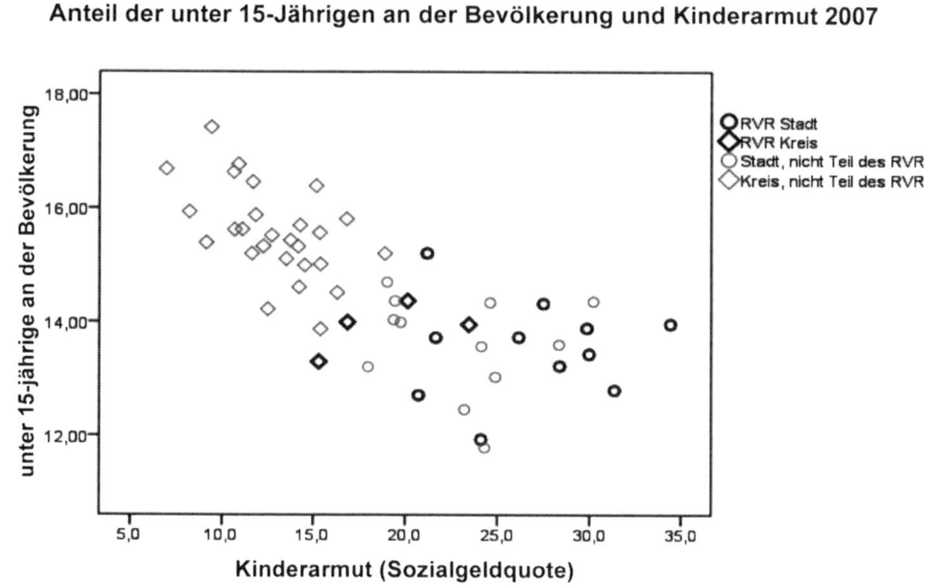

Datenquelle: IT.NRW; eigene Darstellung

Abbildung 5: Kinderarmut im RVR und in anderen Städten

Je weniger Kinder (bezogen auf die Gesamtbevölkerung) in einer Stadt leben, umso mehr davon sind arm. Nimmt man als eine quasi „amtliche" Armutsgrenze ein bedarfsgewichtetes Pro-Kopf-Einkommen von 750 Euro (dieses „Äquivalenzeinkommen" nennt der Sozialbericht 2007 des Landes Nordrhein-Westfalen als Armutsgrenze), und legt man die Schwelle für „armutsnahe" Lebenslagen unter ein Äquivalenzeinkommen von mindestens 1000 Euro im Monat, so lebt zum Beispiel in Städten wie Gladbeck oder Herten in der Emscher-Lippe-Region ein Drittel der Kinder und Jugendlichen unter 18 Jahren in Armut und ein weiteres Drittel im armutsnahen Einkommensbereich, das heißt, zwei Drittel des Nachwuchses wachsen in den Städten des Ruhrgebiets in Armut oder in prekären Lebenslagen auf! Das Armutsrisiko von Migranten, deren Anteil an den jungen Altersgruppen stetig zugenommen hat, ist dabei noch deutlich größer als das der deutschen Kinder und Jugendlichen.

Schrumpfung der Städte allein ist also nicht die „demografische Herausforderung" des Ruhrgebiets. Schrumpfung wird vielmehr begleitet von einer zunehmenden Ungleichheit der Lebenslagen der Bevölkerung und der Lebenschancen (zum Beispiel der Bildungschancen) der nachwachsenden Generation von Kindern und Jugendlichen im Vergleich von Kernstädten und Umland. In den größten Städten des Ruhrgebiets lebt über ein Drittel der Kinder unter sechs Jahren von Sozialleistungen nach SGB II, also von staatlichen Transfereinkommen, die an Langzeitarbeitslose oder an Personen gezahlt werden, die nie erwerbstätig gewesen sind! In den Kreisen des Ruhrgebiets liegen die Anteile zum Teil deutlich niedriger. In einzelnen Stadtteilen der großen Städte liegen sie dagegen noch einmal deutlich höher.

1.3 Ungleichheit der Lebenschancen innerhalb der Städte

Große Städte sind zwar heterogen in Bezug auf ihre Gesamtbevölkerung, aber sie sind zugleich *homogen* in Bezug auf die *Stadtteilstrukturen*. Viele Stadtteile, die ursprünglich gemischt belegt waren, entmischen sich über die Zeit, was objektive Gründe (den Wohnungsmarkt) und subjektive Gründe (symbolische Identifikation) hat. Die Reichen wohnen, wo sie wollen, die Armen, wo sie müssen. Wir finden Viertel, in denen junge Menschen und Familien die Mehrheit, und andere, in denen sie die Minderheit der Haushalte bilden. Einwanderer ziehen in der Regel dorthin, wo schon andere Einwanderer gleicher Nationalität leben. Die Stadtforschung nennt das „Segregation". Segregation ist großstädtisch.

Im Ruhrgebiet kommt eine Besonderheit hinzu: Die Stadtteile, in denen besonders viele Arme (und besonders viele Migranten) leben, konzentrieren sich nördlich der A 40, die als Sozialäquator das Revier in einen die Stadtgrenzen überschreitenden Gürtel ärmerer Stadtteile mit vielen Migranten und einen eher bürgerlich-wohlhabenden Süden teilt, in dem die Deutschen weitgehend unter sich geblieben sind.

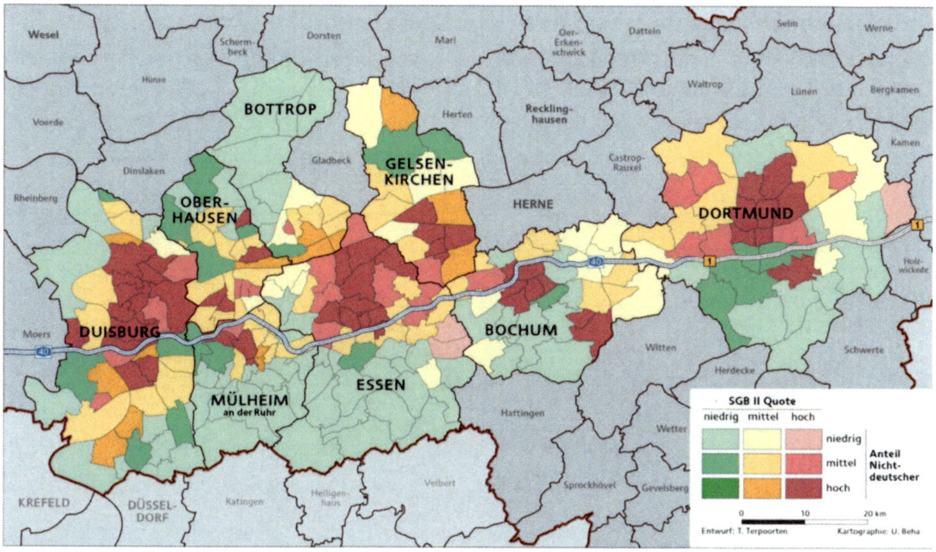

Abbildung 6: Sozialäquator A 40

Solche fragmentierten Sozialraumstrukturen wie in den kreisfreien Städten des Ruhrgebiets finden wir im Prinzip (auch ohne A 40) in allen großen Städten. Überall rücken Arm und Reich, Alt und Jung, Einheimische und Zugewanderte in der Stadt kleinräumig immer weiter auseinander. Überall leben gerade die Reichen besonders stark segregiert unter ihresgleichen. *Zwischen dem Mülheimer oder Essener Süden und dem Norden dieser Städte liegen Welten.* Der Unterschied des Ruhrgebiets zu anderen Städten ist dennoch evident: Reichtum ist im Ruhrgebiet deutlich seltener als anderswo. Die kleinräumige soziale und demografische Segregation der Wohnbevölkerung in den Städten hat in den letzten Jahren zugenommen, die ethnische Segregation hat nicht abgenommen, besonders beim türkischen Bevölkerungsteil hat sie zugenommen. Das heißt, die (schrumpfende) Stadtgesellschaft rückt bei zunehmender Polarisierung sozialer Lagen immer weiter auseinander.

Nach dem Geburtenrückgang der 1960er und 1970er Jahre im Westen und der 1990er Jahre im Osten wird in Deutschland gegenwärtig jede Erwachsenengeneration durch ihre Kinder nur zu zwei Dritteln ersetzt. In den großen Städten in Westdeutschland hat die Hälfte des Nachwuchses einen Migrationshintergrund, etwa ein Drittel davon lebt in Armut. Freilich gibt es diesen Durchschnitt nirgendwo. Die Unterschiede der Lebenslagen der Bevölkerung zwischen allen Großstädten in der Bundesrepublik (gemessen etwa durch die Anteile der nicht-deutschen Bevölkerung und die SGB II-Quoten) sind geringer als die entsprechenden Differenzen innerhalb einer einzigen Stadt. Die Großstädte im Ruhrgebiet liegen zwar über dem Durchschnitt aller Großstädte, was die Anteile der Empfänger von Leistungen nach SGB II (Hartz IV) angeht, sie besetzen jedoch nicht die Spitzenpositionen. Das gleiche gilt für die Anteile der nicht-deutschen Bevölkerung. Hier liegen die Reviergroßstädte im Mittelfeld.

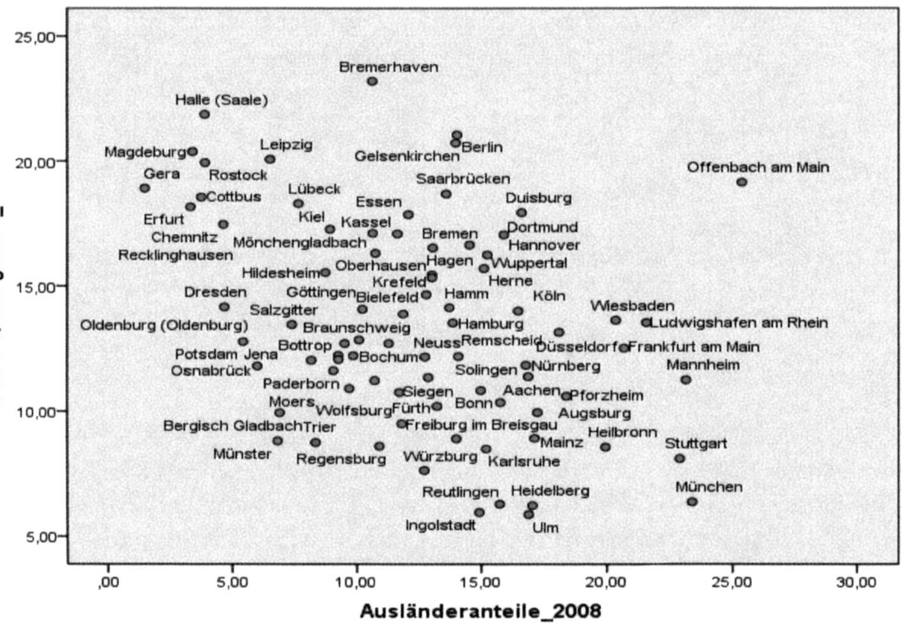

Datenquelle: Bertelsmann Stiftung, Wegweiser Kommune; eigene Darstellung

Abbildung 7: SGB II-Quoten (Hartz IV) und Anteile nicht-deutscher Bevölkerung in den deutschen Großstädten

Die durchschnittliche Armutsquote oder den durchschnittlichen „Ausländer-Anteil" der Stadt finden wir in keinem Stadtteil in Bochum, Essen, Dortmund oder Gelsenkirchen (vgl. Abbildung 6). Die Anteile der nicht-deutschen Bevölkerung und die der Hartz IV-Empfänger schwanken zum Beispiel in Dortmund zwischen knapp 50 Prozent und deutlich unter zehn Prozent. Das ist eine größere Schwankung, als wir sie im Vergleich aller deutschen Großstädte finden.

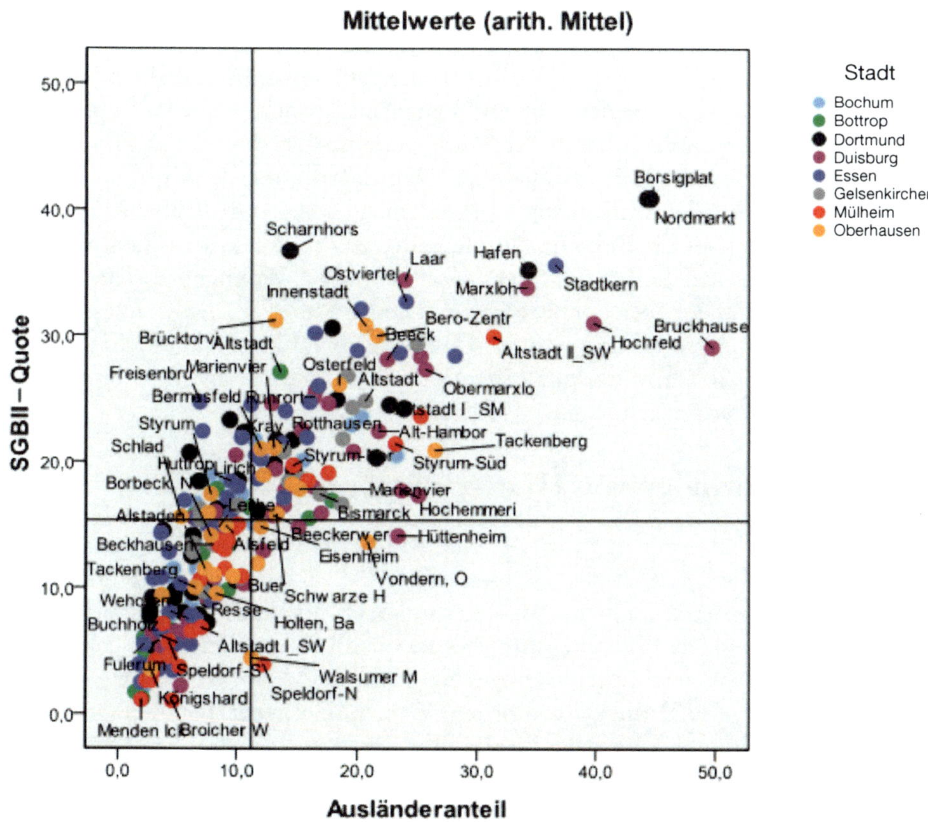

Abbildung 8: Ausländeranteil und SGB II-Quoten (Hartz IV) nach Stadtteilen

Eine zweite Ursache für die Entstehung großflächiger Armutssegregation ist, so paradox das klingen mag, der *soziale Wohnungsbau* gewesen. Belegt man Wohnquartiere mit Mietern, deren Einkommen einen (recht niedrig bemessenen) Schwellenwert nicht überschreiten darf, und nötigt man Mieter, deren wirtschaftliche Lage sich verbessert hat, durch die Erhebung von Fehlbelegungsabgaben zum Auszug, so schafft man von Anfang an eine räumliche Konzentration armer Haushalte. Schrumpft die Bevölkerung in der Stadt (wie es in allen Großstädten im Ruhrgebiet der Fall ist), so führt das schließlich zu beschleunigter Armutssegregation. Schrumpfende Bevölkerung bedeutet nämlich einen entspannten Wohnungsmarkt. Jeder, der es sich leisten kann, kann zum Beispiel eine Wohnung in einer der Großsiedlungen der 1960er und 1970er Jahre, unter denen auch im Ruhrgebiet eine Reihe städtebaulicher Sündenfälle anzutreffen ist, verlassen und in ein anderes Wohngebiet ziehen. Auf diese Weise bleiben die „unter sich", die nicht wegziehen können oder deren Wohnung aus Transfereinkommen bezahlt werden. Die Familien der armen Kinder in den Städten sind deshalb Nachbarn. Sie leben in Stadtteilen wie der Inneren Hustadt in Bochum, dem Wohnpark Bebelstraße in Oberhausen, im Hammer Norden oder in Dortmund-Scharnhorst.

In jeder Stadt gibt es eine räumliche Konzentration armer Familien in solchen Stadtteilen, die mit sich verfestigenden Problemlagen von der allgemeinen Stadtentwicklung abgekoppelt sind. Die räumliche Konzentration armer Haushalte hat fatale Wirkungen auf die Qualität der Infrastruktur im Wohngebiet. Einzelhandelsgeschäfte, Anbieter personenbezogener Dienstleistungen, nicht zuletzt auch Ärzte und Kinderärzte verlassen auf der Suche nach zahlungsfähiger Kundschaft diese Quartiere. Eine Abwärtsspirale beginnt sich zu drehen, die nicht nur sozial, sondern auch wirtschaftlich massive Probleme aufwirft.

1.4 Das Schwinden von Humanvermögen

Das Ruhrgebiet kann nur dann wieder eine wettbewerbsfähigere Wirtschaft entwickeln, wenn die Qualität der Bildung stimmt. Die industriellen Stärken des Ruhrgebiets beruhten auch darauf, dass es hier nicht nur akademisch qualifiziertes Personal, sondern auch ein breites Angebot an qualifizierter Facharbeit gab. Qualifizierte Facharbeit wird noch wichtiger als je zuvor, wenn man strategisch auf eine rasche und breite Diffusion von neuem Wissen und neuer Technologie setzen will („Wissensregion"). Die moderne Industrie und auch viele Dienstleistungen setzen eine breite Verfügbarkeit qualifizierten Personals auf allen Ebenen voraus – von der Spitzenkraft in der Entwicklung bis zu den Arbeiterinnen und Arbeitern in der Werkstatt.

Gerade in dem für die Zukunft entscheidenden Bereich der Qualifikation und Motivation von Arbeit hält sich das Ruhrgebiet nicht an seine Tradition und ist dabei, einen langen – und in diesem Fall sinnvollen – Entwicklungspfad zu verlassen. Das „alte" Ruhrgebiet hatte qualifizierte Arbeitskräfte und auch eine Arbeiterschicht, die selber, aber vor allem für ihre Kinder, eine starke Bildungs- und Aufstiegsmotivation hatte. Das war einer der Gründe dafür, dass die ab den 1960er Jahren gegründeten Hochschulen im Ruhrgebiet rasch wuchsen. Sie wuchsen rascher, als irgendein Planer vorhersah. Die für 10.000 Studierende geplante Ruhr-Universität hatte schon in den 1980er Jahren die dreifache Studierendenzahl. Das ist umso bemerkenswerter, als damals wie heute das „Bildungsbürgertum", aus dem sich üblicherweise das Gros der Studierenden rekrutiert, im Ruhrgebiet im Vergleich zu vielen anderen Regionen schwächer ausgeprägt war und ist. Dafür hatte die Ruhr-Universität den höchsten Anteil an Arbeiterkindern unter den Studierenden in Deutschland. Zumindest eine Zeit lang schien damit gerade das Ruhrgebiet auf dem Weg in eine Gesellschaft zu sein, in der die Leistungen von Kindern und Jugendlichen und nicht deren soziale Herkunft für den Bildungserfolg entscheidend sind.

Diese *Aufstiegsmöglichkeiten* sind für eine *nicht unerhebliche Zahl von jungen Menschen deutlich schlechter* geworden. Sie sind nicht nur aus dem Erwerbsleben ausgeschlossen, sondern haben die Fähigkeit und die Bereitschaft verloren, am Erwerbsleben oder an Bildung teilzunehmen. In manchen Teilen des Ruhrgebiets kann man beobachten, dass mit einem wachsenden Armutsrisiko, einer hohen Langzeit- und Jugendarbeitslosigkeit und dem Ausschluss von vielen Menschen aus der Bildung das Humanvermögen schwindet.

Humanvermögen

Schon Anfang der 1930er Jahre hat der Sozialwissenschaftler Paul Lazarsfeld zusammen mit Maria Jahoda und Hans Zeisel in einer berühmt gewordenen Studie, der „Marienthal-Studie", gezeigt, dass Menschen, die lange Zeit arbeitslos sind und auch keine Hoffnung auf Arbeit mehr haben, ihr „Humanvermögen" verlieren. Mit dem Begriff *Humanvermögen* werden ganz elementare soziale Daseinskompetenzen und Motivationen bezeichnet, ohne die sich das Humankapital, also das Wissen und die Fähigkeiten, die eine moderne Wirtschaft und eine moderne Gesellschaft brauchen, nicht entfalten kann. Zum Humanvermögen gehören Leistungsbereitschaft, Arbeitsmotivation, Solidarität, Empathie, Vertrauen, Lernfähigkeit und Gesundheit. Dieser Verlust an Humanvermögen schlägt oft auch auf die Kinder von Langzeitarbeitslosen durch. Humanvermögen wird gebildet in der Familie und in „kleinen Lebenskreisen" zum Beispiel in der Nachbarschaft oder der Gruppe Gleichaltriger.

In diesen Teilen werden die Kultur und der Lebensrhythmus der Industrie abgelöst durch die Kultur und den Lebensrhythmus der Arbeitslosigkeit. Das Klassenbewusstsein und die Aufstiegsmotivation der alten Unterschicht zerfallen. Immer mehr Menschen aus der Unterschicht, vor allem junge Menschen, verlernen, zu wollen. Sie verlernen es, weil ihr soziales Umfeld ihnen tagtäglich zeigt, dass es keinen Sinn hat, zu wollen – es gibt weder Hoffnung auf gesellschaftliche Veränderungen noch Vertrauen in individuelle Chancen. *Wer nicht mehr will, hat auch kein Motiv zu lernen; wer kein Vertrauen in individuelle Chancen hat, hat keinen Grund, gesellschaftliche Spielregeln zu respektieren.*

In den ersten Jahren des Niedergangs der Montanindustrie hat der massive Arbeitsplatzverlust im Ruhrgebiet nicht zu einer Gefährdung und Verringerung des Humanvermögens geführt, weil der Niedergang sozialverträglich gestaltet wurde. Für die meisten Betroffenen war der Verlust des Arbeitsplatzes nicht mit Armut und sozialem Abstieg verbunden. Das hat sich jedoch seit den späten 1970er Jahren drastisch verändert. Das Zusammenspiel von wachsenden Arbeitsmarktrisiken und sinkenden Leistungen der Sozialversicherungen führte dazu, dass ein wachsender Teil der Bevölkerung unter die Armutsgrenze fiel oder nahe an sie herankam – und auch kaum Chancen oder Hoffnungen auf eine Änderung dieses Zustandes hatte.

Die hier angesprochene Problematik wird oft als Migrations- und Integrationsproblem verstanden. Das ist jedoch falsch. Wir haben es mit einem *Unterschichtenproblem* zu tun, das die Mitglieder dieser Schicht unabhängig davon trifft, ob sie einen Migrationshintergrund haben oder Deutsche sind. Die Unterschicht wird gerade im Ruhrgebiet nicht mehr durch den Beschäftigungsstatus (Arbeiter und Angestellte mit geringer beruflicher Bildung) definiert, sondern durch Arbeitslosigkeit oder bestenfalls prekäre Beschäftigung. Während in vielen Regionen die Bedeutung von sozialen Schichten abgenommen hat, baut sich im Ruhrgebiet eine neue Unterschicht auf, die sich vor allem im Hinblick auf das Humanvermögen drastisch von der alten Unterschicht unterscheidet. Die Arbeits- und Leistungskultur der Montanregion ist zerbrochen; eine neue Kultur ist bisher nur in Teilen neu entwickelt. Mit der Alltagskultur und der Wirtschafts- und Arbeitskultur des Ruhrgebiets verhält es sich deshalb wie mit seiner Landschaft: Es gibt viele Brachen.

In dieser Perspektive war die Kulturhauptstadt Ruhr.2010 ein schönes Projekt, das aber nur wenig zu der Verbesserung der Kultur beitrug, die im Ruhrgebiet dringend entwickelt werden muss – der Arbeits- und Innovationskultur. Was das Ruhrgebiet bräuchte, wäre ein zweites Kulturhauptstadtprojekt, das darauf abzielt, die Arbeits- und Innovationskultur im Ruhrgebiet auf ein internationales Spitzenniveau zu heben. Dieses zweite Kulturhauptstadtprojekt ist zwar viel anspruchsvoller und schwieriger als das erste, aber die Erfahrungen mit dem ersten können helfen, die Schwierigkeiten beim zweiten zu lösen.

In diesem Zusammenhang muss man sich vergegenwärtigen, dass im Ruhrgebiet traditionell die Mittelschicht viel weniger stark ist als in den Regionen, mit denen sich das Ruhrgebiet vergleicht oder vergleichen lassen muss. Es fehlt also in der Entwicklung der Arbeits- und Wirtschaftskultur ein starkes Gegengewicht zur Unterschicht. Dieses eher schwache Gegengewicht ist zudem im Ruhrgebiet ungleich verteilt. Es konzentriert sich in den „gehobenen" Stadtteilen. Das ist deshalb dramatisch, weil dadurch die vorhandenen wirtschaftlichen und sozialen Disparitäten im Ruhrgebiet für die Zukunft festgeschrieben werden. Dramatisch ist aber auch, dass die Mittelschicht im Ruhrgebiet weiter dadurch geschwächt wird, dass viele Familien aus dem Ruhrgebiet in das ländliche Umland ziehen. Die Kinder dieser Familien bleiben zwar meist nicht auf dem Land, sondern ziehen wieder in die Städte – oft aber nicht mehr in die des Ruhrgebiets.

Ein wachsendes „Prekariat" führt nicht nur dazu, dass junge Menschen keine vernünftige Ausbildung erhalten, sondern dass dadurch auch die Standort- und Lebensqualität im Ruhrgebiet stark beeinträchtigt werden. Die heute schon erkennbare Folge ist, dass das Ruhrgebiet für gut ausgebildete oder bildungsfähige Menschen und deren Familien an Attraktivität verliert. Diese Menschen und ihre Familien verlassen das Ruhrgebiet oder kommen erst gar nicht her. Dem Ruhrgebiet kommen die qualifizierten Arbeitskräfte abhanden. Trotz viel positiven Strukturwandels verschlechtern sich wichtige Voraussetzungen und Bedingungen weiter und damit verliert das Ruhrgebiet sozial und kulturell an Fähigkeiten, einen weitreichenden Wandel zu gestalten und zu realisieren.

1.5 Kommunale Finanznöte

Über die *Krise der Kommunalfinanzen* wird überall viel geschrieben, sie befinden sich nach Ansicht des Deutschen Städtetages im „freien Fall". Allerdings ist diese Aussage zu differenzieren, denn sie *gilt nicht* gleichermaßen *für alle* ca. 12.000 Kommunen in Deutschland. Viele Kommunen, vor allem in Süddeutschland, haben keine nennenswerten strukturellen Haushaltsprobleme und im Vergleich zu den Schulden von Bund und Ländern sind alle 12.000 Kommunen zusammen zehn- bzw. fünfmal weniger verschuldet. Bezogen auf viele Problemkommunen in den alten Bundesländern und insbesondere im Ruhrgebiet kann man aber getrost feststellen, dass diese *schon vor Jahren abgestürzt* sind. Hier türmen sich vor allem die Kassenkredite immer höher, so dass diese Kommunen den rechtlich vorgeschriebenen Haushaltsausgleich aus eigener Kraft nicht erreichen können und unter dauerhafter Haushaltsaufsicht stehen.

Kassenkredite

Kassenkredite sind im Grunde genommen nichts anderes als ein überzogenes Girokonto bzw. ein Dispo-Kredit. Auch nach der Umstellung vieler Kommunen von der Kameralistik auf die Doppik ist die haushaltsrechtliche Normalvorstellung immer noch davon geprägt, dass die laufenden Einnahmen im (früheren) Verwaltungshaushalt höher sein sollten als die laufenden Ausgaben, um aus diesem Überschuss einen Teil der notwendigen Investitionen finanzieren zu können. Weist der Verwaltungshaushalt der Kommunen einen Fehlbetrag aus, muss diese Lücke zwischen laufenden Einnahmen und Ausgaben durch Kassenkredite abgedeckt werden. Diese Kassenkredite dürfen haushaltsrechtlich nur zur kurzfristigen Liquiditätssicherung verwendet werden. Allerdings gelingt dies in vielen Kommunen schon seit Jahren nicht mehr und jedes Jahr kommen Kassenkredite zur Finanzierung der aktuellen Fehlbeträge und Zinsleistungen hinzu. Anders als den Schulden für Investitionen stehen den Kassenkrediten keine realen Werte (Schulen, Straßen, Kanalisation etc.) gegenüber.

Betrachtet man anhand der Kassenkredite die Finanzlage der Kommunen in NRW und im Ruhrgebiet, so ergibt sich folgendes Bild:

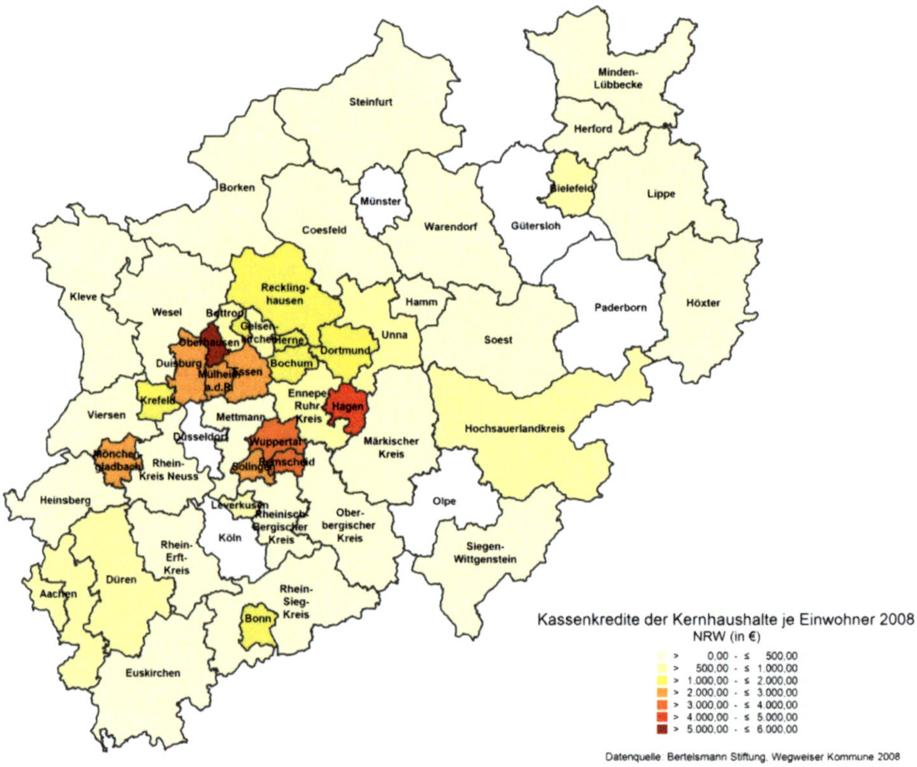

Abbildung 9: Kassenkredite in NRW

Es ist auf den ersten Blick zu erkennen, dass die Kommunen im Ruhrgebiet in besonderem Ausmaß von hohen Kassenkrediten pro Einwohner betroffen sind. Deutlich wird dies an den beiden folgenden Abbildungen, der Liste der 20 Kommunen mit den höchsten Kassenkrediten, von denen 13 aus dem Ruhrgebiet kommen, sowie der Entwicklung der Kassenkredite im Zeitvergleich zwischen NRW ohne das Ruhrgebiet und dem Ruhrgebiet.

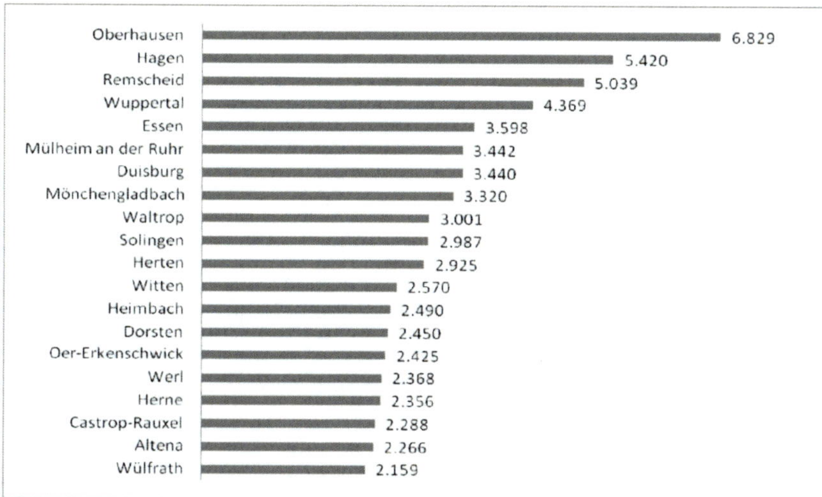

Kassenkredite der 20 nordrhein-westfälischen Städte und Gemeinden mit den höchsten Kassenkreditschulden am 30. 06. 2011, in Euro je Einwohner; eigene Darstellung, Quelle: Johannes Winkel

Abbildung 10: Kommunen mit den höchsten Kassenkrediten

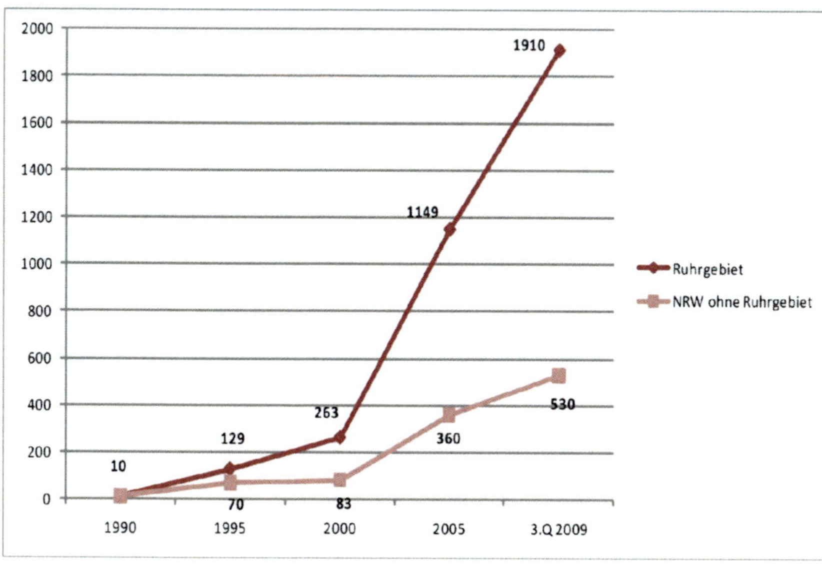

Quelle: Lars Holtkamp

Abbildung 11: Kassenkredite der Ruhrgebietskommunen im Vergleich mit NRW

Seit 2000 ist für die Ruhrgebietskommunen ein ungebremstes Wachstum der Kassenkredite zu konstatieren. Dieses Schuldenwachstum hat sich entkoppelt von der Wirtschaftskonjunktur und von der Lage in den übrigen NRW-Kommunen (mit Ausnahme des ebenfalls hoch verschuldeten bergischen Städtedreiecks und einiger weiterer kreisfreier Städte). Unabhängig davon, ob durch die Wirtschaftskonjunktur in anderen Kommunen zeitweise die Steuereinnahmen sprudeln, wachsen im Ruhrgebiet die Kassenkredite durch hohe strukturelle Fehlbeträge und durch steigende Zinsausgaben. Die Ursachen für dieses extreme Kassenkreditwachstum im Ruhrgebiet sind überwiegend, wie am Beispiel des Kreises Recklinghausen nachgewiesen werden konnte, exogen durch hohe Sozialausgaben und niedrige Steuereinnahmen verursacht, wie sie für altindustrielle Regionen typisch sind und denen kaum aus eigener Kraft entgegengesteuert werden kann. Einige „hausgemachte" Probleme – wie überdimensionierte Infrastrukturen und ähnliches – wurden zudem zunehmend abgebaut, während weitere Instrumente der Haushaltskonsolidierung wie hohe Steuerhebesätze, starker Personalabbau und ein beträchtlicher Investitionsstau bereits seit Jahren erfolgen, so dass die Grenzen der Haushaltskonsolidierung in vielen Ruhrgebietskommunen erreicht sind.

Um die Dimensionen der Verschuldung an einem besonders abschreckenden Beispiel plastisch zu machen: Die Stadt Hagen (Platz 2 in der Verschuldungsliste) hatte im Herbst 2010 eine Gesamtverschuldung von 1,2 Milliarden Euro (davon 1,03 Milliarden Euro für Kassenkredite) bei jährlichen Gesamteinnahmen von 441 Millionen Euro und Gesamtausgaben von 602 Millionen Euro, also einem strukturellen Defizit von 161 Millionen Euro. *Hagens Schulden steigen jeden Tag um 437.760 Euro!* Trotz dieser seit Jahren bekannten Problemlagen musste die Stadt Hagen aber von 1991 bis 2009 insgesamt 152 Millionen Euro in den Solidaritätsfonds für Ostdeutschland einzahlen. Insgesamt wird deutlich, dass bestimmte Kommunen im Ruhrgebiet ohne eine Entschuldung durch Bund oder Länder keine Chance haben, der „Pleite" zu entgehen.

1.6 Die mentalen Schwächen des Reviers

Bisher haben wir von dem Phönix gesprochen, der aus der Asche neu geboren wird. Wenn man jedoch manch eine Debatte über die Zukunft des Ruhrgebiets betrachtet, kann man den Eindruck gewinnen, der Phönix sei eher ein Ikarus. Der Unterschied zwischen beiden ist der, dass der Phönix – wenn er sich aus der Asche befreit hat – zu neuen Höhen fliegen kann, während der Ikarus bekanntlich abstürzt, sobald er sich etwas höher hinauf schwingt. Prosaischer formuliert: Das Ruhrgebiet orientiert sich bei seiner Zukunftsgestaltung an Visionen, die sich allzu leicht als Illusionen entpuppen können.

Der Grund dafür ist meist nicht, dass die Visionen grundsätzlich unrealistisch waren und sind, sondern der, dass oft nicht nüchtern geprüft wurde und wird, ob im Ruhrgebiet überhaupt die Voraussetzungen bestehen oder geschaffen werden können, die für die Realisierung dieser Visionen notwendig sind. Visionen werden nicht mit Strategien unterlegt, die aufzeigen, auf welchem Weg und mit welchen Mitteln das in der Vision beschriebene Ziel von der jeweiligen Situation des Ruhrgebiets aus erreicht werden kann. Visionen sind immer ein Griff nach den Sternen, ein Traum von etwas, das es nicht gibt und oft zunächst unerreichbar erscheint. Damit dieser Traum kein Traum bleibt, muss man eine Strategie entwickeln, um das bisher Unerreichte erreichbar zu machen. Diese Strategie hat aber nur dann Erfolgsaussichten, wenn sie auf einer *nüchternen Situationsanalyse* aufbaut. Das ist gerade für das Ruhrgebiet wichtig, weil hier oft schlechtere Voraussetzungen und Bedingungen für die Realisierung von neuen Entwicklungskonzepten bestehen als in Regionen, mit denen das Ruhrgebiet in Konkurrenz steht.

Wir wollen nun das Ruhrgebiet keineswegs als eine Region darstellen, die keine oder kaum Perspektiven hat. Im Gegenteil: Wir wollen Wege aufzeigen, auf denen das Ruhrgebiet seine Potenziale und positiven Erfahrungen nutzen kann, um Visionen zu entwickeln und zu realisieren. Das geht allerdings nicht, wenn die Entwicklung und Realisierung von Visionen auf strukturpolitischen Lebenslügen aufbauen. Das ist im Ruhrgebiet oft der Fall. Die meisten strukturpolitischen Programme des Landes und der Europäischen Union verlangen zwar für Förderungsanträge sogenannte „SWOT-Analysen“, also Analysen der Stärken (strength), Schwächen (weakness), Voraussetzungen (opportunities) und negativen Auswirkungen (trade-offs), auf denen das beantragte Projekt aufbaut. Dabei werden jedoch oft die Stärken überschätzt, die Schwächen unterschätzt, Voraussetzungen zu optimistisch dargestellt und negative Auswirkungen vernachlässigt. Die mit der fehlenden wirtschaftlichen Differenzierung und dem Kirchturmdenken verbundene Konkurrenz um die gleichen Programme und Maßnahmen fördert das – jede Stadt und jeder Kreis versuchen zu zeigen, dass gerade sie oder er mit ihrem oder seinem Projekt besonders geeignet ist, die anspruchsvollen Ziele der jeweiligen Förderprogramme von Land und Europäischer Union zu realisieren. Die daraus resultierenden Schwächen der jeweiligen Projekte werden bei der Überprüfung der Anträge oft nicht entdeckt oder die Entdeckung bleibt ohne Konsequenzen, weil das jeweilige Projekt eine starke politische Unterstützung hat. Das hat immer wieder zur Folge, dass zwar viel Geld in strukturpolitische Projekte der Städte und Kreise des Ruhrgebiets fließt, die strukturellen Wirkungen dieser Geldströme aber bescheiden bleiben. Die bittere Konsequenz dieses Sachverhaltes ist, dass das Ruhrgebiet immer wieder hinter seinen Möglichkeiten zurückbleibt und sich seine Strukturen weniger zum Positiven verändern, als dies von den vorhandenen Potenzialen her möglich wäre.

Auf diesem Weg kann im Ruhrgebiet zwar vieles verändert, aber kein durchgreifender Strukturwandel erzeugt werden. Ein durchgreifender Wandel kann nur herbeigeführt werden, wenn Visionen mit einer ungeschminkten Analyse der Probleme, die auf dem oft langen Weg zwischen einer Vision und deren Realisierung stehen, und mit einer großen Bereitschaft und Fähigkeit zu gemeinsamem Lernen verbunden werden. Die Realisierung strukturpolitischer Visionen ist ein Aufbruch in eine Welt, die wir nicht genau kennen, sondern die wir uns konstruieren müssen. Ein Beispiel: Kreativwirtschaft Ruhr kann nicht einfach das heißen, was in den einschlägigen Büchern steht und an vielen anderen Orten auch angestrebt wird. Kreativwirtschaft Ruhr muss etwas sein, das einerseits auf den spezifischen Stärken des Ruhrgebiets aufbaut und andererseits die spezifischen Schwächen und die großen Probleme des Ruhrgebiets für ein problemlösendes Wachstum nutzt. Auch die Metropole Ruhr kann nicht einfach eine Kopie anderer Metropolen sein. Das Ruhrgebiet kann nicht wie Paris, London, Mailand oder Zürich werden, weil ihm dafür schon die richtige Vergangenheit fehlt. Das Ruhrgebiet kann aber eine Metropole des 21. Jahrhunderts werden, eine Metropole, deren Ausstrahlung darauf beruht, dass sie etwas ganz anderes ist als die historischen europäischen Städte.

Die Realisierung strukturpolitischer Visionen ist ein langer Weg. Das wird oft vergessen, ist aber nichtsdestotrotz eine Tatsache, die man kaum umgehen kann. Ein gutes Beispiel für diese Tatsache bietet das weltberühmte Silicon Valley. Die ersten Schritte zur Entwicklung einer modernen IT-Region wurden schon 1935 eingeleitet. Es dauerte jedoch gut 40 Jahre, bis das Silicon Valley den technologischen und wirtschaftlichen Sprung schaffte, für den es heute steht. Auf diesem Weg mussten auch dort alte Denk- und Handlungsmuster durchbrochen, neue Handlungsstrukturen und Akteurskonstellationen geschaffen und Strategien immer wieder überdacht und modifiziert werden. Das Silicon Valley war am Ende vor allem deshalb erfolgreich, weil die wichtigsten Akteure an der ursprünglichen Vision trotz mancher Rückschläge festhielten und die Geduld für den langen Weg zu ihrer Realisierung aufbrachten.

Im Ruhrgebiet und in Nordrhein-Westfalen werden dagegen immer wieder neue Visionen entwickelt und neue Programme aufgelegt. Kaum eine Vision oder ein Programm erhält die Zeit zugebilligt, die notwendig wäre, um ihre oder seine Realisierbarkeit in der Wirklichkeit zu überprüfen, und noch weniger die Zeit, die für die Realisierung notwendig wäre. Lange vor dieser Zeit haben eine neue Regierung, ein neuer Minister, ein ehrgeiziger Ministerialer oder eine neue Kommission – von der Europäischen Union gar nicht zu reden – eine neue Vision und neue Programme aufgelegt.

Visionen sind jedoch nur realisierbar, wenn es gelingt, im Ruhrgebiet einen Prozess kollektiven Lernens in Gang zu setzen, in dem herausgearbeitet wird, mit welchen Mitteln die beschriebenen Ziele von der heutigen Situation des Ruhrgebiets aus erreicht werden können – und welche Anforderungen dies an das Denken und Handeln der Akteure im Ruhrgebiet stellt.

Literaturhinweise

Zur allgemeinen Diskussion um die Zukunft des Ruhrgebiets finden sich zahlreiche neue Aufsätze in:

Engel, K./Großmann, J./Hombach, B. (Hg.) 2011: *Phönix flieg! Das Ruhrgebiet entdeckt sich neu.* Essen: Klartext.

Für eine ausführliche Darstellung der Entwicklung des Ruhrgebiets und seiner Wirtschaft verweisen wir insbesondere auf:

Blanke, W. 2011: *Strukturwandel im Ruhrgebiet: Genese und Wandel eines monostrukturellen Wirtschaftsraums.* München: GRIN-Verlag (E-Books).

Goch, S. 2001: *Eine Region im Kampf mit dem Strukturwandel.* Essen: Klartext.

Harenberg, B. (Hg.) 1987: *Chronik des Ruhrgebiets.* Dortmund: Chronik-Verlag.

Heinze, R. G./Voelzkow, H./Hilbert, J. 1992: *Strukturwandel und Strukturpolitik in Nordrhein-Westfalen.* Opladen: Leske + Budrich.

Heinze, R. G./Voelzkow, H. (Hg.) 1997: *Regionalisierung der Strukturpolitik in Nordrhein-Westfalen.* Opladen: Westdeutscher Verlag.

Kilper, H./Latniak, E./Rehfeld, D./Simonis, G. 1994: *Das Ruhrgebiet im Umbruch. Strategien regionaler Verflechtung.* Opladen: Leske + Budrich.

Kilper, H./Lehner, F./Rehfeld, D./Schmidt-Bleek, F. 1996: *Wegweiser in die Zukunft. Perspektiven und Konzepte für den Strukturwandel im Ruhrgebiet.* Essen: Klartext.

Köllmann, W./Korte, H./Petzina, D./Weber, W. (Hg.) 1990: *Das Ruhrgebiet im Industriezeitalter.* Düsseldorf: Schwann.

Lehner, F./Schmidt-Bleek, F./Kilper, H. (Hg.) 1995: *RegioVision – Neue Strategien für alte Industrieregionen.* München/Mering: Hampp.

Eine allgemeine Darstellung des demografischen Wandels bietet:

Kaufmann, F.-X. 2005: *Schrumpfende Gesellschaft: Vom Bevölkerungsrückgang und seinen Folgen.* Frankfurt: Suhrkamp.

Schimany, P. 2003: *Die Alterung der Gesellschaft. Ursachen und Folgen des demographischen Umbruchs.* Frankfurt/New York: Campus.

Zum demografischen Wandel im Ruhrgebiet, seinen Auswirkungen auf die lokale Politik und den Besonderheiten der demografischen Entwicklung im Ruhrgebiet im Vergleich mit anderen Regionen siehe:

Heinze, R. G./Naegele, G. (Hg.) 2010: *EinBlick in die Zukunft. Gesellschaftlicher Wandel und Zukunft des Alterns.* Münster/Berlin: LIT.

Strohmeier, K. P./Neu, M. 2011: *Auswirkungen des demografischen Wandels auf die sozialen Dienste in den Städten und Gemeinden.* In: Evers, A./Heinze, R. G./ Olk, T. (Hg.): Handbuch Soziale Dienste, Wiesbaden: VS Verlag für Sozialwissenschaften, S. 145–167.

Informationen zu den Auswirkungen des demografischen Wandels auf die sozialen Dienste in den Städten und Gemeinden finden sich in:

Evers, A./Heinze, R. G./Olk, T. (Hg.) 2011: *Handbuch Soziale Dienste.* Wiesbaden: VS Verlag für Sozialwissenschaften.

Zu den kommunalen Finanznöten findet sich ein sehr guter lesbarer Überblick bei

Holtkamp, L. 2010: *Kommunale Haushaltspolitik bei leeren Kassen. Bestandsaufnahme, Konsolidierungsstrategien, Handlungsoptionen.* Schriftenreihe Modernisierung des öffentlichen Sektors Bd. 33, Berlin: edition sigma.

Die erwähnte Untersuchung zum Kreis Recklinghausen finden sich bei:

Junkernheinrich, M. et al. 2009: *Finanzen im Kreis und finanzielle Unterausstattung – Finanzwissenschaftliche Analyse des Kreises Recklinghausen und seiner Städte.* Kaiserslautern: FORA.

Sowie eine aktuelle Beschreibung der Gemeindefinanzen in Deutschland in:

Anton, S./Diemert, D. 2011: *Gemeindefinanzbericht 2011*, der städtetag, Heft 5.

2 Von der traditionellen Industrieregion zur wissensorientierten Zukunftsregion

Das montanindustriell geprägte Ruhrgebiet steht auch zu Beginn des dritten Jahrtausends vor enormen Herausforderungen des wirtschaftlichen Strukturwandels. Die Kohle- und die Stahlindustrie dominierten seit Mitte des 19. Jahrhunderts die Wirtschaft und haben die Region zu einem industriellen Ballungsraum werden lassen. Schon früh ist um die Kohleförderung und die Stahlerzeugung ein montanindustrielles Produktionscluster entstanden, ein Geflecht aus Vorleistungs- und Absatzbeziehungen. Unter anderem zählen ein ausgeprägter Energiesektor, die anorganische Chemieindustrie und auch der Maschinen- und Anlagenbau dazu.

Über viele Jahrzehnte verlief der globale Strukturwandel nach einem einfachen Grundmuster. Die entwickelten Volkswirtschaften verloren wirtschaftliche Aktivitäten und Beschäftigungsmöglichkeiten in technologisch ausgereiften Märkten (oder Marktsegmenten) an weniger entwickelte Volkswirtschaften und mussten sich neue Aktivitäten und neue Beschäftigungsmöglichkeiten in innovativen Märkten (oder Marktsegmenten) erschließen. Dieser Entwicklung konnten sie sich allerdings immer zum Teil entziehen, wenn es ihnen gelang, durch innovative Verfahren und Organisationsstrukturen sowie durch höhere Qualifikation der Beschäftigten ihre Produktivität massiv zu steigern.

Seit einigen Jahren funktioniert der Strukturwandel so nicht mehr. Nicht nur das Ruhrgebiet hat sich seit dem Montanzeitalter verändert, sondern auch der Strukturwandel und die „Logik", nach der er abläuft. Die alte Arbeitsteilung zwischen entwickelten und weniger entwickelten Volkswirtschaften existiert nicht mehr oder ist zumindest im Schwinden begriffen. Wie der bekannte amerikanische Sozialwissenschaftler Robert Reich in seinem Buch „The Work of Nations" schon 1991 feststellte, gleichen sich die Wirtschaftsstrukturen zwischen entwickelten und weniger entwickelten Volkswirtschaften weltweit immer mehr an. Sie sind zwar noch lange nicht identisch, aber immerhin kann man schon heute fast alles fast überall auf der Welt produzieren. International aktive Unternehmen sind auch mit ihren technologisch anspruchsvolleren Produktionen nicht mehr an Standorte in den entwickelten Volkswirtschaften gebunden, sondern können auch Standorte mit niedrigeren Löhnen nutzen. Softwareproduktionen werden nach Indien ausgelagert, mikroelektronische Produkte in Indonesien hergestellt und sogar Forschung und Entwicklung wird in weniger entwickelte Volkswirtschaften, zum Beispiel nach China, verlagert. Umgekehrt können sich in den entwickelten Volkswirtschaften auch Unternehmen, die Massengüter herstellen, gut halten.

Standorte in den entwickelten Volkswirtschaften stehen immer häufiger in Konkurrenz mit Standorten in (viel) weniger entwickelten Volkswirtschaften. An die Stelle einer internationalen Arbeitsteilung ist eine globale Standortkonkurrenz getreten. In dieser neuen Situation genügt eine relativ kleine Volkswirtschaft nicht mehr, um die Wettbewerbsfähigkeit der entwickelten Volkswirtschaften zu sichern. Das können nämlich auch viele weniger entwickelte Länder.

Das schafft eine neue Situation für die Strukturpolitik und die regionalen Entwicklungsstrategien. Die alten Rezepte, insbesondere Subventionen für die Ansiedlung von Unternehmen, der Ausbau der Dienstleistungen und viel Geld für die Förderung der technologischen Entwicklung, greifen zu kurz. Das hinter diesen Rezepten stehende Konzept einer Wirtschaft, die High-Tech mit wissensbasierten und technologiegestützten Dienstleistungen verbindet und die Produktion ansonsten den Ländern überlässt, die dazu nicht in der Lage sind, ist im Zuge der Finanzmarktkrise in dem Land gescheitert, das mit diesem Konzept lange Zeit die globale Führungsmacht war oder zumindest zu sein schien – in den Vereinigten Staaten von Amerika. Die USA haben sich mit diesem Konzept in eine Situation gebracht, in der sie einen großen Teil der Güter, die sie für die Befriedigung der Bedürfnisse ihrer Bevölkerung und die Lösung ihrer wirtschaftlichen, gesellschaftlichen und ökologischen Bedürfnisse brauchen, importieren müssen, weil ihre Industrie entweder nicht mehr wettbewerbsfähig ist oder viele Güter gar nicht mehr produziert. Das, was dabei an Wertschöpfung, Beschäftigung und Wohlstand verloren gegangen ist, kann durch Hightech-Industrie und wissensbasierte Dienstleistungen nicht kompensiert werden. Darüber hinaus brauchen Hightech-Industrien und noch mehr wissensbasierte Dienstleister die „normale" Industrie als Zulieferer oder Kunden, um wirtschaftlich lebensfähig zu sein. Viele neue Technologien, zum Beispiel neue Werkstoffe, biotechnische Verfahren oder neue Produktionstechnologien, können nur in der Industrie eingesetzt werden oder haben in der Industrie zumindest die stärksten Absatzmärkte. Das gleiche gilt auch für Dienstleistungen wie neue Verfahren der Ressourcen-Effizienz, Design oder innovative Sachversicherungsprodukte. Umgekehrt sind Hightech-Industrien oft auf Zulieferungen von Gütern und Dienstleistungen angewiesen, die spezifisch auf ihre Bedürfnisse und Bedingungen zugeschnitten sind, beispielsweise bestimmte Maschinen oder Apparate sowie Leistungen in der Logistik oder im Facility-Management. Solche Leistungen kann man zwar prinzipiell weltweit einkaufen, aber in vielen Fällen sind aus Produktivitäts- und Qualitätsgründen oder unter Gesichtspunkten der Innovationsfähigkeit Lieferanten im Umfeld der Unternehmen notwendig oder sinnvoll.

Heute wissen wir, dass im internationalen Standortwettbewerb vor allem die Regionen und Volkswirtschaften erfolgreich sind, die nicht nur neue Technologien entwickeln, sondern neues Wissen und neue Technologien in ihrer Wirtschaft, insbesondere in den industriellen Sektoren ihrer Wirtschaft, rasch und breit in neue Produkte und Verfahren umsetzen und für diese Produkte und Prozesse selber auch attraktive Märkte darstellen. Für das *Ruhrgebiet* heißt das: Der Phönix, der sich aus der Asche der industriellen Vergangenheit erheben und in eine vitale Zukunft fliegen soll, muss starke industrielle Züge tragen. Das steht nicht im Gegensatz zum generellen Wandel der Industriegesellschaft zur Wissensgesellschaft und der industriellen Volkswirtschaft zur wissensbasierten Volkswirtschaft, sondern ist im Gegenteil eine wichtige Voraussetzung dieses Wandels.

2.1 Strukturwandel des Ruhrgebiets

Der amerikanische Managementwissenschaftler Peter F. Drucker hat schon Ende der 1960er Jahre darauf hingewiesen, dass sich die Industriegesellschaften immer mehr zu Wissensgesellschaften entwickeln würden. Wissensgesellschaften sind durch drei Merkmale gekennzeichnet. Erstens: Wissen ist die zentrale wirtschaftliche Ressource der Gesellschaft; zweitens: Ungleichheit auf der Basis von Wissen wird zur zentralen Herausforderung der Gesellschaft, und drittens: die Politik der Wissensgesellschaft wird immer mehr geprägt durch spezialisierte Organisationen, die Wissen zusammenfügen. Dieses Konzept lässt sich in der Realität der entwickelten westlichen Gesellschaften gut wiederfinden. Bei vielen modernen Industrieprodukten macht Wissen den größten Teil des Produktwertes aus – in einer Werkzeugmaschine kommen etwa 80 Prozent des Wertes aus Forschung und Entwicklung und aus der Steuerung und ihrer Software, und bei vielen Medikamenten sind die Material- und die Arbeitskosten im Vergleich zu den Kosten für Forschung und Entwicklung marginal. Auch die zweite Komponente kann man gleich in doppelter Hinsicht gut beobachten: Auf der einen Seite haben Menschen mit geringer Qualifikation viel niedrigere Berufschancen und Einkommenserwartungen als solche mit hoher Qualifikation, auf der anderen Seite fehlen manchen Volkswirtschaften und Regionen, welche Ungleichheit auf der Basis von Wissen nicht erfolgreich bekämpfen, zunehmend die qualifizierten Arbeitskräfte, die sie zur Sicherung von Innovation, Wachstum und Wohlstand benötigen. Die dritte Komponente kann man unter anderem an der Tatsache festmachen, dass Politik und Ministerialbürokratien bei der Erarbeitung von Gesetzen über komplizierte Materien immer mehr von Beratungsorganisationen und Verbänden oder von spezialisierten Fachbürokratien abhängig sind.

Die Wissensgesellschaft markiert keine radikale Veränderung; sie bildet sich vielmehr seit über 200 Jahren im Gefolge des Ausbaus von Bildung und Wissenschaft und ihrer Leistungsfähigkeit allmählich heraus. Dieser Ausbau äußert sich unter anderem darin, dass sich das wissenschaftliche Wissen – gemessen an Veröffentlichungen – schon seit vielen Jahrzehnten alle sieben bis zehn Jahre verdoppelt. Er zeigt sich aber auch daran, dass von allen Wissenschaftlerinnen und Wissenschaftlern, die in der ganzen mehrtausendjährigen Geschichte der Menschheit jemals tätig waren, etwa die Hälfte heute aktiv ist. Gegenwärtig sind also mehr Menschen in der Wissenschaft beschäftigt als davor in vielen tausend Jahren Menschheitsgeschichte. Wie schnell heute die Wissensproduktion voranschreitet, kann man auch daran ermessen, wie rasant sich die Leistungsfähigkeit von Computern und Software entwickelt oder wie rasch neue Medikamente auf den Markt kommen, von deren Wirkungen man noch vor wenigen Jahrzehnten kaum geträumt hätte.

Der Trend zur Tertiärisierung der Wirtschaft sowie allgemein zur *Wissensökonomie* hat auch das Ruhrgebiet erfasst. Mit der Bedeutung von Wissen gewinnen Dienstleistungen, insbesondere wissensbasierte und kreative Dienstleistungen, gegenüber der herkömmlichen materiellen Produktion stark an Bedeutung. Das gilt, wie wir oben am Beispiel einer Werkzeugmaschine dargestellt haben, auch und gerade für die Industrie. Um die mit dieser Entwicklung verbundenen Potenziale zu realisieren, muss jedoch die regionale Kooperation und Wissensvernetzung intensiviert werden. Regionale Selbststeuerung ist nicht nur in wachsendem Maße auf Netzwerke und Kooperationen zwischen Forschungs- und Bildungseinrichtungen einerseits und der Wirtschaft andererseits angewiesen, sondern muss auch ein auf den Stärken basierendes professionelles Standortmanagement aufbauen. In diesem Sinn werden nur „lernende" Regionen im Standortwettbewerb die spezifischen Stärken entfalten können. Die Funktionsfähigkeit steht also in enger Abhängigkeit von einer kollektiven regionalen Ordnung und effizienten Steuerung. Über die Interaktion und Kooperation verschiedenster regionaler Akteure, die räumliche Nähe und Vertrauen hinaus brauchen regionale Innovationssysteme effiziente Vermarktungsstrategien, um Wertschöpfungsnetzwerke in Zukunftsfeldern (etwa der Energie, der Gesundheit und dem Wohnen) aufzubauen.

Die Nutzung von Wissen zur Produktion von neuem Wissen mag sich zunächst seltsam anhören, aber dahinter stecken einfache Prozesse. Der erste ist der massive Ausbau der Bildungssysteme, insbesondere der Hochschulen, im letzten Jahrhundert. Durch den Ausbau der Hochschulen wurde die Grundlagenforschung ausgebaut. Grundlagenforschung ist von der Natur der Sache her die Nutzung von Wissen für die Produktion von Wissen. Der zweite Prozess ist die rasante Entwicklung der Informations- und Kommunikationstechnologie seit den 1970er Jahren. Das hat für die Wissenschaft nicht nur neue Kommunikationsmöglichkeiten geschaffen und dadurch den Austausch von Wissen beschleunigt und ausgeweitet, sondern auch neue Forschungs- und Entwicklungsmöglichkeiten geschaffen. Der dritte Prozess ist die Nutzung von Organisationswissen zur Effizienzsteigerung in Wissenschaft und Forschung. Der vierte Prozess ist eine grundlegende Veränderung von Innovationsprozessen. Wissenschaftlerinnen und

Wissenschaftler sprechen vom Wechsel von einem linearen zu einem interaktiven Innovationsmodus. Dabei wird die traditionelle Abfolge von Grundlagenforschung, angewandter Forschung, Entwicklung und Erprobung durchbrochen. Wissen aus der Grundlagenforschung wird früh in Produktentwicklungen umgesetzt und in der praktischen Umsetzung erprobt und weiterentwickelt. Dieser Wechsel führt dazu, dass viele Unternehmen mehr Forschung in die Wissensentwicklung und nicht nur in die Entwicklung konkreter technischer Lösungen und Produkte investieren. Der Grund dafür liegt auch in dem fünften, besonders wichtigen Prozess, nämlich darin, dass Wissen immer mehr ein eigener Produktionsfaktor geworden ist. Wie wir weiter oben schon dargestellt haben, heißt Letzteres, dass der Wert vieler Produkte größtenteils durch das in den Produkten enthaltene Wissen bestimmt wird. Manche Produkte, etwa in der Bio- und Gentechnologie oder Software, bestehen fast nur noch aus Wissen.

Die wachsende Bedeutung der Wissensproduktion zeigt sich auch im Ruhrgebiet. In den 1960er Jahren endete die Wachstumsphase des Montansektors. Nach dem Zweiten Weltkrieg wurden die alten Montanstrukturen aufgrund der herausragenden Bedeutung der Grundstoffindustrie für den Wiederaufbau Europas und des Kohlemangels wieder aufgebaut und das Ruhrgebiet wurde zum schwer-industriellen Zentrum Deutschlands. Zunächst erzielten die Montanunternehmen auch Wachstumsraten, die deutlich über dem bundesrepublikanischen Durchschnitt lagen, was sich wiederum positiv auf die Lohnentwicklung in der Region auswirkte. Ein hohes Lohnniveau verfestigte aber die sektoralen Strukturen, Nicht-Montanbranchen siedelten sich in anderen westdeutschen Regionen an. Auch dies ist ein Stück Asche, die den Flug des Phönix hemmt.

Neuen *Beschäftigungsaufbau* erzielte man vor allem im Bildungs- und Wissenschaftsbereich sowie in der Automobilwirtschaft. Ein illustratives Beispiel ist die Stadt Bochum, in der zwei Institutionen schon seit Jahrzehnten die Stadt dominieren: das Opelwerk und die Ruhr-Universität, wobei Opel in den letzten Jahren kontinuierlich und umfassend Beschäftigung reduziert hat. Wenn man sich kurz vergegenwärtigt, dass es historisch im Revier weder Universitäten noch Kasernen gab, dann zeigen folgende Zahlen prägnant, wie die dominierende und strukturprägende Kraft der Kohle „zusammengeschmolzen" ist. Im Jahr 1960 betrug die Zahl der Bergbaubeschäftigten noch knapp 400.000. Inzwischen arbeiten im Ruhrgebiet nur noch gut 20.000 Beschäftigte im Steinkohlenbergbau, während die Zahl der Studierenden auf rund 170.000 angewachsen ist.

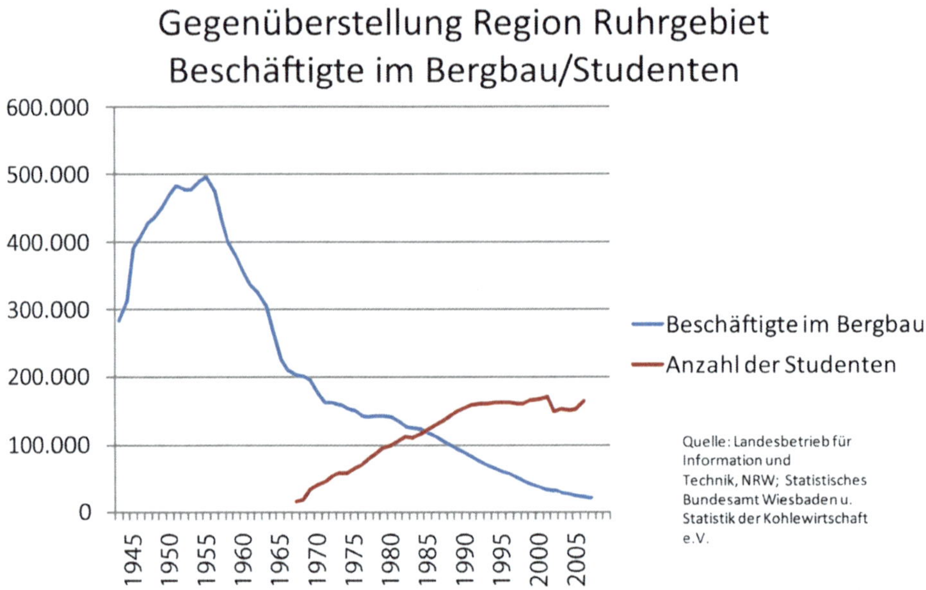

Abbildung 12: Bergbaubeschäftigte und Studierende im Vergleich

Schon diese Zahlen belegen nachdrücklich den massiven Stellenabbau im Ruhrgebiet, der diese Region verwandelte. Der „Montankomplex“ hat nachhaltige Spuren hinterlassen, allerdings gibt es kaum vergleichbare Wirtschaftsregionen weltweit, die einen so tiefgreifenden Beschäftigungsabbau so sozialverträglich über einen „verhandelten“ Strukturwandel gelöst haben. Dies lag sicherlich an der weiter oben beschriebenen kooperativen Verhandlungskultur im Ruhrgebiet und den immensen staatlichen Unterstützungsleistungen bei der Abfederung dieses epochalen Strukturwandels.

Ein Wandlungsprozess von der Industrie- zur Dienstleistungsgesellschaft ist in sämtlichen entwickelten Volkswirtschaften identifizierbar – und zeigt sich eben deshalb auch massiv im Revier. Manche klassischen Industriestandorte im Revier existieren schon seit Jahren nicht mehr, sondern haben sich vielfältig verändert, und auch andere Branchen haben sich inzwischen angesiedelt. Einzelne Städte haben sich zu Beginn des 21. Jahrhunderts von einem altindustriellen hin zu einem „modernen“ Wirtschaftsstandort entwickelt, wenngleich oft noch das „alte“ Image von Kohle und Stahl in der Öffentlichkeit mitschwingt. Vor allem die Zahl der Beschäftigten im Cluster Gesundheitswirtschaft ist überproportional angestiegen (Gesundheits- und Sozialdienstleistungen).

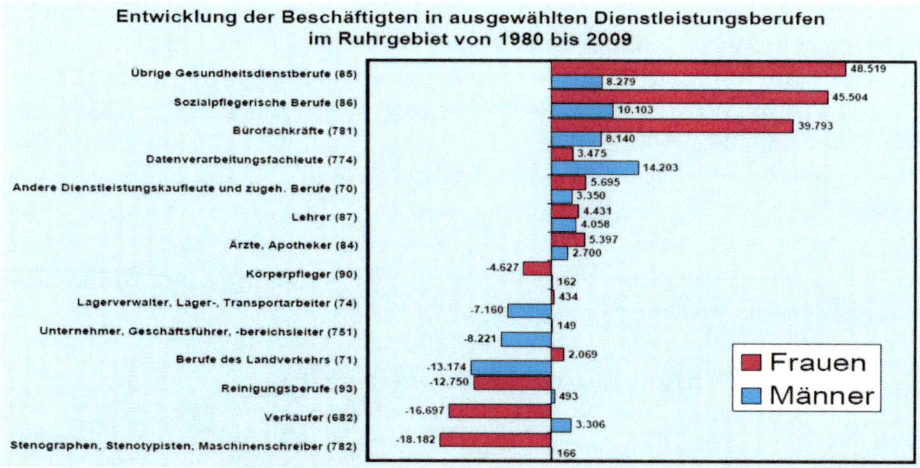

Quelle: Metropole Ruhr.2010
Abbildung 13: Entwicklung der Beschäftigten in Dienstleistungsberufen im Ruhrgebiet

Allerdings prägt sich dieser Wandel von Industrie- zu Dienstleistungstätigkeiten nicht nur im internationalen, sondern auch im interregionalen Vergleich unterschiedlich stark aus. 1970 waren noch 58 Prozent der Beschäftigten im Ruhrgebiet im Produzierenden Gewerbe und 40 Prozent im Dienstleistungsbereich tätig. Heute arbeiten demgegenüber nur noch 28 Prozent aller Erwerbstätigen im produzierenden Sektor, während rund 71 Prozent im Dienstleistungsbereich aktiv sind.

Wirtschaftssektoren

Zum *primären* Sektor wird die Land- und Forstwirtschaft gezählt, zum *sekundären* Sektor werden die industrielle Produktion, das Baugewerbe, der Bergbau, die Energiewirtschaft und zum *tertiären* Sektor Handel, Banken und Versicherungen, Verkehr, Informationswesen, Forschung und Entwicklung, Design, Werbung, persönliche und soziale Dienstleistungen sowie staatliche Dienste gerechnet.

Die Beschäftigtenstruktur hat sich in den vergangenen Jahrzehnten somit grundlegend verändert. In einer Stadt wie Bochum sind inzwischen nicht mehr die Opelwerke, sondern die Ruhr-Universität der größte Arbeitgeber: über 5.000 Beschäftigte sind hier inzwischen in den Bereichen Wissenschaft, Verwaltung und Technik zu verzeichnen, mit wachsender Tendenz in den letzten Jahren, während

Privatunternehmen hinsichtlich der Beschäftigung deutlich schrumpfen. Nimmt man einmal die verschiedenen Hochschulen im Ruhrgebiet und die Forschungsinstitute hinzu, dann sind bereits heute mit über 25.000 Beschäftigten mehr Menschen in diesem „Wissenssektor“ als in der traditionellen Kohle- und Stahlbranche aktiv. Allerdings konnten durch das Wachstum des tertiären Sektors im Ruhrgebiet die in den letzten Jahrzehnten außerordentlichen, im Landesvergleich überdurchschnittlichen Beschäftigungsverluste im produzierenden Gewerbe nicht kompensiert werden. Dies stellt das *Kernproblem* des Ruhrgebiets dar, was man an der Entwicklung der Erwerbstätigen im Vergleich zwischen NRW und dem Ruhrgebiet erkennen kann.

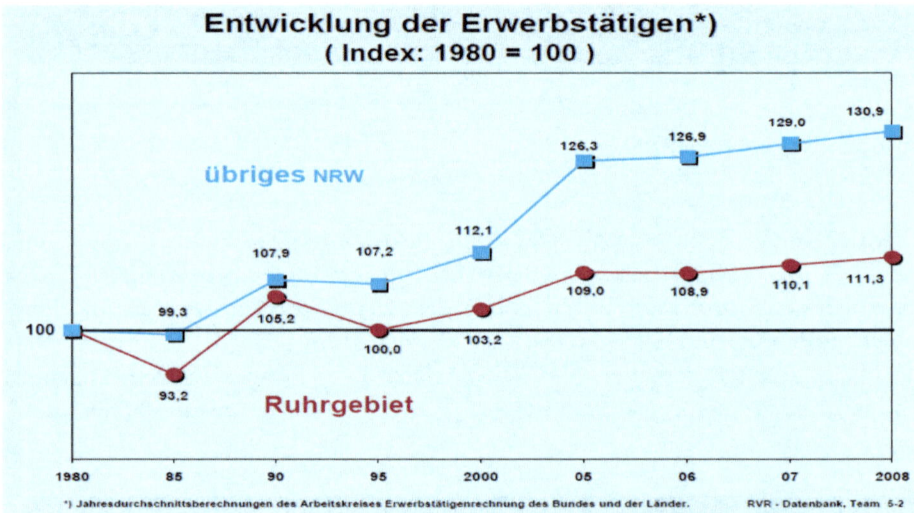

Abbildung 14: Erwerbstätige NRW/Ruhrgebiet

Die mit dem Rückgang der Montanindustrie veränderten Beschäftigungsstrukturen werden oft als Wandel des Ruhrgebiets von einer Industrie- zu einer Dienstleistungswirtschaft und damit zu einer „modernen“ Wirtschaftsregion interpretiert. Dieses Bild ist jedoch in mancher Hinsicht irreführend. Das gilt ganz allgemein für die Behauptung, die Industriegesellschaften würden sich generell zu Dienstleistungsgesellschaften entwickeln. Das hört sich so an, als würde die Industrie ihre Rolle als Kern der Wirtschaft an die Dienstleistungen verlieren. Ein großer Teil der Dienstleistungen ist jedoch eng an die Industrie *gekoppelt* und markiert einen grundlegenden Wandel in der Industrie und nicht von der Industrie hin zu den Dienstleistungen. Der Wandel besteht darin, dass der Wert von vielen Industrieprodukten nur noch zu einem mehr oder weniger kleinen Teil aus der Verarbeitung von Materie entsteht, während der überwiegende Teil durch Dienstleistungen in den Produkten und um die Produkte herum geschaffen wird. Dazu gehören insbesondere Forschung und Entwicklung, informationstechnologische Anwendungen und Design. Ein gutes Beispiel dafür sind Mobiltelefone, bei denen der Wert des Materials und der materiellen Produktion gegenüber ihren informationstechnischen Komponenten und den Anwenderprogrammen kaum mehr ins Gewicht fällt. Ähnlich verhält es sich auch bei vielen Chemieprodukten, bei Maschinen und anderen Industriegütern. Was also überwiegend passiert, ist nicht ein Wandel von der Industrie zu den Dienstleistungen, sondern eine wachsende Durchdringung der industriellen Produktion mit Dienstleistungen. Diese Entwicklung kann man mit dem Konzept der Wissensgesellschaft besser erklären, auf das wir vor allem im Kapitel 6 ausführlicher eingehen werden.

Problematisch wird die These vom Wandel der Industriegesellschaften zu Dienstleistungsgesellschaften, wenn sie nicht nur für die Beschreibung der Beschäftigung und die damit verbundenen sozialstrukturellen Veränderungen genutzt, sondern zum strukturpolitischen Leitbild wird. Der damit verbundene Versuch, Industrieregionen in Dienstleistungsregionen zu transformieren, ist oft zum Scheitern verurteilt. Nur wenige Regionen waren bisher weltweit als (fast) reine Dienstleistungsökonomien erfolgreich – vor allem die wenigen Regionen, die als globale Dienstleistungszentren fungieren. Das sind Regionen, die schon seit langer Zeit neben einer starken industriellen Produktion auch einen starken Dienstleistungssektor aufweisen. Diese Regionen sind kein vernünftiges Modell für das Ruhrgebiet, dessen wirtschaftliche Stärken weitgehend in der Industrie und in Dienstleistungen, die auf die Industrie bezogen sind, liegen. Die Zukunft des Ruhrgebiets liegt deshalb nicht einseitig in einer Dienstleistungswirtschaft, sondern in einer wissensbasierten und dienstleistungsintensiven Industrie. Vor diesem Hintergrund markiert die grundlegende Veränderung der Beschäftigungsstruktur keinesfalls einen erfolgreichen Strukturwandel. Sie ist nicht die Folge eines Strukturwandels hin zu einer wissensbasierten Industrie, sondern einer De-Industrialisierung, in deren Verlauf viele qualifizierte Arbeitsplätze in der Industrie verloren gingen, während in den Dienstleistungen dagegen oft wenig qualifizierte Arbeitsplätze entstanden. Der gewachsene Dienstleistungssektor im Ruhrgebiet besteht zu einem nicht unwesentlichen Teil nicht aus wachstumsträchtigen wissensbasierten Dienstleistungen, sondern aus einfachen Dienstleistungen.

Deutlich werden diese Problemlagen auch durch die nach wie vor schlechte Performance am Arbeitsmarkt. Die Entwicklung des Arbeitsmarkts im Ruhrgebiet ist zum einen durch eine hohe Arbeitslosigkeit, insbesondere eine anhaltende Langzeitarbeitslosigkeit, und zum anderen durch massive Strukturprobleme gekennzeichnet. So liegt die Arbeitslosenquote im Ruhrgebiet seit Mitte der

1970er Jahre deutlich über dem Durchschnittsniveau von NRW, ein Trend, der nicht durchbrochen ist, wie die Zahlen der letzten zehn Jahre zeigen.

Arbeitslosenquote*) seit 2000

Gebietseinheit	Arbeitslosenquote 1) - jeweils September -							
	2000	2002	2004	2006	2007	2008	2009	2010
Bochum	10,9	11,1	12,2	13,3	11,1	9,3	10,5	9,7
Bottrop	10,9	11,4	13,2	12,8	10,1	8,4	8,8	8,3
Dortmund	13,5	13,5	15,3	16,8	14,0	13,4	13,0	12,8
Duisburg	12,9	12,7	14,3	16,2	13,4	12,3	13,1	13,0
Essen	10,8	11,1	12,0	14,7	13,0	11,9	12,3	12,0
Gelsenkirchen	14,8	15,9	18,4	19,2	16,3	14,7	15,2	14,2
Hagen	10,0	10,7	12,0	13,5	11,3	10,5	11,7	10,9
Hamm	11,3	11,7	13,2	12,5	10,5	10,2	10,5	10,5
Herne	13,4	14,5	15,3	16,7	13,4	12,4	13,3	12,9
Mülheim	8,3	8,1	9,0	11,8	9,6	8,0	8,5	9,0
Oberhausen	11,2	10,6	12,6	15,0	13,3	11,7	12,6	11,4
Krfr. Städte (RVR)	11,9	12,1	13,6	15,2	12,8	11,7	12,2	11,8
Ennepe-Ruhr-Kreis	8,6	8,3	9,0	9,5	8,1	7,3	8,5	8,0
Kreis Recklinghausen	12,0	11,5	12,2	13,6	11,6	11,1	11,2	11,3
Kreis Unna	10,4	10,7	12,1	12,6	10,4	9,7	10,1	9,8
Kreis Wesel	8,3	8,0	8,7	9,5	7,9	7,0	7,8	7,3
Kreise (RVR)	10,1	9,9	10,7	11,6	9,8	9,1	9,6	9,4
Regionalverband Ruhr (RVR)	**11,3**	**11,3**	**12,5**	**13,9**	**11,7**	**10,7**	**11,2**	**10,9**
Bielefeld	10,4	12,1	13,6	13,0	9,7	9,5	10,6	10,0
Düsseldorf	9,3	8,6	9,7	11,4	10,3	9,3	9,3	9,4
Köln	10,5	10,6	11,6	12,6	11,3	10,5	10,5	9,9
Münster	6,7	7,3	8,4	8,1	6,7	6,3	6,5	5,9
NW ohne RVR	7,6	8,2	9,1	9,8	8,0	7,2	8,0	7,4
NW	8,6	9,1	10,1	10,9	9,0	8,2	8,9	8,4
BR	9,0	9,5	10,3	10,1	8,4	7,4	8,0	7,2

Quelle: Bundesagentur für Arbeit; RVR-Datenbank.

Anmerkung: *) Die Darstellung von Veränderungen ist wegen Einführung von SGB II nur eingeschränkt möglich; ab Januar 2005 unter Einschluss der Grundsicherung für Arbeit Suchende; Untererfassungen in den Optionskommunen werden ab Berichtsmonat September 2005 beseitigt. Rückwirkende Korrekturen werden hier in der Regel nicht vorgenommen; die jeweils aktuellen Werte sind im Internetangebot der Bundesagentur für Arbeit als detaillierte Übersicht zu finden.

1) in % **aller zivilen Erwerbspersonen** (abhängig zivile Erwerbspersonen, Selbstständige u. mithelfende Familienangehörige).

Abbildung 15: Arbeitslosenquote Ruhrgebiet

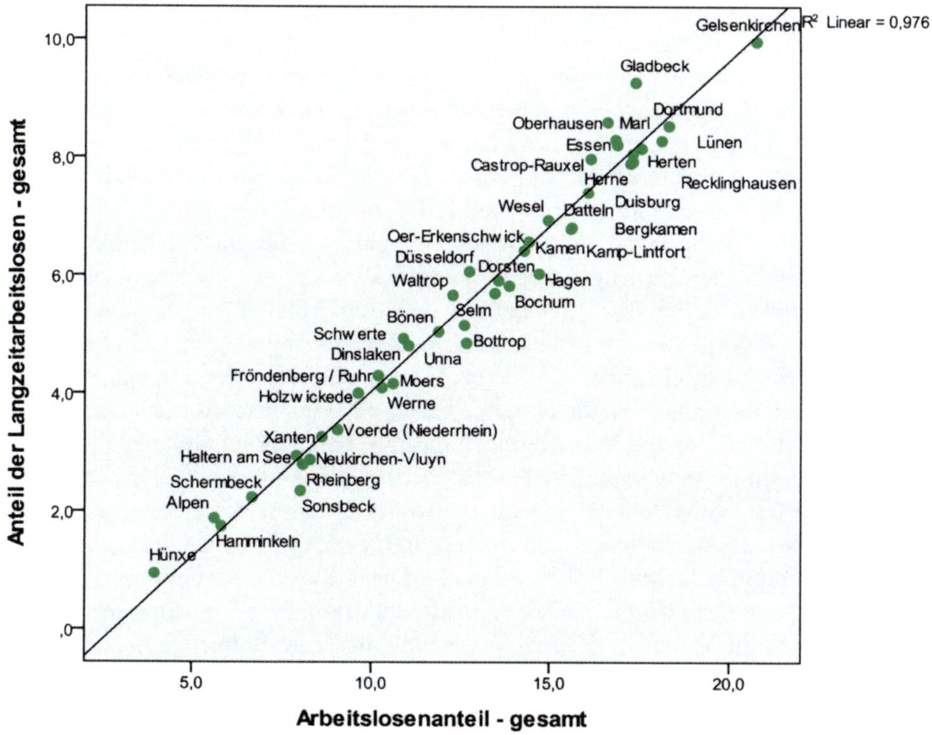

Datenquelle: Bertelsmann Stiftung, Wegweiser Kommune; eigene Darstellung
Abbildung 16: Arbeitslosenquoten und Anteile der Langzeitarbeitslosen in den Kommunen im Ruhrgebiet[1]

Die Gegenüberstellung von Arbeitslosenquoten und den Anteilen von Langzeitarbeitslosen offenbart zudem, dass die Strukturprobleme des Arbeitsmarkts besonders im nördlichen Ruhrgebiet liegen. Dort, wo die Arbeitslosigkeit besonders hoch ist, gibt es besonders viele Langzeitarbeitslose, die über ein Jahr arbeitslos sind. Insbesondere im nördlichen Ruhrgebiet ist die Lage auch weiterhin schwierig; so liegt die Quote beispielsweise in Gelsenkirchen auch im Herbst 2010 noch immer über 14 Prozent, in Dortmund noch bei 12,8 Prozent und in Essen bei 12 Prozent (NRW insgesamt: 8,4 Prozent, Bundesrepublik: 7,2 Prozent). Die Unterschiede zwischen NRW, ohne das Ruhrgebiet, und dem Ruhrgebiet sind

1 Für die Gemeinden im Ennepe-Ruhr-Kreis sowie die Städte Mülheim an der Ruhr und Hamm lagen keine belastbaren Daten der BA über Langzeitarbeitslose vor.

deutlich: in NRW (ohne den RVR-Bezirk) lag die Arbeitslosenquote bei 7,4 Prozent, während im Ruhrgebiet die Quote 10,9 Prozent betrug.

Problematisch für den Wirtschafts- und Sozialstandort Ruhrgebiet ist vor allem die *räumliche Kumulation von Beschäftigungsrisiken*: Einzelne Stadtteile (von denen es besonders viele in der Emscher-Lippe-Region gibt) haben schrittweise eine Kultur der Arbeitslosigkeit aufgebaut, die die Anstrengungen zur Belebung der Wirtschaft zu ersticken droht. Vielen Arbeitslosen gelingt dort vor allem aufgrund der Qualifikationsdefizite nicht der Übergang in die Dienstleistungssektoren. Soziale Polarisierungs- und Ausgrenzungseffekte zeigen sich zudem nicht nur an den „Rändern der Städte", sondern manche „nördlichen" Ruhrgebietsstädte drohen auch im Kern zu verwahrlosen. Erscheinungsformen sozialer Ungleichheit manifestieren sich in einzelnen Teilsegmenten des Ruhrgebiets, die man zu Beginn des 21. Jahrhunderts nicht erwartet hätte: das Gespenst der „Dauerarbeitslosigkeit" und die Verelendung einzelner Stadtquartiere. Der Anteil der *Langzeitarbeitslosen* befindet sich im Ruhrgebiet auf einem weitaus höheren Niveau als im Land Nordrhein-Westfalen. Während im Ruhrgebiet gut 40 Prozent aller Arbeitslosen als langzeitarbeitslos einzustufen sind, beträgt diese Quote im übrigen NRW „nur" gut ein Drittel. Solch räumliche Disparitäten und damit verbundene Spaltungsprozesse, die durch die lang andauernde Beschäftigungskrise entstanden sind, bedeuten nicht nur „relative" Verarmung bei den Betroffenen und kommunale Sparstrategien, sondern hemmen auch die Entwicklung von leistungsfähigen Innnovationssystemen im Ruhrgebiet. Bildung, Kompetenz und Motivation der Bevölkerung sind entscheidende Elemente solcher Systeme.

Deutlich wird, dass das Ruhrgebiet zwar wie alle Stadtregionen einen Wandel zur Dienstleistungs- und zur Wissensgesellschaft durchgemacht hat. Dieser Wandel hat zum einen aber nicht das Ausmaß erreicht, wie es ausgesprochene Dienstleistungsmetropolen, zum Beispiel Düsseldorf (traditionell der „Schreibtisch" des Ruhrgebiets), erreicht haben, und er betrifft zum anderen die Kommunen und Teilregionen des Regionalverbands Ruhr in sehr unterschiedlichem Maße. Der Wegweiser Kommune weist für alle deutschen Kommunen über 5.000 Einwohner für 2008 die Anteile der Hochqualifizierten am Wohnort (Anteil der Akademiker in der Wohnbevölkerung der Kommune) und am Arbeitsort (Anteile der Akademiker an den dort Beschäftigten) aus.

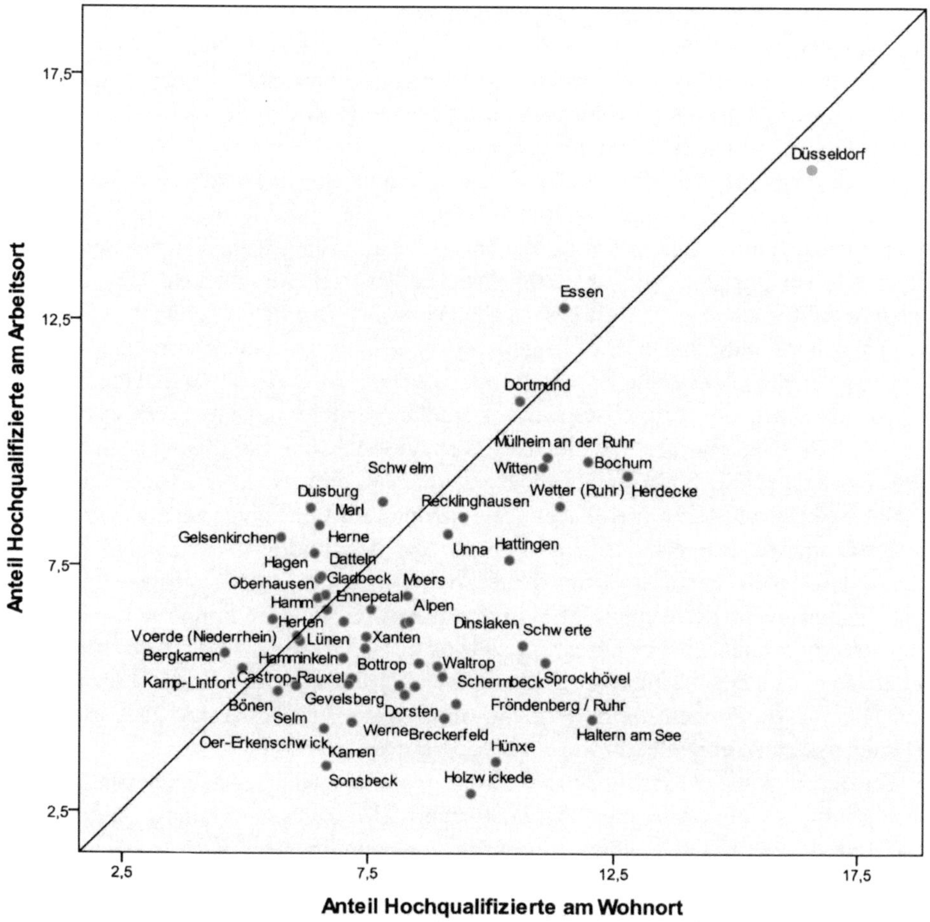

Datenquelle: Bertelsmann Stiftung, Wegweiser Kommune; eigene Darstellung

Abbildung 17: Hochqualifizierte am Wohnort und am Arbeitsort in den Kommunen des RVR und in Düsseldorf

Jede sechste in Düsseldorf lebende Erwerbsperson und jeder sechste in Düsseldorf Arbeitende hat einen Hochschulabschluss. Essen und Dortmund kommen diesen Werten noch recht nahe, liegen aber deutlich darunter. Die schwerindustriellen Zentren des alten Reviers – Duisburg, Gelsenkirchen, Herne, Oberhausen – und die alten Bergbauschwerpunkte haben dagegen heute immer noch recht niedrige Anteile an Akademikern unter den dort Beschäftigten. In den Kommunen links von der Diagonalen in der Abbildung arbeiten mehr Akademiker als dort wohnen. Das heißt, die Attraktivität dieser Städte als Wohnorte für Hochqualifizierte ist gering. Viele dort arbeitende Hochqualifizierte sind Pendler. Sie leben in den überwiegend kleinen suburbanen Kommunen rechts von der Diagonalen. In Haltern am See zum Beispiel hat bei nur sehr wenigen Hochqualifizierten unter den am Ort Beschäftigten ein größerer Anteil der dort lebenden Erwerbstätigen einen Hochschulabschluss als in Dortmund.

Inzwischen hat sich der rapide Strukturwandel abgeschwächt; im Juni 2009 wurden im Ruhrgebiet 1,5 Millionen Beschäftigte gezählt und das Beschäftigungsniveau konnte sich auf dem Vorjahresniveau halten, während die Beschäftigungszahl im übrigen NRW mit 0,7 Prozent leicht rückläufig war. Der Dienstleistungssektor hatte sogar mit einem Plus von 0,4 Prozent noch leichte Gewinne zu verbuchen, während er im übrigen NRW stagnierte. Betrachtet man die *Beschäftigtenentwicklung* nach Branchen differenziert, so erzielte nach Angaben der Metropole Ruhr der Bereich Erziehung und Unterricht mit einem Zuwachs von 8.170 Stellen im Ruhrgebiet die mit Abstand höchsten Beschäftigungsgewinne gegenüber dem Jahr 2008. Die Steigerungsrate fiel hier mit 14,7 Prozent deutlich höher aus als im übrigen NRW mit 7,7 Prozent. Auf der Gewinnerliste der Ruhrgebietsbranchen folgten das Sozialwesen, das Gesundheitswesen, der Bereich Herstellung von Nahrungsmitteln, die Alten- und Pflegeheime sowie die wirtschaftlichen Dienstleistungen für Unternehmen. Insgesamt konnten diese sechs Gewinnerbranchen im Vorjahresvergleich rund 19.500 neue Mitarbeiter mehr beschäftigen. Ein Beschäftigungsrückgang war bei der Leiharbeit, der Herstellung von Metallerzeugnissen, dem Bergbau, dem Kraftfahrzeughandel, aber auch der Metallerzeugung und -bearbeitung zu beobachten.

Zu berücksichtigen ist in diesem Zusammenhang auch, dass insbesondere die geringfügigen und unsicheren Arbeitsformen in den letzten Jahren stark angewachsen sind – was den oben angesprochenen qualitativen Verlust bei der Beschäftigung unterstreicht. Im internationalen Vergleich hat das Normalarbeitsverhältnis in Deutschland relativ stark abgenommen. Rund fünf Millionen Deutsche haben beispielsweise einen 400-Euro-Job. Nach jüngsten Angaben des Institutes für Arbeitsmarkt- und Berufsforschung waren rund die Hälfte aller Neueinstellungen im Jahr 2009 befristete Arbeitsverhältnisse (eine Zunahme um mehr als 6 Prozent gegenüber 2008). Dieser parallel zum Ausbau der Dienstleistungsgesellschaft verlaufende Trend zur Flexibilisierung der Beschäftigung, der sich neben dem Anstieg von 400-Euro-Jobs in Umwandlungen von Vollzeit- in Teilzeitstellen, befristeten und prekären Arbeitsverhältnissen zeigt, trifft die Frauen besonders ausgeprägt. Dies wird an der wachsenden Zahl von Geringverdienenden sichtbar, von denen rund drei Viertel Frauen sind.

Ein weiterer Indikator für die Arbeitsmarktlage einer Region sind die Wanderungsbilanzen, insbesondere der hochqualifizierten Erwerbstätigen. Hier zeigen neueste Analysen ausgewählter Großstädte, dass sogar in Essen oder Dortmund sowohl bei den Qualifizierten (also etwa Akademikern) als auch den gering Qualifizierten weiterhin Wanderungsverluste zu verzeichnen sind. Der *Humankapitalverlust* geht also weiter! Wenn der Trend zur Abwanderung der Hochqualifizierten aus dem Ruhrgebiet (vorwiegend in Richtung Süden) nicht aufgehalten bzw. umgekehrt wird, dürften sich die regionalen Disparitäten in Deutschland eher verschärfen und das Ruhrgebiet wird weiter an Standortattraktivität verlieren.

2.2 Innovation und Wissen

Das Konzept des *Innovationssystems* betrachtet Innovationen als Resultat eines Austausches von Wissen und Technologie in einem Netzwerk von Personen, Unternehmen und anderen Einrichtungen. Der Kern dieses Netzwerks wird durch vier Typen von Interaktionen gebildet. Der erste Typ sind Forschungs- und Technologiekooperationen zwischen Unternehmen; der zweite Forschungskooperationen und andere gemeinsame Aktivitäten zwischen Unternehmen einerseits und Hochschulen und öffentlichen Forschungseinrichtungen andererseits. Der dritte Typ besteht aus den Transferbeziehungen und der Diffusion von Wissen und Technologie in die Wirtschaft und der vierte aus der Mobilität von qualifiziertem Personal zwischen Hochschulen, Forschungseinrichtungen und Unternehmen. Diese Interaktionen werden durch eine Reihe von Rahmenbedingungen gefördert oder gehemmt. Dazu gehören beispielsweise finanzielle Bedingungen, Verfügbarkeit von Kapital für Existenzgründer oder mittelständische Unternehmen, rechtliche Bedingungen, unter anderem das Patentrecht oder rechtliche Vorschriften bezogen auf neue Technologien und Produkte, Infrastrukturen, zum Beispiel logistische Strukturen, Dienstleistungsangebote wie Beratungs- oder Weiterbildungseinrichtungen, örtliche und regionale Marktpotenziale und nicht zuletzt die Verfügbarkeit von qualifizierten Arbeitskräften. Neben den bisher genannten eher „harten“ Faktoren werden Tempo, Reichweite und Erfolg von Innovation und Wandel auch durch eine Reihe „weicher“ (kultureller) Faktoren beeinflusst. Konkret geht es hier vor allem um Einstellungen und die Motivation in der Bevölkerung, bei den Führungskräften sowie bei den Arbeitskräften und um das Kommunikationsverhalten von wirtschaftlichen, politischen und anderen gesellschaftlichen Akteuren. Alle Faktoren bilden zusammen ein regionales *Innovationsmilieu.*

Ein funktionierendes regionales Innovationssystem, das ganz zentral über den Wissens- und Technologietransfer definiert ist, ermöglicht eine Steigerung der Wissensproduktion in der Region. Damit erhöhen sich auch die Chancen für die Diffusion des Wissens und die Gründung und den Ausbau einer wissensintensiveren Unternehmenspopulation, aber auch eine Verbesserung der Wettbewerbsfähigkeit der regionalen Unternehmensbasis. Um solche strategischen Prozesse umzusetzen, werden neben der Bereitschaft zum Austausch und zur Kooperation in hohem Maße strategisches Können und interdisziplinäre Sichtweisen gefordert. Der Umgang mit *Wissen*, der den Schlüssel zur Erneuerung und Wettbewerbsfähigkeit von Wirtschaftsregionen darstellt, folgt jedoch anderen Regeln als die traditionelle Herstellung von Gütern (wie wir sie aus industriellen Regionen kennen). Die gegenwärtige Phase unserer wirtschaftlichen Entwicklung ist durch einen permanenten Prozess von Innovationen gekennzeichnet, wobei die Wirtschaftsregionen profitieren, die sich früh auf die wachsende Innovations- und Wissensorientierung eingestellt haben.

Wie wirken sich nun die strukturellen Veränderungen (vor allem der Niedergang des produzierenden Gewerbes) im interregionalen Vergleich auf das Innovationsgeschehen aus? Vergleichend ansetzende Untersuchungen konstatieren im Hinblick auf das Innovationsgeschehen in Nordrhein-Westfalen (NRW) nach wie vor „große Schwächen" und dieser *„Innovationsrückstand"* (insbesondere gegenüber süddeutschen Bundesländern) trifft trotz erheblicher politischer Anstrengungen gerade das Ruhrgebiet.

Nach dem DIW-Innovationsindikator liegt NRW im Forschungsbereich im „Mittelmaß", bei der Bildung sogar „weit im Hintertreffen". Hinsichtlich der Existenzgründungen wird „zu wenig Dynamik" im Ruhrgebiet konstatiert, während in der Rheinschiene eine vergleichsweise hohe Intensität festzustellen ist. In den letzten Jahren wurde allerdings in der Region intensiv über neue strukturpolitische Schwerpunktsetzungen nachgedacht und die jeweiligen Landesregierungen haben ebenfalls mit verschiedenen regionalen Wachstumsinitiativen und einer Neustrukturierung der Wirtschaftsförderung versucht, Lernprozesse in der Region anzustoßen. Die Potenziale und Kompetenzen werden verstärkt politisch thematisiert und inzwischen steuern policy maker auf lokaler und regionaler Ebene auch stärker in Richtung einer spezifischen Ausrichtung von Leitprojekten sowie strategischer Kooperationen zwischen relevanten Akteuren, um so Cluster-Bildungen im Ruhrgebiet zu erzeugen. In verbundspezifischen „Kompetenzprojekten", die sich an „Leitmärkten" orientieren sollen, sind neben der Wirtschaft auch in wachsendem Ausmaß die Hochschulen sowohl als Träger und auch als Adressaten dieser Strategien eingebunden.

Die Neuorientierung zu einer „Metropolregion Ruhr" soll maßgeblich unterstützt werden durch eine aktivere Rolle der Hochschulen. Im Bereich der Gründungsförderung sollen diese „gründungsaffiner" werden und insgesamt die Bereiche Bildung, Forschungs- und Wissenstransfer besser miteinander verknüpfen. Gerade wenn sich erste Erfolge hinsichtlich der wirtschaftlichen Selbstständigkeit einstellen, könnten dadurch auch die Ängste und Vorbehalte gegenüber unternehmerischen Aktivitäten in der Bevölkerung schrittweise abgebaut werden. Um die „Berührungsängste" zwischen Wirtschaft und Wissenschaft zu senken, soll deshalb ein neues Leitbild einer kooperativen Innovationskultur umgesetzt werden.

Allerdings ist das Bewusstsein im Ruhrgebiet, in einer „Wissensregion“ zu leben, noch immer sehr wenig in der Bevölkerung verbreitet. Der sozioökonomische Strukturwandel könnte zwar nicht deutlicher als an der Ausbreitung der Hochschulen und den wachsenden Studentenzahlen ausgedrückt werden, hat aber bislang keinen nachhaltigen Wandel der „Kultur“ und der Mentalitäten der Bevölkerung bewirkt. Die schwerindustrielle Tradition des Ruhrgebiets prägte den Großteil der Menschen mit dem Regime der Massenproduktion und der tayloristischen Arbeitsorganisation in Großunternehmen. Solche Tätigkeiten, die ein hohes Maß an Arbeitsteilung und damit an fachlichem Spezialistentum ausprägen, erschweren jedoch tendenziell die Chancen für den Erwerb von Querschnitts- und Schlüsselqualifikationen, die kreatives Denken und Handeln begünstigen. Die Herausbildung eigeninitiierter, „unternehmerischer“ Eigenschaften, aber auch generell die gerade in modernen „Wissensgesellschaften“ geforderten Fähigkeiten und Kompetenzen zur „Selbstorganisation“, dürfte dies gehemmt haben, ebenso wie die Orientierung an Obrigkeit, die zu einem gewissen Teil das eigene Denken „ersetzte“. Nicht nur die Unternehmerschaft des traditionellen Ruhrgebiets verkörperte ein patriarchalisches Selbstverständnis, das den Angestellten und Arbeitern die Illusion der übermächtigen, beschützenden Hand vermittelte. Auch die Politik übernahm dieses Selbstverständnis, als die unternehmerischen Eliten im Zuge des Niedergangs ihrer Industrien dazu nicht mehr in der Lage waren. Gut dotierte Sozialpläne ersetzten Arbeitsplätze, aber dies veränderte nun gerade nicht die Opportunitäten in Richtung beruflicher Selbstorganisation bzw. persönlicher Eigeninitiative, Offenheit und Flexibilität, sondern verfestigte ruhrgebietstypische „Kleinkariertheit und Immobilität“, wie manche Beobachter kommentieren.

Auch in Zeiten von Standortmarketing (etwa nach dem Motto „Der Pott kocht“ oder Großevents wie der „Kulturhauptstadt Ruhr.2010“) sind *traditionelle regionale Spezifika* im Bewusstsein der Menschen erhalten geblieben, die einen Großteil der Menschen geprägt haben und die in den Grundzügen von der alten auch noch an die jüngere Generation weitergegeben wurden. Manche wissenschaftlichen Beobachter beschreiben die Ruhrgebietskultur als eine spezifische „Atmosphäre steter Betreutheit“, die von einem „Geist der Immobilität“ geprägt sei. Neben diesen traditionsbasierten kollektiven Mentalitätsentwicklungen der Region und Wahrnehmungen, die einer „Kultur der Selbstständigkeit“ und anderen Flexibilitätserfordernissen abträglich waren und sind, kommen weitere Faktoren hinzu, wie Qualifikationsdefizite, die eine Profilierung in Richtung eines Innovationsstandortes erschweren. Dieses spezifische Deutungsmuster sollte durch verschiedene Kommunikations- und Werbestrategien für das Ruhrgebiet aufgebrochen werden. Eine große Public-Relations-Kampagne zielte seit Ende der 1980er Jahre in Richtung „Das Ruhrgebiet. Ein starkes Stück Deutschland“. Anhand verschiedener Bilder und Motive sollte das Ruhrgebiet als starker Wirtschaftsraum erscheinen und mit einfachen, aber wirkungsvollen Beispielen das falsche Image des „alten Ruhrpotts“ korrigieren. Gezeigt wurden die breite und technologisch durchaus avancierte Infrastruktur, die bereits erfolgten Diversifizierungen der Wirtschaft sowie die neuen Bildungseinrichtungen und das breite Spektrum von Kultur.

Der in vielen Varianten beschworene neue Mythos des Ruhrgebiets als „ein starkes Stück Deutschland“ hat zwar das Regionalbewusstsein geschärft und eine durch den rapiden sozioökonomischen Wandel geschrumpfte regionale Identität revitalisiert, allerdings um den Preis, dass viele in der Region noch immer an die traditionelle Kultur der „Großindustrie“ glauben und deshalb *„Großprojekte“* (auch im kulturellen Bereich, aber vor allem in der Stadtentwicklung) große Sympathie genießen. Die alte (durch den Montankomplex) vielfältig geprägte Revierkultur, die vielfach als „starke“ Kultur definiert wird, ist deshalb nicht nur regionale Innovationskraft, sondern kann auch ein Hindernis für den Aufbau einer nach der Massenproduktion anzustrebenden differenzierten Qualitätsproduktion mit einem hohen Anteil von Dienstleistungen sein! Dies zeigt sich auch an der „Heroisierung“ des Fußballs im Ruhrgebiet. Wenngleich die Dimension des Fußballs im Revier und seine inzwischen auch wirtschafts- und beschäftigungspolitisch nicht zu unterschätzende Relevanz (neben der hohen Identifikationsbedeutung und dem Freizeitwert) nicht im Geringsten bestritten werden, sollte man keine grundlegenden wirtschaftlichen Impulse, etwa durch Multifunktionsarenen etc., erwarten.

Sowohl der Fußball als auch andere kulturelle Highlights und touristische Destinationen (etwa Musicals, Freizeitparks und das CentrO) haben das Ruhrgebiet inzwischen zu einer Region gemacht, die auch im Tourismusgeschäft (vor allem in den Segmenten Kultur- und Städtetourismus, Tagungs- und Messewesen sowie Nahreisen) als immer wichtigerer Player mitspielt. Wird aber das kulturelle Kapital des Ruhrgebiets, zu dem sicherlich der Fußball gehört, zu sehr bemüht und in den Vordergrund gestellt, dann besteht die Gefahr, dass die kulturelle Dominanz des „Erhaltungsinteresses“ verlängert wird, statt innovative wirtschaftliche und soziale Perspektiven zu thematisieren. Diese potenzielle Gefahr wurde auch durch die „Kulturhauptstadt“ Ruhrgebiet, wie sie sich 2010 mit vielen Aktionen darstellte, nicht gebannt, da man sich sehr auf die (kurzfristige) Inszenierung von Festivalaktivitäten konzentrierte. Diese waren sicherlich auch strukturpolitisch von Interesse und konnten das Bild der Region nach außen verbessern, bergen allerdings die Gefahr eines schnell abklingenden medialen Aufschwungs in sich. Nachhaltige Projekte können dadurch sogar etwas in den Hintergrund gedrängt werden, wenngleich diese nachhaltigen Projekte und neuen Kooperationsstrukturen die Zukunft des Ruhrgebiets weitaus stärker beeinflussen werden.

Für eine Innovationsstrategie werden neben einer Transformation der kulturellen Werte neue institutionelle Regulierungen und kreative Milieus gebraucht, die nur ansatzweise existieren und deshalb neu inszeniert werden müssen. Das Wachstumspotenzial der Wissensgesellschaft muss durch eine aktivierende Standortpolitik unterstützt werden, bei der es nicht mehr zuerst um die kostengünstigere Herstellung des Herkömmlichen gehen kann. Ziel muss vielmehr die Entwicklung neuer Produkte und Dienstleistungen sein. Die Fähigkeit, neue Geschäftsfelder und Märkte zu erschließen, ist die Grundlage der dynamischen Entwicklung unserer Wirtschaft. Dabei muss mit Wissen intelligent und wirtschaftlich nutzbringend umgegangen werden, da es keine konventionelle Ware ist, die in beliebiger Menge und Qualität durch geschicktes Einkaufsverhalten einfach zu erwerben wäre. Um aus Wissen wirtschaftlichen Nutzen zu ziehen, kommt es darauf an, relevante Wissensbestände zu identifizieren, sie sich anzueignen, miteinander in *Wissensnetzwerken* zu verknüpfen, dann zu Problemlösungen zusammenzuführen und sie für die Anwendung bereitzustellen und umzusetzen. In diesem Zusammenhang spielen die Hochschulen und Forschungseinrichtungen eine zentrale Rolle. Sie sind deshalb zunehmend gefragt, weil durch den Wandel des Produktions- und Innovationssystems in Richtung wissensintensiver Sektoren der Transfer eine immer bedeutsamere Rolle spielt und Wissen an bestimmte Personen und Organisationen (wie Hochschulen oder Forschungsinstitute) gebunden ist.

Wie stellen sich nun die Beziehungen zwischen Wissenschafts- und regionaler Strukturpolitik im Ruhrgebiet dar und wo gelingen innovative Verzahnungen? Zunächst muss einschränkend angemerkt werden, dass Hochschulen allein regionale Polarisierungsprozesse nicht aufhalten können. Der Standortfaktor Wissenschaft darf zwar nicht unterschätzt werden, allerdings ist auch vor einer Instrumentalisierung und Euphorisierung zu warnen. Die Innovationsprozesse aus den Hochschulen heraus in die Region sind zum einen nur schwer zu steuern, da die Universitäten aufgrund ihrer nur lose gekoppelten Organisationsstruktur schwer als verantwortlicher regionaler Akteur zu identifizieren sind, und zum anderen von einem wirtschaftlichen Umfeld und einer konsistenten regionalen Steuerung abhängig, die in vielen Wirtschaftsregionen ebenfalls nicht vorausgesetzt werden können.

Dieser regionale Wissenstransfer („Wissensströme“) läuft nicht überall wirklich gut. Es gibt zwar inzwischen einzelne Kompetenzschwerpunkte an den Hochschulen und auch diesbezügliche Netzwerke zwischen den verschiedenen Akteuren in der Region haben sich ausgeweitet (bis hin zu Unternehmensgründungsnetzwerken), allerdings könnten diese Wissensströme erheblich intensiviert werden. Dies sieht man etwa am Gründungsgeschehen: Hier gibt es vielfältige Förderangebote für Gründer und dennoch ist der Erfolg nicht gerade ausgeprägt. Dennoch sind sich die Hochschulen zunehmend ihrer Rolle als Innovationsmotoren bewusst und verstehen sich auch als *Knotenpunkt* von Wissensströmen und regionalen Innovationsaktivitäten. Dies wird insbesondere deutlich an der Einrichtung von anwendungsorientierten Kompetenzzirkeln (Applied Competence Cluster an der Ruhr-Universität Bochum sind: Terahertz und Plasmatechnologie oder das „Center for Nanointegration Duisburg-Essen"). Mit ihnen verstärken die Hochschulen Schwerpunktbildungen vorwiegend im Bereich neuer Technologien.

Hochschulen, öffentliche Institutionen und Unternehmen treten dadurch in einen kontinuierlichen Austausch von Ideen, wissenschaftlich-technischem und unternehmerischem Know-how sowie Personal ein und die Wirtschaft des Ruhrgebiets erhält hierdurch innovative Entwicklungsanstöße und kann neue Beschäftigungsfelder aufbauen. Die Einrichtung von Kompetenzzirkeln, in denen Unternehmer, Experten aus der Wirtschaft und Hochschullehrer kreativ bei der Verfolgung gemeinsamer Projekte zusammenarbeiten, ist in der Region trotz einiger Vorbilder ein Novum. Auf diese Weise können die in den Hochschulen und Forschungsinstituten oft schlummernden Innovationspotenziale noch stärker mobilisiert und in eine Umsetzungsphase gebracht werden. Eine notwendige Voraussetzung für eine effektive Verzahnung von Hochschulen und Unternehmen sind wechselseitige und organisch gewachsene Kontakte, die auf Basis von gegenseitigem Nutzen entstehen. „Gelegenheitsstrukturen" zur Vernetzung müssen dabei professionell von der regionalen Wirtschaftsförderungslandschaft inszeniert und moderiert werden.

Obwohl die Hochschulen und Forschungsinstitute in Deutschland zunehmend eine zentrale Rolle in regionalen Clusterstrategien spielen, müssen *Unternehmen* durch Anreiz- und Kooperationsstrukturen noch mehr in Kompetenznetzwerke eingebunden werden. Hierzu sollten allerdings auch die regional oft unübersichtliche Palette an kleineren Technologiezentren, Transferstellen und Beratungseinrichtungen im Umkreis von Universitäten und Fachhochschulen überprüft und relativ rasch Maßnahmen zur effizienzorientierten Bündelung dieser Einrichtungen eingeleitet werden. Denn um eine regionale Kooperationskultur auch außenwirksam zu etablieren, spielt die straffe und transparente Organisationsstruktur von Netzwerken und deren Akteuren eine überaus wichtige Rolle. Die bestehenden Förderinstrumente sollten dazu einheitlich vernetzt sein, sodass externe Akteure (etwa aus Technologiefeldern oder Regionen, in denen eine überregionale Strahlkraft bereits vorhanden ist) schnell klare Anreize lokalisieren können. Die in den Hochschulen oft schlummernden Innovationspotenziale sollten im Ruhrgebiet noch stärker auf breiter Ebene mobilisiert und in eine konkrete Umsetzungsphase mit der Privatwirtschaft gebracht werden. An Hochschulen sollten dafür mehr strukturelle Freiräume für persönliche Kontakte zu Unternehmen geschaffen werden, wodurch der Aufbau von Kooperationen und wechselseitigem Vertrauen erreicht werden kann. Für Hochschulen als Wirtschaftsförderungsinstrument bedeutet dies primär, über ihren wissenschaftlichen Auftrag hinaus Professoren, Mitarbeiter und Studierende zu ermutigen, intensive Unternehmenskontakte zu forcieren und Dienstleistungen anzubieten. Etablierte Unternehmen sollten als Kooperationspartner und Kapitalgeber für universitäre Start-Ups gewonnen werden, um die Markteintrittsbarrieren für Hochschulgründer zu senken und gleichzeitig einen marktwirtschaftlich orientierten Wissens- und Technologietransfer aufzubauen. In Kompetenzzirkeln könnten beispielsweise Unternehmer, Hochschullehrer, Studierende sowie fallweise Verbände, Kammern und Wirtschaftsförderungen zusammenwirken, um den Gründungs- und Innovationsgedanken an Hochschulen dauerhaft zu verankern. Akademische Spin-Offs und deren Kapitalgeber bzw. Förderer müssten systematisch erfasst und in eine regionale Marketingstrategie eingebaut werden, wodurch das gefühlte Gründungsumfeld an Hochschulen weiter profiliert und positiv ausgebaut werden könnte. Die allerorts stattfindenden Gründungswettbewerbe sollen dabei auch weiterhin eine wichtige Rolle in der Außendarstellung spielen, aber neue Instrumente, wie der Aufbau eines privaten Risikokapitalsektors, eines universitätsinternen Technologiescoutings in Verbindung mit auf Gründer zugeschnittenen Flächen- und Dienstleistungsangeboten in Technologiezentren, müssen vorrangig geschaffen werden.

2.3 Regionale Clusterpolitik

Der Cluster- und Netzwerkansatz nimmt in den aktuellen Kompetenzfeldprojekten (von der Logistik über die Energietechnik bis hin zur Gesundheitswirtschaft) eine herausragende Stellung ein. Die Standortprofilierung definiert sich in den erfolgreichen Wirtschaftsregionen primär über die endogenen Potenziale des jeweiligen Raumes und folgt einem Paradigma des „Stärken stärken". Folgt man dieser Logik, so definieren Regionen spezifische Kompetenzen für sich und versuchen, auf diese aufzusatteln und sie auszubauen. Das zwar bescheidene, aber dennoch sichtbare Wachstum der Beschäftigtenzahlen in den einzelnen Projekten spricht für die eingeschlagene Strategie. Bezogen auf die These, dass eine erfolgreiche Clusterbildung mindestens 20 Jahre in Anspruch nimmt, muss natürlich eingeräumt werden, dass die neuen Kompetenznetzwerke noch in den Anfängen stecken. Erste Maßnahmen für einen erfolgreichen Strukturwandel sind eingeleitet, die Potenziale der Projekte aber bei weitem noch nicht ausgeschöpft. Regionen wie das Ruhrgebiet können nur dann im verschärften Wettbewerb und in einer globalisierten Wirtschaft überleben, wenn sie eine *intensive Vernetzung* von Wirtschaft und Wissenschaft in innovativen Kompetenzfeldern realisieren.

Cluster

Cluster sind regionale Netzwerke von Unternehmen, Forschungs- und Bildungseinrichtungen und anderen Einrichtungen in einem bestimmten Wirtschaftszweig oder einer bestimmten Wertschöpfungskette. Die Unternehmen sind zum Teil Konkurrenten, zum Teil durch Kundenbeziehungen miteinander verbunden und zum Teil geschäftlich völlig unabhängig voneinander. Die Vernetzung der Akteure basiert zum Teil auf materiellen Austauschbeziehungen, zum Teil lediglich auf Kommunikation. Cluster gelten als ein wichtiges Moment der nationalen und internationalen Wettbewerbsfähigkeit von Unternehmen in einer Region und der Region insgesamt. Sie bündeln die Potenziale von Regionen in bestimmten Wirtschaftszweigen oder Wertschöpfungsketten und bilden oft starke Wachstumspole. Deshalb ist auch in Nordrhein-Westfalen die Strukturpolitik auf die Entwicklung von Clustern ausgerichtet worden, in denen Wirtschaft, Politik und Wissenschaft eng kooperieren sollen. Derzeit arbeiten 15 Clusterinitiativen: Automotive, Chemie, Energiewirtschaft, Gesundheitswirtschaft, Kultur- und Kreativwirtschaft, Logistik, Medien, Biotechnologie, Energieforschung, Ernährung, IKT, Kunststoff, Maschinenbau/Produktionstechnik, Medizinforschung und Umwelttechnologien.

Gerade im Ruhrgebiet können neue und wirtschaftsstarke Kompetenzfelder nicht aus dem Boden gestampft werden. Ein Umbau in Richtung einer wissensbasierten Ökonomie und zukunftsfähiger Kompetenzfelder oder Cluster dauert nicht nur Jahre, sondern Jahrzehnte. So wurde etwa ein wesentlicher Grundstein zum Strukturwandel am Standort Dortmund bereits 1985 mit der Eröffnung des *Technologiezentrums* gelegt. Die Initiatoren hatten sich zum Ziel gesetzt, Existenzgründer und junge, technologieorientierte kleine und mittlere Unternehmen bei der Umsetzung von Wachstumsideen zu unterstützen. 25 Jahre später arbeiten mehr als 8.500 Beschäftigte in über 250 Unternehmen auf dem Gelände in unmittelbarer Nähe zur Universität und zu Forschungseinrichtungen. Dortmund hält damit die Spitzenposition in der IT-Branche im Ruhrgebiet.

Auch in der *Logistikwirtschaft* gibt es im Ruhrgebiet (vor allem in Dortmund und Duisburg) in wachsendem Maße erhebliche Beschäftigungspotenziale. So sind im Jahr 2010 im Regionalbereich der Arbeitsagentur Dortmund rund 27.000 Beschäftigte in der Logistikbranche zu verzeichnen, die Zahl der direkt und indirekt vom Duisburger Hafen abhängigen Arbeitsplätze wird auf rund 40.000 im Jahr 2011 geschätzt. Die Region gehört inzwischen europaweit zu den „Topadressen" der Logistik; ihre besondere Stellung wurde 2009 dadurch „geadelt", dass das „Effizienzcluster Ruhr" im bundesdeutschen Spitzenclusterwettbewerb zu den

Gewinnern gehörte. Bereits Ende der 1990er Jahre begannen die verantwortlichen wirtschaftspolitischen Akteure mit dem Aufbau eines Logistiknetzwerkes, um den Standort als Kompetenzregion für Logistik zu stärken („Logistikinitiative Östliches Ruhrgebiet"). In den Bereichen von Forschung, Entwicklung und Lehre hat sich Dortmund inzwischen auch bereits zu einem attraktiven Standort für dieses Kompetenzfeld entwickelt: So existiert an der Universität der Studiengang Logistik, ebenfalls in Dortmund befindet sich das Fraunhofer Institut für Materialfluss und Logistik. Angeregt durch die zunehmende Bedeutung der Informations- und Kommunikationstechnologie (die ebenfalls in Dortmund zu den Leitbranchen zählt), setzen die Dortmunder Logistik-Unternehmen seit einigen Jahren vermehrt auf die computergestützte Distribution von Gütern und Waren. Bedingt durch die stark vertretene Softwarebranche konnte dadurch ein branchenübergreifendes Kompetenzfeld entstehen. Die Informationstechnologie stellt sich durchaus als treibende Kraft bei der Weiterentwicklung von zukunftsorientierten Logistikprojekten dar. Sowohl das westliche als auch das östliche Ruhrgebiet bieten generell für die Logistikbranche einen geografisch und strategisch günstigen Standort, so dass sich die Regionen auch als Europasitz von international agierenden Konzernen anbieten.

Das Ruhrgebiet ist inzwischen mit rund 230.000 Beschäftigten ebenfalls ein bedeutender *Gesundheitsstandort.* Gerade in diesem Gestaltungsfeld hat sich in den letzten Jahren viel bewegt, auch weil das Ruhrgebiet über einen quantitativ mehr als soliden Gesundheitsmarkt von 5,3 Millionen potenziellen Patienten, 9.000 Haus- und Fachärzten, 127 Krankenhäusern und über 1.100 Pflegeheimen und ambulanten Diensten auf engstem Raum verfügt. Mit dem Gesundheitscampus NRW in Bochum, der derzeit aufgebaut wird, ergibt sich eine neue Chance für eine regionale Innovation, die bundesweit ausstrahlen könnte. Die Lage des Gesundheitscampus orientiert sich am Clusterkonzept und an einer räumlichen Konzentration von Forschungsschwerpunkten, Anwendungen und Lehreinrichtungen. Auf dem Campus sollen neben existierenden Gesundheitseinrichtungen Forschungsinstitute angesiedelt und interdisziplinäre Forschungsvorhaben angestoßen werden. Dabei könnten auch der demografische Wandel im Ruhrgebiet als „Laboratorium" für neue Produkte und Dienstleistungen für die Gesundheitswirtschaft genutzt und neue Kooperationsprojekte an der Schnittstelle zwischen „Wohnen im Alter/vernetztes Wohnen" und Gesundheit gestartet werden. Es wird sich zeigen müssen, ob die Akteure aus unterschiedlichen Handlungsfeldern zu einer Kooperation im Rahmen des Gesundheitscampus NRW zusammenfinden können. Akteursnetzwerke bestehen bereits, jetzt geht es darum, sektorenübergreifende Versorgungsstrukturen aufzubauen und in die Regelversorgung zu integrieren. Bislang ist dies noch nicht gelungen.

Entscheidend für den Erfolg einer solchen clusterorientierten und regional ausgerichteten Strukturpolitik ist es, ob eine *Vermittlung* zwischen Organisationskulturen der einzelnen Akteure (von den Unternehmen, den Hochschulen, der politischen Verwaltung etc.) nicht nur verbal gelingt, sondern sich auch in funktionsfähigen Projekten und Strukturen realisiert. Dies ist auch deshalb schwierig, weil sich in modernen „Wissensgesellschaften" Vertrauen immer weniger selbstverständlich herstellt, sondern durch bewusst geschaffene soziale Nähe und institutionelle Netzwerke konstruiert werden muss. Es ist zwar inzwischen auch auf politisch-administrativer Ebene hinreichend bekannt, dass in den Regionen die Verbesserung der Kooperation und der Aufbau neuer Netzwerke, das heißt die Zusammenarbeit zwischen verschiedenen Unternehmen, aber auch das bessere Zusammenwirken von öffentlichen, halböffentlichen und privaten Akteuren schon deshalb immer wichtiger werden, weil zukunftsträchtige Innovationsleistungen immer häufiger nur noch dann zustande kommen, wenn Ressourcen und Potenziale aus unterschiedlichen Bereichen, Branchen und Betrieben miteinander verknüpft werden. Hier gilt es, spezifische Defizite im Ruhrgebiet zu verändern.

Die in letzter Zeit eingeleiteten Lernprozesse und auch die kampagnenartigen Aktionen, um Ressourcen zu mobilisieren, haben zunächst einmal nicht direkt zu einer Verbesserung der Wettbewerbsfähigkeit der Region geführt. Allerdings sind Innovationsprozesse angestoßen worden und nun muss dieser geöffnete Korridor auch effektiv genutzt werden, um weitere Vernetzungen zu realisieren. In allen strategischen Debatten zur wachsenden Bedeutung von regionalen Wissensströmen genießen die Hochschulen und Forschungseinrichtungen eine besondere Stellung. Und auch hier liegen Potenziale für das Ruhrgebiet; inzwischen ist auch ein Wandel der Universitäten und Fachhochschulen festzustellen – und dies gilt vor allem für die regionale Ausrichtung. Zugespitzt kann man für diese Wissensinstitutionen formulieren: *von Elfenbeintürmen zu Leuchttürmen*. Explizit wurde in letzter Zeit auf regionale Kooperationen gesetzt und das auf Stadtgrenzen bezogene Kirchturmdenken überwunden. So hat beispielsweise die Stiftung Mercator konkrete Kooperationsprojekte im Wissenschafts- und Bildungsbereich gestartet (etwa den Bildungsatlas und den Bildungsbericht Ruhr sowie das Mercator Research Center Ruhr [MERCUR], gegründet im März 2010 von der Stiftung Mercator und der Universitätsallianz Metropole Ruhr [UAMR]). Zusammenfassend setzt sich die Erkenntnis durch, dass der Faktor Wissen zu einem zentralen Produktionsfaktor geworden ist und die regionale Zukunftsfähigkeit von der Fähigkeit zur schnellen Interaktion und Wissensteilung abhängt.

Die nachlassende wirtschaftliche Stärke des Montankomplexes bedeutet zudem nicht, dass hier nicht noch Stärken liegen, die aber neu verknüpft werden müssen. So haben etwa Unternehmen bereits länger den Kohleveredelungsmarkt entdeckt und positionieren sich als Energiesystemanbieter, die die gesamte „Energiekette" mit all den erforderlichen Dienstleistungen abdecken. Mit solchen „Komplettlösungen" aus einer Hand (vom konkreten Bergbau über das Engineering, den Bergwerksmaschinenbau und die Automatisierungstechnik bis hin zur Logistik, zum Vertrieb von Energie und zur Reststoffverwertung) ist man bereits seit einigen Jahren auf den globalisierten Märkten erfolgreich unterwegs. Zudem bietet sich hier ein erfolgreiches Zukunftssegment im Rahmen einer integrierten (und „nachhaltigen") Ressourcen- und Energieplanung an. Vom Potenzial her kann das Ruhrgebiet also durchaus weiterhin eine attraktive und wettbewerbsfähige Energieregion bleiben, die zudem neue Wachstumsbereiche rund um die Energiegewinnung und -veredelung sowie Energieeffizienzen früher als anderswo erschließt.

Zukunftsfähige „Cluster" sind also auch im Ruhrgebiet vorhanden, aber an der Profilierung und Vermarktung muss noch gearbeitet werden. Die Potenziale und Kompetenzen der einzelnen Ruhrgebietsregionen wurden zwar in den letzten Jahren im Rahmen einer regionalisierten Strukturpolitik thematisiert, regionale Entwicklungskonzepte sind entstanden. Es gibt allerdings hinsichtlich der Qualität der regionalen Konzepte und vor allem deren Umsetzung in profilierte und sich selbst tragende Projekte Probleme. Inzwischen wurden aus der Einsicht in diese Probleme auch Konsequenzen gezogen. Die Strukturpolitik steuert stärker in Richtung einer spezifischen Ausrichtung von Leitprojekten sowie einer strategischen Einbindung der relevanten regionalen Akteure, um so konkurrenzfähige Clusterbildungen zu realisieren. In diese verbundspezifischen „Kompetenzprojekte" sind nun auch in wachsendem Ausmaß die Unternehmen sowohl als Träger als auch als Adressaten eingebunden. Aber auch die Wissenschaft und die Verbände und Kammern mit ihren unterschiedlichen Handlungslogiken, Ressourcen und Zieldefinitionen sind zu Akteuren in der Strukturpolitik geworden.

Auch wenn es im Ruhrgebiet durchaus zukunftsfähige Cluster gibt oder diese noch entwickelt werden können, kann eine kompetenzorientierte Strukturpolitik nicht nur auf Cluster setzen, die im globalen Maßstab Spitze sind. Dazu fehlen in vielen Bereichen nicht nur die Einrichtungen der Spitzenforschung, sondern auch die globalen Champions in der Wirtschaft. In vielen Kompetenzfeldern gibt es kleine und mittlere Unternehmen, die zwar nicht im globalen Maßstab die Spitze darstellen, aber national und international gut wettbewerbsfähig sind. Diese Unternehmen kann man im Rahmen von *Miniclustern* miteinander und mit Forschungs- und Entwicklungseinrichtungen vernetzen und damit ihre Innovations- und Wettbewerbsfähigkeit stärken. Mit dem Begriff der Minicluster werden hier Cluster bezeichnet, die erstens nicht auf Weltmarktführerschaft, sondern etwas bescheidener auf internationale Wettbewerbsfähigkeit abstellen, die zweitens nicht eine im internationalen Maßstab herausragende Konzentration von Bildungs-, Forschungs- und Entwicklungseinrichtungen und Unternehmen aufweisen, sondern etwas bescheidener eine Konzentration, welche beträchtliche Synergien erbringt und damit die Innovations- und Wettbewerbsfähigkeit auf einem hohen Niveau sichern hilft, und die drittens nicht durch global operierende Konzerne, sondern durch mittelständische Unternehmen geprägt werden. Damit wird der hohe Anspruch, der mit Clustern verbunden ist, auf ein Niveau zurückgenommen, das landesweit nicht nur einige wenige Standorte erfüllen können, sondern das an vielen Standorten einsetzbar ist. Gleichzeitig wird damit ein Wissenstransfer in die Breite gefördert.

Gerade Regionen wie das Ruhrgebiet müssen ihre gegebenen geografischen Agglomerationsvorteile nutzen, um auf Basis der Dichte von zentralen Akteuren wie Universitäten, Unternehmen und Fördereinrichtungen Clusterbildungen und Ausgründungen aus Hochschulen gezielt zu initiieren. Allerdings kann derzeit in der Realität oft festgestellt werden, dass diese Dichte von verschiedenen lokalen Akteuren dazu führt, dass regionale Kooperationen nur schwer entstehen und auch auf Stadtgrenzen bezogenes „Kirchturmdenken" nicht überwunden wird. Die Diskrepanz zwischen den Ansprüchen an politisch inszenierte Clusterbildungen und der tatsächlichen Wettbewerbsfähigkeit von neuen Kompetenzfeldern in der Region ist leider noch immer hoch.

2.4 Gründungsförderung

Eine effektive Form des Wissenstransfers aus Hochschulen in die Wirtschaft stellen (neben der „Wissensproduktion" und der Ausbildung von „Humankapital") Unternehmensgründungen dar. Profitieren können davon am stärksten die Hochtechnologiestandorte (nach aktuellen Studien zählen dazu vor allem München, Dresden, Nürnberg/Erlangen, Karlsruhe, Hamburg und der Rhein-Main-Raum), in denen neben den Hochschulen und Forschungseinrichtungen die Rahmenbedingungen und das kulturelle „Milieu" für gute Gründungsvoraussetzungen sorgen.

In den letzten Jahren wird in Deutschland viel von innovativen und wissensintensiven Gründungen gesprochen; diese machen aber nur 5 Prozent der nationalen Gründungen aus, innovative, aber nicht wissensintensive Gründungen hingegen 7 Prozent sowie nicht innovative, aber wissensintensive 18 Prozent. Insgesamt sind ca. 70 Prozent der Unternehmensgründungen in Deutschland weder wissensintensiv noch innovativ – und dies gilt vor allem für das Ruhrgebiet. Die Gründe für diese schlechten Werte scheinen vielfältig gelagert und institutionell tief in der Gesellschaft verankert zu sein. Nach dem jährlich erscheinenden Global Entrepreneurship Monitor (GEM) fehlt in Deutschland im Vergleich zu internationalen Best-Performern wie den USA, Finnland oder Kanada gleich eine Vielzahl von Erfolgsfaktoren für eine gesteigerte Anzahl von Hightech-Gründungen.

Im Vergleich mit 37 anderen Ländern können nur bei Faktoren wie „Infrastruktur", „Priorität in der Politik" sowie „öffentliche Förderstruktur" (hier sogar Platz eins) überdurchschnittliche Werte erzielt werden, wohingegen in den mitunter entscheidenden Bereichen für technologieorientierte Start-ups wie Wissens- und Technologietransfer, gründungsbezogene Ausbildung und gesellschaftliche Werte und Normen eher mittelmäßige bis schlechte Platzierungen dominieren. Analog zum allgemeinen Existenzgründungsgeschehen kann festgestellt werden, dass trotz der hohen Bemühungen seitens der Politik die deutschen Hightech-Gründungen insgesamt zu gering ausgeprägt sind, wenngleich aber starke regionale und branchenspezifische Schwankungen existieren. Auch im neuesten „GEM" von 2010 liegt Deutschland noch immer relativ weit hinten (Platz 15 von 20 untersuchten Ländern). Weiterhin haben 43 Prozent der Deutschen Angst zu scheitern und weniger als ein Viertel sieht in der jeweiligen Heimatregion gute Gründungschancen – und regional steht das Ruhrgebiet, wie wir aus regionalen Studien zu Gründungsneigungen wissen, noch schlechter da.

Analog hierzu zeigt das Gründungsgeschehen an den Universitäten und Fachhochschulen, die seit einigen Jahren in Deutschland als „Talentschmieden" für Existenzgründungen entdeckt wurden, dass der „Gründergeist" auch hier noch stark zu wünschen übrig lässt. Zu dieser Aussage kommt eine empirische Studie des HIS: Demnach sind nur 12 Prozent aller Fachhochschul- und Universitätsabsolventen fünf Jahre nach ihrem Abschluss tatsächlich selbstständig. Diese ohnehin schon geringe Quote wird hochgehalten durch Gründungsquoten von über 10 Prozent bei den traditionell freien Berufen wie Architekten, Rechtswissenschaftlern, Medizinern, Pharmazeuten etc. In mathematisch-naturwissenschaftlichen Studiengängen wie Elektrotechnik, Maschinenbau oder Wirtschaftsingenieurwesen gehen nur zwischen 3 und 8 Prozent der Absolventen einer selbstständigen Tätigkeit nach.

Ernüchternd für die zukünftig zu erwartende Gründungsdynamik aus Hochschulen ist ferner der hohe Anteil an Absolventen, für die eine selbstständige Tätigkeit gar nicht in Frage kommt: Zusammengerechnet erklären hier fast 80 Prozent der Fachhochschul- und Universitätsabgänger, dass eine Existenzgründung derzeit oder grundsätzlich keine Option für sie ist. Zusammengefasst bleibt in Anbetracht der allgemein schwachen Gründungsentwicklungen von der oft beschworenen neuen „Kultur der Selbstständigkeit" an Hochschulen und in der übrigen Gesellschaft empirisch nicht viel übrig. Auch im internationalen Vergleich liegt Deutschland trotz dieser Bemühungen nicht auf einer der vorderen Positionen bei der Anzahl von Ausgründungen aus Hochschulen – und dies gilt insbesondere auch für das Ruhrgebiet. Während sich zum Beispiel der Wissens- und Technologietransfer aus Hochschulen bei etablierten und großen Unternehmen noch relativ gut gestaltet, so ist dies bei jungen oder kleinen Unternehmen noch lange nicht so. Start-ups nutzen die Potenziale der Wissenschaftseinrichtungen weitaus weniger als eigentlich möglich. Verschiedene empirische Studien sehen die deutschen „Jungakademiker" im internationalen Vergleich als zurückhaltend, wenn es um Unternehmertum geht. Ausgeprägt ist eher ein „Sicherheitsdenken", so dass man eher dazu neigt, sich unter das schützende Dach eines Großunternehmens zu begeben, denn hohe Risiken einzugehen und ein Unternehmen zu gründen.

Hier deuten sich Handlungspotenziale auf Seiten der wissenschaftlichen Einrichtungen an. Viele junge Unternehmen beklagen sich in Befragungen über mangelnde Resonanz in den Hochschulen für ihre spezifischen Fragestellungen, über bürokratische Hemmnisse und unterschiedliche kulturelle Barrieren. Faktisch bedeutet diese Kritik an der zum Teil immer noch bestehenden Marktabschottung vieler Wissenschaftseinrichtungen, dass die Hochschulen noch stärker als bislang in ihrer Rolle und Funktion im Strukturwandel und auch bei Innovations- und Gründungsprozessen gefordert werden müssen. Durchschnittlich einige hundert Hochschulausgründungen jährlich sind für einen Standort wie Deutschland definitiv zu wenig. Dies sollte aber nicht zu einer generellen Kritik am deutschen Innovationssystem führen, denn die gründungsbezogenen Rahmenbedingungen erzielen – schaut man sich auch international vergleichende Studien an – gute bis hervorragende Bewertungen, haben aber trotzdem die Anzahl der Gründungen nicht deutlich verbessert. Eine mögliche Erklärung könnte sein, dass kulturelle und psychologische Fragen hinsichtlich der Gründungsneigung in Deutschland die Entscheidung stärker beeinflussen als die gründungsbezogenen Rahmenbedingungen. Über Jahre hinweg zeigt sich vor allem in strukturschwachen Regionen eine relativ hohe Angst vor den Konsequenzen eines Scheiterns mit einer Gründung. Für die nähere Zukunft können auch wegen dieser mentalen Faktoren eher weniger gute Chancen für eine gesteigerte Anzahl von Unternehmensgründungen in Deutschland gesehen werden.

Trotz aller medialer Präsenz und verschiedener politischer Förderprogramme treten bei den „Gründungsoffensiven", die jedes Bundesland inzwischen propagiert, in der letzten Zeit daher eher Stagnationserscheinungen bzw. sogar Rückgänge auf. Auch in Nordrhein-Westfalen ging die Zahl der Existenzgründer, die innerhalb des „GO!-Programms" Fördergelder beantragt haben, in den letzten Jahren etwas zurück. In NRW haben allerdings die regionalen Unterschiede zu Ungunsten des Ruhrgebiets in letzter Zeit abgenommen, so der NUI-Indikator des IfM für 2007:

„Gründungsstark sind die Ballungsräume an der Rheinschiene, Düsseldorf, Köln, Bonn, die Ballungsräume im Ruhrgebiet, Duisburg/Essen und Dortmund, der Großraum Bielefeld und der weniger verdichtete Raum Arnsberg. Der in früheren

Jahren zu beobachtende erhebliche Unterschied in der regionalen Gründungsaktivität zwischen den im Ruhrgebiet gelegenen Kreisen und kreisfreien Städten und denen außerhalb des Ruhrgebiets hat sich vermindert. Der NUI-Indikator 2007 liegt für die Ruhrgebietsregionen im Mittel bei 150,6, während die Kreise und kreisfreien Städte außerhalb des Ruhrgebiets im Schnitt 159,4 erreichen."

Auch nach einer Zehnjahresbetrachtung der Metropole Ruhr hat sich das Gründungsklima für das Ruhrgebiet verbessert, wobei die höchsten Zuwächse an Selbstständigen insgesamt die Branche „Grundstückswesen, Vermietung und wirtschaftliche Dienstleistungen" verzeichnete. Dennoch bleiben es noch immer zu wenig im Ruhrgebiet!

Literaturhinweise

Zur Bedeutung der Wissensökonomie für die Entwicklung von Städten und Regionen siehe die Beiträge in:

Blättel-Mink, B./Ebner, A. (Hg.) 2009: *Innovationssysteme. Technologie, Institutionen und die Dynamik der Wettbewerbsfähigkeit.* Wiesbaden: VS Verlag für Sozialwissenschaften.

Kujath, H. J./Zillmer, S. (Hg.) 2010: *Räume der Wissensökonomie. Implikationen für das deutsche Städtesystem.* Münster: LIT.

Zu Gründungen aus Hochschulen die empirische Studie:

Kerst, C./Schramm, M. 2008: *Der Absolventenjahrgang 2000/2001 fünf Jahre nach dem Hochschulabschluss.* In HIS: Forum Hochschule 10/2008.

Zu Chancen und Restriktionen von Clusterpolitiken auf regionaler Ebene siehe die Beiträge in:

Kiese, M./Schätzl, L. (Hg.) 2008: *Cluster und Regionalentwicklung. Theorie, Beratung und praktische Umsetzung.* Dortmund: Rohn.

Schmid, J./Heinze, R. G./Beck, R. (Hg.) 2009: *Strategische Wirtschaftsförderung und die Gestaltung von High-Tech Clustern.* Baden-Baden: Nomos.

Die aktuelle Debatte um standortpolitische Strategien im Ruhrgebiet (mit Beiträgen von Experten aus Wirtschaft, Wissenschaft und Politik) wird in folgendem umfassenden Sammelband geführt:

Engel, K./Großmann, J./Hombach, B. (Hg.) 2011: *Phönix flieg! Das Ruhrgebiet entdeckt sich neu.* Essen: Klartext.

Die neue „Wissenslandschaft" des Ruhrgebietes wird in folgendem Buch gut aufgezeichnet:

Stiftung Mercator 2010: *Wissenschaftsatlas Metropole Ruhr*, Bochum.

Einen systematischen Überblick über Strukturdaten aller deutschen Gemeinden und Gemeindeverbände über 5.000 Einwohner ab 2003 enthält der Wegweiser

Kommune der Bertelsmann Stiftung (seit Oktober 2011 liegt eine aktualisierte Fassung vor). Das interaktive Online-Portal (www.wegweiser-kommune.de) enthält Indikatoren zur örtlichen Bevölkerung, Wirtschaft, Bildung, Sozialstruktur, zur Integration und den kommunalen Finanzen und anderes. Hinzu kommen Analysen und Handlungsempfehlungen für Gemeindetypen.

3 Unterstadt und neue Unterschicht

„Spiel nicht mit den Schmuddelkindern, sing nicht ihre Lieder. Geh doch in die Oberstadt, mach's wie deine Brüder ..." So beginnt das wohl berühmteste Lied des Liedermachers Franz Josef Degenhardt. Seine „Oberstadt" ist das bürgerliche Milieu von Bildung und Besitz. Im Lied des Alt-Linken Degenhardt schleichen sich die Kinder der Oberstadt durch den Zaun im Dunkeln in die proletarische „Unterstadt", wo es Ratten, Armut, Kartenspiel und Sünde, aber auch Spaß, Liebe und vor allem Solidarität gibt. In Degenhardts Unterstadt wohnen die Guten. Die großen Städte im Ruhrgebiet schrumpfen und ihre sozialräumliche Spaltung, die räumliche und soziale Trennung von Oberstadt und Unterstadt als gegensätzliche Lebenswelten, nimmt zu. Im Ruhrgebiet liegt die Oberstadt (mit wenigen Ausnahmen) südlich der A 40, des Sozialäquators der Region. Das Lied wurde im Jahre 1965 zum ersten Mal gesungen, es nannte damals die Oberstadt einen für Kinder gefährlichen Ort, denn hier würden sie zu eigennützigen und unsolidarischen Agenten des Kapitalismus verbildet, die Unterstadt dagegen formte solidarische Menschen und gute Nachbarn. Wissenschaftler und Wissenschaftlerinnen der Dortmunder Sozialforschungsstelle haben in ihrem Buch „Daseinsformen der Großstadt" 1959 die Dortmunder Nordstadt als ein solches Unterstadtviertel mit einer „Kultur des Borgens" beschrieben, in dem die Nachbarn auch ohne unmittelbare Gegenleistung einander selbstverständlich über temporäre Notlagen hinweggeholfen haben. Auch wenn dies schon damals etwas romantisiert war, so *fehlt der Unterstadt heutzutage diese Solidarität*, auch wenn immer noch manche Stadtentwickler von der solidarisch proletarischen Unterstadt träumen.

Bei realistischer Betrachtung gingen aber auch schon in den 1950er Jahren die objektiven Gefährdungen für den Nachwuchs (sieht man einmal von der antikapitalistischen Moral des Liedermachers ab) eher von der Unterstadt aus. Aufwachsen auf der falschen Seite der Stadt hat auch damals schon die Erfahrung sozialer Ausgrenzung und eingeschränkter Lebens- und Bildungschancen bedeutet. Die wenigen Abiturienten im Dortmund der 1950er und 1960er Jahre kamen eher nicht aus der Nordstadt. Die proletarische Unterstadt war in Zeiten der Hochindustrie im Ruhrgebiet der soziale Raum, aus dem die große Zahl der Industriearbeiter für die Zechen, Hütten und Fabriken, deren Schlote damals aber noch rauchten, rekrutiert wurde.

Die Industriestädte im Ruhrgebiet waren bis in die 1960er Jahre Arbeiterstädte, geprägt von diesem Unterstadtmilieu und seiner Kultur. Der Essener, Dortmunder und Mülheimer Süden sind bis heute dagegen geprägt von den Wohn- und Lebensformen eines Bürgertums, das es anderswo im Ruhrgebiet kaum jemals gegeben hat. Die Industriestädte im Norden – Herne, Gelsenkirchen, Herten,

Gladbeck, Bottrop, Oberhausen – bestanden (bis zur Gebietsreform Anfang der 1970er Jahre) eigentlich nur aus der „Unterstadt" (wenn man das bisschen Buer-Mitte außer Acht lässt, dessen Wohlstand und Bürgerlichkeit sich mit Essen-Bredeney oder Essen-Stadtwald kaum vergleichen lassen).

Diese Industrie und mit ihr die Möglichkeiten, die sie bis in die 1980er Jahre auch den Geringqualifizierten bot, einen Platz in der Gesellschaft zu finden, sind verschwunden. Seitdem hat der wirtschaftliche Strukturwandel nicht nur die Arbeitswelt, sondern auch die Stadtstrukturen und die Alltagskultur verändert. Die Bildungsexpansion seit Anfang der 1960er Jahre hat dem Revier zwar eine Zunahme der „gesellschaftlichen Mitte" besser gebildeter Menschen beschert, gleichzeitig hat sich seitdem aber auch die innerstädtische Segregation, die räumliche Trennung von Arm und Reich, von gut und schlecht Gebildeten, von Jung und Alt und von Einwanderern und „Eingeborenen" erhöht (Einwanderer in der zweiten, dritten oder vierten Generation sind ja die meisten Ruhrgebietsbewohner). Die Schrumpfung der Bevölkerung in jüngerer Zeit verschärft noch diesen Trend der kleinräumigen Segregation. *Das Ruhrgebiet ist eine schrumpfende Stadtgesellschaft mit einer wachsenden kleinräumigen Polarisierung sozialer Lagen, wobei die Unterschiede zwischen den Extremen wachsen und die Mitte dünner wird.*

Die Privatisierung der zahlreichen Werkswohnungen und die Entstehung der Großsiedlungen des sozialen Wohnungsbaus in den 1960er und 1970er Jahren haben zur wachsenden Polarisierung beigetragen. Neue Einwanderer aus fremden südlichen Ländern sind in diese von Anfang an als „Integrationsschleusen" überforderten Stadtteile gezogen. Innerhalb der armutssegregierten Viertel haben sich so weitere kleinräumige Fragmentierungen und soziale Grenzen aufgetan. Gute Nachbarschaft gelingt in solchen Milieus nicht leicht, auch wenn heute Wohnungswirtschaft und Stadtentwickler dabei helfen wollen.

Das Ergebnis der wirtschaftlichen und sozialen Transformationen der letzten vier Jahrzehnte ist die Entstehung einer immobilen und gleichzeitig wachsenden, kleinräumig verinselten, sozial desintegrierten und sozial isolierten neuen „Unterklasse der Dienstleistungsgesellschaft" in den alten Arbeitersiedlungen und den neuen Großsiedlungen der schrumpfenden Revierstädte. (Freilich ist dies kein Spezifikum des Ruhrgebiets, sondern es betrifft alle großen Städte.) Wer in der Unterstadt aufwächst, dem macht heute unsere Gesellschaft kein glaubhaftes Integrationsangebot und kein Aufstiegsversprechen mehr. Er erfährt eine andere gesellschaftliche Normalität als die Kinder der Oberstadt. Apathie und Resignation (ablesbar etwa an der vor dreißig Jahren noch unvorstellbar niedrigen Wahlbeteiligung in vielen dieser Stadtteile heute) sind eine rationale Überlebensstrategie der Menschen, die dort leben. Die Unterstadt heute ist ein für ihre Kinder und für die Zukunft der Stadtgesellschaft im Ruhrgebiet, die sie als Erwachsene einmal „fortsetzen" sollen, gefährlicher Ort.

3.1 Die Unterstadt als Kinderstube der Stadtgesellschaft

In den Stadtteilen im Ruhrgebiet, wo heute die meisten „Ausländer" leben, gehen die meisten, zum Teil über zwei Drittel, der wahlberechtigten „Inländer" nicht zur Kommunalwahl. Dort, im Milieu eines resignativ-apathischen Gestaltungspessimismus, leben die meisten armen Leute, und dort wachsen mittlerweile in den großen Städten auch die meisten Kinder auf. Darin liegt die besondere Brisanz der zunehmenden sozialen Segregation in den Städten für die Zukunftsfähigkeit der Stadtgesellschaft des alten Reviers.

Ausschlaggebend dafür, dass Probleme der „sozialen Segregation" (das ist die zunehmende räumliche Trennung von Arm und Reich in den Städten), der „demografischen Segregation" (das ist die wachsende räumliche Trennung von Haushalten mit und solchen ohne Kinder) und der „ethnischen Segregation" (damit ist die Konzentration von Einwanderern in bestimmten Stadtteilen gemeint) in den gleichen Stadtteilen auftreten, ist einerseits die seit vier Jahrzehnten zunehmende dauerhafte Kinderlosigkeit der mittleren und oberen Bildungs- und Einkommensschichten, andererseits der Fortzug der Mittelschichtfamilien aus den Städten. Die meisten der ohnehin wenigen Familien der Mittel- und Oberschicht sind in den letzten Jahrzehnten an den Rand bzw. ins Umland der großen Städte des Ruhrgebiets gezogen. Die Gewinner der Familienwanderung sind die kleinen Städte am münsterländischen (Haltern am See) und am niederrheinischen Rand des Reviers (Alpen, Xanten, Hünxe), während in den großen Städten wie Bochum, Essen oder Dortmund Familienleben mit Kindern immer mehr zur Lebensform der Armen und der Einwanderer geworden ist.

Betrachten wir die innerstädtischen Strukturen, so zeigt sich ein Muster der *sozialräumlichen Differenzierung*, das die Stadtgrenzen überschreitet. Die sozialräumliche Struktur des Ruhrgebiets ist geprägt worden von der Nordwanderung des Steinkohlebergbaus. Im Norden der Revierstädte, dort, wo noch vor 40 Jahren besonders viele Arbeiterfamilien gelebt haben, finden wir nach dem wirtschaftlichen Strukturwandel besonders hohe Arbeitslosenquoten und hohe Anteile von „Ausländern", die überwiegend Nachkommen ehemaliger „Gastarbeiter" sind. Die Autobahn A 40 teilt die Region in einen armen Norden und einen eher bürgerlich-wohlhabenden Süden (vgl. Abbildung 6). Dort, wo noch vor 25 Jahren bei der letzten Volkszählung 1987 die meisten Arbeiter gezählt wurden, finden wir heute die meisten Arbeitslosen, die meisten Hartz IV-Empfänger und eine Kumulation armutsbedingter sozialer Probleme. Auch das ist Strukturwandel – die *Schattenseite des Strukturwandels*, der gerade im Ruhrgebiet nicht nur Gewinner, sondern viele Verlierer zählt. Deutlich mehr Menschen leben im dicht besiedelten Norden des Ruhrgebiets als im „grünen" Süden. Im Ruhrgebiet wachsen etwa zwei Drittel der Kinder in den (in Abbildung 6 rot und gelb markierten) Wohngebieten mit überdurchschnittlichen SGB II-Quoten und überdurchschnittlichen Ausländeranteilen auf. Bezogen auf ihre Bildungs- und Lebenschancen ist das die „falsche Seite" der Städte.

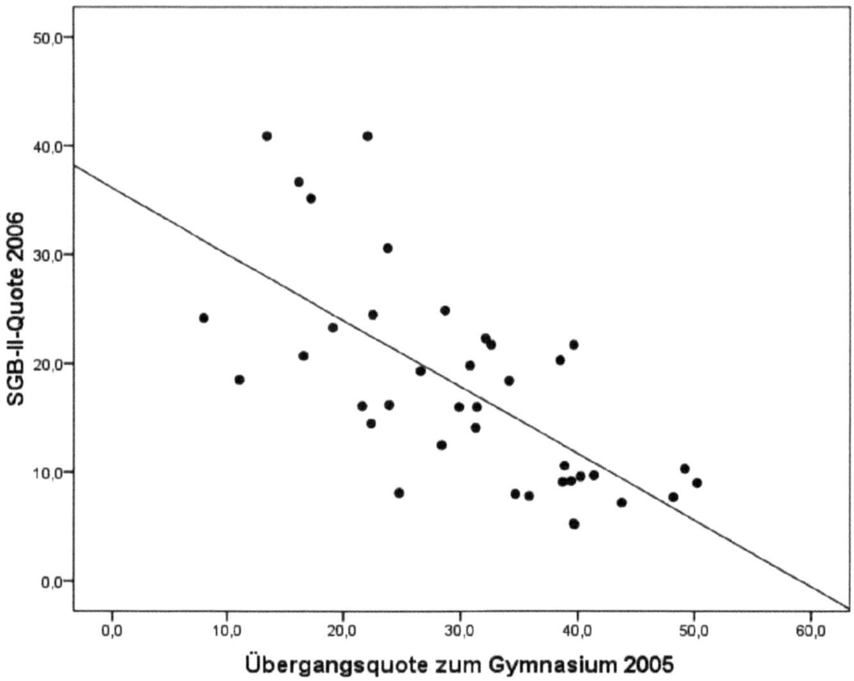

Abbildung 18: Übergangsquoten zum Gymnasium in Dortmund und SGB II-(„Hartz IV"-) Quoten in den Stadtteilen

In den Stadtteilen mit den höchsten Anteilen von Menschen, die Leistungen nach Hartz IV beziehen, geht nur etwa ein Zehntel der Kinder nach der vierten Grundschulklasse aufs Gymnasium, in den wohlhabenden Stadtteilen rechts unten im Diagramm sind es mehr als die Hälfte, von einzelnen Grundschulen in diesen Vierteln wechseln praktisch alle Kinder aufs Gymnasium.

Wovon hängt es ab, ob ein Kind nach der vierten Klasse auf ein Gymnasium wechselt? Wie wir wissen, ist die Bildung der Eltern von erheblichem Einfluss. Angesichts der gewachsenen sozialen Segregation in den Städten reicht es heute aber schon, die Adresse seiner Grundschule zu kennen (die nach wie vor eine Stadtteilschule ist), um den Bildungsweg mit an Sicherheit grenzender Wahrscheinlichkeit vorhersagen zu können. Der Stadtteil, das heißt das *sozialräumliche Umfeld*, in dem die Grundschulen agieren, ist die wichtigste Determinante für die

Übergänge von Kindern auf weiterführende Schulen. Unser gegliedertes Schulsystem ist nicht nur sozial, sondern auch sozialräumlich hochgradig selektiv. Wenn wir wissen, wo ein Kind in der Stadt zur Grundschule gegangen ist, können wir mit einer Trefferquote, die bei zwei Dritteln liegt, vorhersagen, ob es anschließend zum Gymnasium geht oder nicht, ohne dass wir mehr als seine Adresse kennen. Das illustriert, dass in Deutschland Bildungschancen ganz eng an die soziale Herkunft gekoppelt sind.

Die Adresse eines Kindes bzw. der Stadtteil, in dem es aufwächst, ist auch die beste Schätzgröße für den *Gesundheitszustand*, den es bei der Einschulung hat. Schularztbefunde wie Visuomotorische Störungen, Sprachstörungen, Probleme der Körperkoordination, Übergewicht und lückenhafte Gesundheitsvorsorge sind hochgradig stadtteilabhängig. Abbildung 19 zeigt für die Stadt Dortmund den Zusammenhang der sozialen Segregation in den Stadtteilen mit der Kindergesundheit, gemessen hier durch die Anteile stark übergewichtiger (adipöser) Schulanfänger.

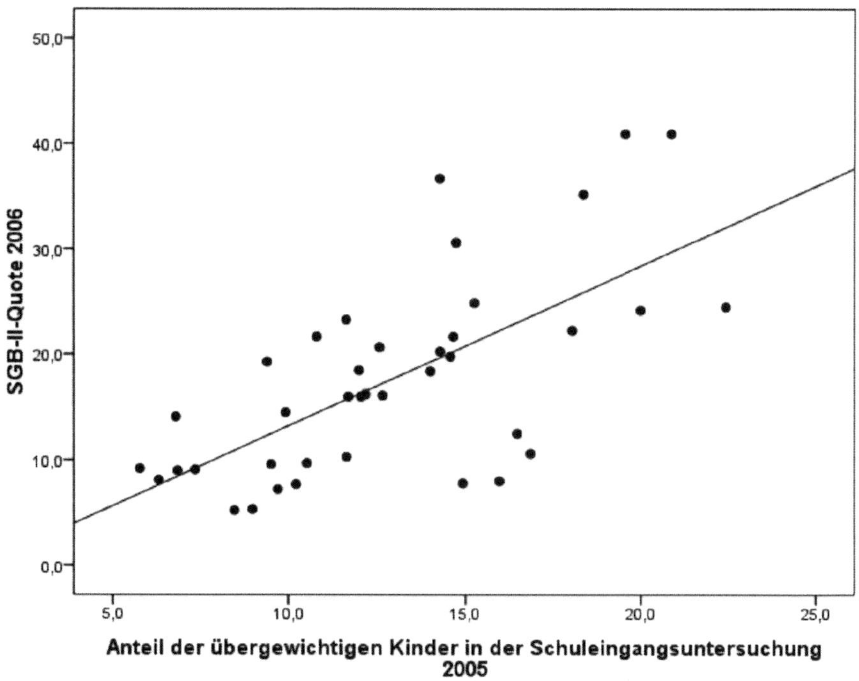

Abbildung 19: Soziale Segregation und übergewichtige Schulanfänger in Dortmund

In den ärmsten Stadtteilen sind über ein Fünftel der Kinder bei der Einschulung adipös, das heißt erheblich zu dick. Die Zusammenhänge zwischen der sozialen Lage von Kindern und ihrem Gesundheitszustand sind in der Gesundheitsberichterstattung der Städte und Gemeinden mittlerweile gut dokumentiert. Auffällig dabei ist, dass es nicht nur so erhebliche Unterschiede zwischen den Stadtteilen einer Stadt gibt, sondern dass wir innerhalb ein und desselben Stadtteils noch einmal erhebliche Abweichungen im Vergleich der Kindertagesstätten und der Grundschulen finden, in die die Kinder gehen. Der Zusammenhang von Armut der Kinder und schlechter Gesundheit bzw. schlechten Entwicklungschancen muss also nicht als naturgegeben hingenommen werden. Frühe Förderung, von der später noch einmal die Rede sein soll, kann dafür sorgen, dass Kinder aus benachteiligten Familien und aus benachteiligenden Quartieren sich dennoch gut entwickeln. Einzelne Schulen und einzelne Kindertagesstätten sind hier bei ähnlich schwierigem Umfeld deutlich erfolgreicher als andere. Solche Vergleiche sind in den Städten vielfach noch tabuisiert.

Die individuelle Armut der Familien wird dann zu einem Hemmnis für die Entwicklung von Kindern, wenn in der Nachbarschaft soziale Desintegration und Isolation, Resignation und Apathie als Merkmale des sozialen Milieus, in dem die Kinder aufwachsen, hinzukommen. Hier wirken sich die Erfahrung von sozialem Ausschluss und Perspektivlosigkeit in der Elterngeneration auf die Entwicklungsperspektiven der Kindergeneration aus. Auf den ersten Blick mag zwar der Zusammenhang zwischen der Kommunalwahlbeteiligung im Stadtteil und dem Gesundheitszustand der Schulanfänger erstaunlich bis absurd anmuten: Es gilt nämlich, je höher die Beteiligung der Wahlberechtigten (Deutsche und EU-Ausländer) an den Kommunalwahlen, desto größer ist auch der Anteil der Kinder, bei denen der Schularzt bei der Einschulungsuntersuchung keinen behandlungsbedürftigen Befund ermittelt hat. Ein gleichstarker Zusammenhang ergibt sich, wenn wir die Fluktuationsrate betrachten. In den Stadtteilen, in denen besonders viele Menschen im Laufe eines Jahres zuziehen, fortziehen oder umziehen, finden wir besonders viele Kinder mit gesundheitlichen Problemen schon bei der Einschulung. (Die Stadtteile mit der niedrigsten Wahlbeteiligung sind auch jene mit der höchsten Fluktuation.)

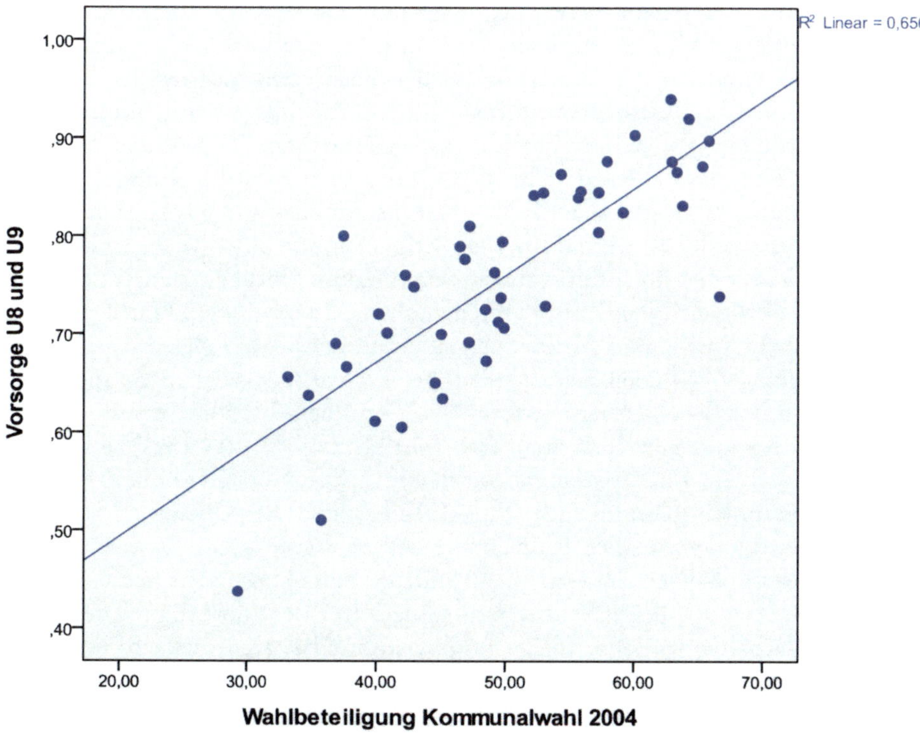

Abbildung 20: Schulanfänger mit vollständigem Vorsorgeprogramm und Kommunalwahlbeteiligung in den Essener Stadtteilen 2004

Die blauen Punkte in der Grafik zeigen den Zusammenhang zwischen dem Anteil der Kinder mit vollständigem Vorsorgeprogramm und der Wahlbeteiligung in den Stadtteilen bei der Kommunalwahl 2004. Die durchschnittliche Wahlbeteiligung für die Gesamtstadt lag damals bei knapp 50 Prozent. Die Stadtteilwerte schwanken zwischen 30 und 70 Prozent. Je höher die Wahlbeteiligung, desto besser die Vorsorgewerte (und desto besser der Gesundheitszustand der Kinder). Je geringer die Wahlbeteiligung im Stadtteil, desto höher der Anteil der Kinder mit erheblichen Sprachkompetenzdefiziten (in der Spitze über 60 Prozent) vor der Einschulung.

Natürlich heißt das nicht, dass Wählen Kinder gesund und sprachfertig macht. Die Abbildung zeigt aber, dass es arme Stadtteile gibt, in denen eine gestaltungspessimistische, resignativ-apathische Grundhaltung der Erwachsenen in erheblichen Entwicklungsdefiziten der Kinder in den Familien ihren Widerhall findet, und dass es auf der anderen Seite gestaltungsoptimistische „bürgerliche" Milieus in der Stadt gibt, in denen die Kinder erheblich bessere Startchancen haben. In diesen bürgerlichen Milieus im Süden der Ruhrgebietsstädte freilich wächst heute nur noch eine Minderheit des Nachwuchses der Stadtgesellschaft auf.

Die zunehmende *soziale Spaltung unserer Gesellschaft* bildet sich räumlich ab in einer wachsenden Polarisierung der Lebenslagen der Familien und der Lebenschancen der Kinder in allen Städten. Ein Charakteristikum des Ruhrgebiets ist, dass die „Unterstadt", in der sich die Verlierer des Strukturwandels konzentrieren, im Norden infolge der schwerindustriellen Vergangenheit besonders verbreitet ist. Die Stadtteile mit den höchsten Anteilen von Kindern (und Familien) an der Bevölkerung sind zugleich jene mit besonders hohen Armutsquoten, hoher Arbeitslosigkeit, hohen Anteilen an Alleinerziehenden und besonders vielen Aussiedlern und Ausländern. Wir finden hier die niedrigsten Niveaus lokaler Integration und Identifikation der Bevölkerung mit ihrer Stadt und dem Stadtteil, erkennbar daran, dass bei Kommunalwahlen zum Teil mehr als zwei Drittel der Wahlberechtigten nicht wählen. Im Zusammenhang damit steht eine relativ hohe Mobilität bzw. Fluktuation bei schrumpfender Bevölkerungszahl. Die „Oberstadt" ist heute ausgesprochen kinderarm. Die Kinderstube der Stadtgesellschaft ist die „Unterstadt", dort ist die Kinderarmut (in einem anderen Sinne) besonders hoch.

Die neue *„Unterschicht der Dienstleistungsgesellschaft"* lebt dort in prekären ökonomischen Verhältnissen, ohne die traditionellen Solidaritäten, vielfach sozial isoliert und ohne lokale Identifikation in Stadtteilen, deren „soziale Bandbreite", das soziale Ähnlichkeitsprofil, allein durch die Einkommensarmut der Bewohner bestimmt wird. Armut allein aber stiftet keine sozialen Beziehungen und schon gar keine Solidarität. Die Erfahrung von sozialer Stabilität und Solidarität, die Entwicklung von Vertrauensfähigkeit (zu der auch die Entwicklung von Selbstvertrauen gehört) im nahen Raum vertrauter Sozialbeziehungen in Familie und Nachbarschaft ist aber höchst bedeutsam für eine gelingende Sozialisation des Nachwuchses der Stadtgesellschaft. Gute Bildung in diesem Sinne bedeutet also mehr als gute Noten oder den Besuch der Schulform Gymnasium, die nach wie vor in unserer Gesellschaft die besten beruflichen Möglichkeiten bietet und die in der „Unterstadt" nur von einer kleinen Minderheit der (dort besonders zahlreichen) Kinder und Jugendlichen erreicht wird.

3.2 Gefährdung von Humanvermögen und Humankapital

Eine Gesellschaft mit Zukunft braucht Nachwuchs. Die aktuellen familienpolitischen Debatten in Deutschland („Deutschland braucht mehr Kinder!") fokussieren die *„Humanpotenziale"* einer zunehmend kinderarmen und immer älteren, schrumpfenden Gesellschaft. Die bildungspolitischen Diskurse in Deutschland beißen sich allzu schnell an Systemfragen fest (zum Beispiel pro und contra Gesamt- oder Gemeinschaftsschule) und sie fokussieren in erster Linie und allzu einseitig das *„Humankapital"*, also die wirtschaftlich und beruflich nützlichen Fertigkeiten des immer knapper gewordenen Nachwuchses.

Die Voraussetzung dafür aber, dass überhaupt Humankapital in schulischen und beruflichen Bildungsveranstaltungen aufgebaut bzw. dort von der nachwachsenden Generation erworben werden kann, ist eine dritte Größe, nämlich das *„Humanvermögen"*. Der Soziologe Franz-Xaver Kaufmann schreibt: „Der gesellschaftliche Fortschritt braucht nicht nur qualifizierte Arbeitskräfte und aufgeklärte Konsumenten, sondern ebenso verantwortliche Eltern, partizipationsfähige Bürger und aktive Mitglieder der Zivilgesellschaft. Diese Leistungen sind für ein Gemeinwesen von ähnlicher Bedeutung wie die wirtschaftlich verwertbaren."

Der demografische Wandel, genauer der Geburtenrückgang, hat lange Zeit vernachlässigten Politikfeldern neuen Aufschwung gegeben. Jede Erwachsenengeneration heute wird durch ihre Kindergeneration nur zu etwa zwei Dritteln reproduziert werden. Schon im nächsten Jahrzehnt werden die Angehörigen der Babyboomergeneration der 1960er Jahre ins Rentenalter übergehen, die deutsche Wirtschaft erwartet für diese nahe Zukunft bereits einen erheblichen Fachkräftemangel. Die gegenwärtigen bildungspolitischen Debatten sind auf dieses Problem des schwindenden Nachwuchses und des dem Arbeitsmarkt künftig womöglich fehlenden Humankapitals fixiert. Sie übersehen, dass infolge der zuvor beschriebenen sozialen und räumlichen Polarisierungstendenzen in unserer Gesellschaft immer mehr Kinder heranwachsen, die *nicht mehr die elementaren Voraussetzungen als Humanvermögen* mitbringen, die für eine erfolgreiche schulische und berufliche Ausbildung entscheidend sind.

Das sind elementare soziale Motive und Daseinskompetenzen, die in einer Art „Grundausbildung" in der Familie und in den kleinen Lebenskreisen von Nachbarschaft und Verwandtschaft geformt werden: Es geht um Gesundheit, um Vertrauen, das Selbstvertrauen einschließt, um Solidarität, also die Fähigkeit und die Bereitschaft zu spontaner Kooperation, Empathie, die Fähigkeit, sich in andere „hineinzuspüren", um Lernfreude, Neugier sowie um Partizipations- und Leistungsbereitschaft. Das sind keineswegs nur „soft skills", denn Humanvermögen stellt die „soziale Existenzgrundlage" von Gesellschaft, Wirtschaft und Politik dar. Defizite im Humanvermögen ziehen soziale und wirtschaftliche Probleme nach sich, die oft lange nicht erkannt werden und sich dann krisenhaft auftürmen. Der soziale Aufruhr in manchen Quartieren und Vororten von Paris oder London ist ein illustratives Beispiel dafür.

Die im Geburtenrückgang eingetretene Verlagerung der Lebensform Familie in die soziale Unterschicht und die zunehmende räumliche und soziale Ausgrenzung, die Kinder und Jugendliche aus dieser Schicht erfahren, wirken sich als nachhaltige Gefährdung für den künftigen Aufbau von Humankapital in einer kinderarmen Gesellschaft aus. Wenn die Städte nicht in besonderem Maße in diese Teile der nachwachsenden Generation investieren, verspielen sie ihre Zukunft.

Gerade in Zeiten schwindenden Nachwuchses ist es hoch problematisch, dass zunehmende Anteile der nachwachsenden Generation in *überforderten Familien und in überforderten Nachbarschaften* aufwachsen, denn Humanvermögen wird lange vor dem Einsetzen formaler Bildung gebildet durch Erfahrungen in den kleinen „Lebenskreisen“ in Familie, Verwandtschaft und Nachbarschaft. Die gesellschaftspolitische Frage nach der Zukunft des „Humanvermögens“ stellt sich deshalb als eine Herausforderung der örtlichen Politik und sie verlangt nach einer Integration von örtlicher Bildungspolitik („örtlich“, weil die Kommunen nicht Alleinveranstalter sind), örtlicher Familienpolitik und integrierter Stadtteilentwicklung.

Letztere veranstalten Bund und Land in Programmen wie der „Sozialen Stadt – Stadtteile mit besonderem Entwicklungsbedarf“ mit mittlerweile 61 Programmgebieten in NRW, die befristet gefördert werden bzw. schon wieder aus der Förderung herausgefallen sind. Wenn man es gut meint, kann man sagen, hier werde „exemplarische“ Politik gemacht. Andere nennen es „symbolische Politik“, denn den 61 im Land NRW bisher geförderten Projekten stehen nach unserer Schätzung mindestens 200 Stadtteile allein im Ruhrgebiet gegenüber, in denen es der geballten Anstrengung von Wirtschaft, Politik und Zivilgesellschaft bedürfte, um die sozialen Verhältnisse zum Besseren zu wenden. In den meisten Fällen ist nicht einmal eine Übertragung der Erfahrungen aus den in der Stadt geförderten Gebieten in die anderen erkennbar, die nicht in den Genuss einer solchen Privilegierung durch Hineinnahme in das Programm gekommen sind. (Ähnlich selektiv und „exemplarisch“ verfährt das Bundesprogramm „Stadtumbau-West“.)

Immer mehr Kinder, die in armutssegregierten Stadtteilen aufwachsen, erfahren eine abweichende gesellschaftliche Normalität: Armut, Arbeitslosigkeit, soziale Ausgrenzung und Diskriminierung, schlechte Wohnungen und gesundheitliche Beeinträchtigungen, Familien ohne Vater, Arbeitslosengeld oder Sozialgeld als Regeleinkommen. Die „natürliche“ Einstellung der Menschen zur Welt sind unter diesen Voraussetzungen Misstrauen und ein geringes Selbstwertgefühl. Rückzug und Apathie bzw. „Gestaltungspessimismus“ sind unter diesen Umständen eine durchaus „rationale“, das heißt vernünftige und verständliche Haltung. Kinder, die so aufwachsen, haben kaum eine Chance, die Nützlichkeit jener Kompetenzen, die das „Humanvermögen“ ausmachen – Solidarität, Empathie, Selbstvertrauen und Sozialvertrauen – zu erfahren, die als das Ergebnis einer erfolgreichen Sozialisation in einem partizipationsfreundlichen Umfeld die *„Grundausbildung“ für erfolgreiches Handeln in allen gesellschaftlichen Handlungsfeldern* und für soziale Zugehörigkeit darstellen. In der Verfügung über dieses „kulturelle“ Kapital und das „soziale" Kapital bei Bedarf hilfreicher sozialer Beziehungen liegt der entscheidende Startvorteil von Kindern aus den bürgerlichen Mittelschichten.

Kinder, die in der Unterstadt aufwachsen, brauchen eine Bildung, die ihnen Erfahrungen vermittelt, in denen sie den Nutzen von Solidarität und Vertrauen erfahren und Selbstvertrauen entwickeln können. Bildungsprogramme wie „Lernen vor Ort" oder die „regionalen Bildungslandschaften", die einseitig auf die Verbesserung der Humankapitalausstattung der nachwachsenden Generation setzen und zu diesem Zweck (was in jedem Fall auch sinnvoll ist!) die pädagogischen Institutionen und Organisationen in Schule und Jugendhilfe stärker „vernetzen", einschließlich eines verbesserten „Übergangsmanagements" zwischen den Schulen des allgemeinbildenden Schulsystems und ins berufsbildende System hinein, greifen dennoch zu kurz. Denn in der Folge sozialer und räumlicher Exklusion fehlen immer mehr Jugendlichen und Kindern die elementaren Voraussetzungen, die sie befähigen und motivieren, sich überhaupt an organisierten Bildungsveranstaltungen mit der Aussicht auf Erfolg zu beteiligen. Bildung in einem die formalen Bildungsveranstaltungen überschreitenden Sinne umfasst Erfahrungen, die den Aufbau von Humanvermögen ermöglichen.

Damit verschwimmt nicht nur die institutionelle Grenze zwischen „Schule" auf der einen und „Jugendhilfe" auf der anderen Seite (die mancherorts die Gestalt tiefer Gräben angenommen hat), andere unverzichtbare Akteure werden bedeutsam: die Familie und die Zivilgesellschaft. Kinder werden nicht nur in der Schule bzw. in Einrichtungen und Veranstaltungen der Jugendhilfe erzogen, sondern sie leben in Familien und in Quartieren, die das Wirkungsfeld und die Gestaltungsmöglichkeiten jeder pädagogischen Förderung entscheidend prägen. Es ist eine Aufgabe der Kommunalpolitik, der Wirtschaft und der Zivilgesellschaft im Ruhrgebiet, im jeweils eigenen Interesse die Bedingungen in der „Unterstadt" des alten Reviers zu schaffen, die dafür erforderlich sind, dass dort eine Generation junger Menschen heranwachsen kann, die über Humanvermögen verfügt und für sich eine realistische Einstiegs- und Aufstiegsperspektive sieht. Ohne solche Menschen hat das Ruhrgebiet keine Zukunft.

Im nächsten Kapitel wollen wir anhand von Beispielen aus dem Ruhrgebiet kurz auf die Unterschiede in der Qualität der Schulen und vorschulischen Bildungseinrichtungen eingehen und Wege beschreiben, wie die Qualität der Bildung vor Ort verbessert werden kann. Danach werden wir uns der Bedeutung der Familie und des Quartiers zuwenden, die in den in der Regel auf die pädagogischen Institutionen fixierten kommunalen und regionalen „Bildungsnetzwerken" und „Bildungslandschaften" schlicht übersehen werden.

3.3 Bildungsoffensive für die Kinder der Unterstadt

Unter den jungen Erwachsenen im Hartz IV-Bezug im Ruhrgebiet haben fast zwei Drittel keine Berufsausbildung und über ein Viertel hat keinen Schulabschluss. Dreimal so viele nicht deutsche wie deutsche Kinder verlassen die Schule ohne Abschluss. Die Konsequenz muss sein: Die *besten Schulen* und *besonders motivierte Lehrer* gehören *in die Unterstadt.* Das ist das Prinzip der hierzulande zu Unrecht geschmähten „schwarzen Schulen" in den Niederlanden (die übrigens schon lange nicht mehr so heißen). Ziel der niederländischen Bildungspolitiker ist eine „Schulvorrangspolitik" für Kinder aus benachteiligten Familien. Das führt dazu, dass Schulen in Stadtteilen, in denen sich Entwicklungsprobleme des Nachwuchses konzentrieren, dem Staat bei unseren niederländischen Nachbarn mehr Geld, mehr Lehrer und besser ausgebildete Lehrer wert sind. Es geht also um eine Konzentration von Ressourcen dort, wo sie besonders gebraucht werden.

Der „lokale Staat", also die Kommune, ist bei uns mit solcher „Bildungsoffensive" allein überfordert (von den klammen Ruhrgebietskommunen ist anderswo in diesem Buch die Rede). Zivilgesellschaft (Vereine, Verbände, Kirchen) und die örtliche Wirtschaft sind gefordert. Unternehmer, Verbände und Vereine tun gut daran, heute in die frühe Förderung kleiner Kinder in der Unterstadt zu investieren, wenn sie morgen (also in 15 bis 20 Jahren) ausgebildete und motivierte Beschäftigte oder Mitglieder haben wollen.

Das klingt nach Systemwechsel. Bildungspolitische Debatten in Deutschland gelangen auf diese Weise recht schnell auf eine fundamentale Ebene von letzten Werten und nicht leicht vereinbaren Menschenbildern, auf der es nur langsam vorangeht. *Für die Kinder der Unterstadt ist das zu langsam.* Eine „Bildungsoffensive" dort bedeutet nicht, dass man von heute auf morgen alles anders machen müsste. An erster Stelle geht es darum, die bestehenden Probleme, den Zusammenhang von Segregation, Armut, Bildungsarmut und Gefährdungen des Humanvermögens transparent und zum Thema öffentlicher Diskurse zu machen. Ein Bewusstsein für die Notwendigkeit besonderer Bildungsinvestitionen in die benachteiligten und benachteiligenden Stadtteile muss erst geschaffen werden. An zweiter Stelle muss über Qualitätsunterschiede und Verbesserungsmöglichkeiten innerhalb des bestehenden, gegliederten Schulsystems und in der Kooperation von Schule und Jugendhilfeeinrichtungen geredet werden. Vergleiche zwischen den Städten und zwischen den Schulen in jeder Stadt, wenn sie der Qualitätsverbesserung dienen, sind nicht nur erlaubt, sondern notwendig. Dafür fehlt es aber bislang nicht nur im Ruhrgebiet an der „kulturellen" Grundlage. Beim Stichwort „Evaluation" machen die Akteure in den Schulen vor Ort im Wortsinne „zu". Tatsächlich gibt es in den Kommunen aber zahlreiche Beispiele guter Praxis (und zu verbessernder schlechterer Praxis). Es ist Aufgabe der Politik, offene Qualitätsdiskurse vor Ort zu organisieren und zu moderieren, wobei die Wissenschaft, zum Beispiel mit Analysen des sozialen Umfelds von Schulen, dazu beitragen kann, dass solche Vergleiche fair bleiben.

Die Abbildung zeigt in räumlicher Darstellung die *„soziale Belastung" der Grundschulstandorte in Dortmund.* Unser Bochumer Kollege Jörg-Peter Schräpler hat aus den Quoten der Hartz-IV-Empfänger und den Ausländeranteilen einen Belastungsindex berechnet. Die Grundschulen (Balken) im Süden liegen im grünen Bereich, während sich im Norden die sozialen Probleme im Wortsinn „türmen".

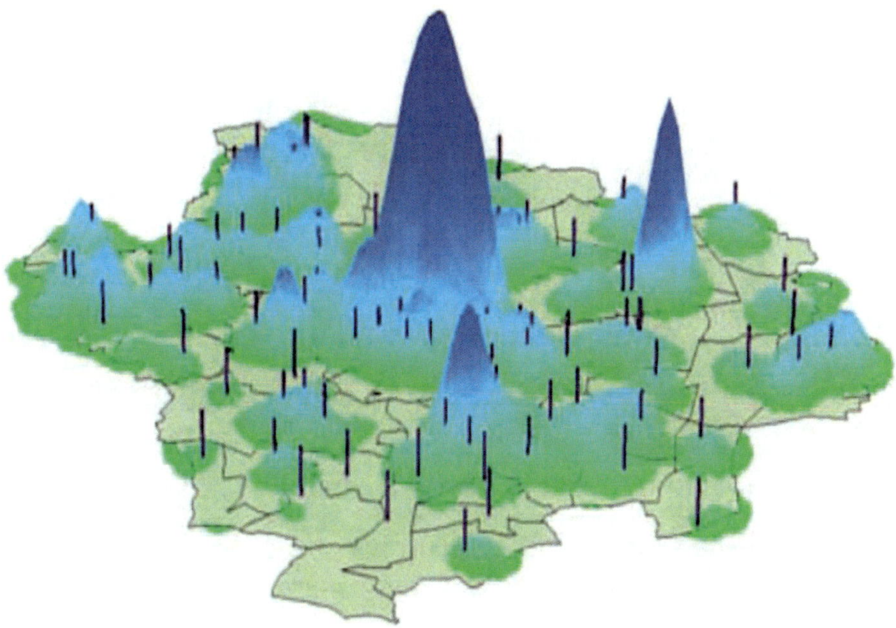

Abbildung 21: Soziale Belastung der Grundschulstandorte in Dortmund

Um schnell „bessere" Schulen zu haben, braucht es *nicht sofort einen Systemwechsel.* Wir können auch innerhalb des gegliederten Schulsystems sofort damit beginnen (gleichgültig, ob wir es für erhaltenswert halten oder es ändern wollen). Die Erfahrung der Schulreformen in der Bundesrepublik zeigt, dass Systemwechsel einen langen Atem brauchen. Die Kinder der Unterstadt können darauf nicht warten.

Wenn wir heute in ein- und derselben Stadt die Qualitätsunterschiede von Schulen auf einer Stufe des gegliederten Schulsystems betrachten, wobei die Schulen eines Typs in vergleichbaren Nachbarschaften liegen (sich also im Milieu des Einzugsbereiches nicht wesentlich unterscheiden), so sehen wir auch innerhalb der bestehenden Systeme bereits großen Spielraum für Verbesserung. Nicht alle Hauptschulen sind „schlechte" Schulen, nicht alle Gesamtschulen sind „besser".

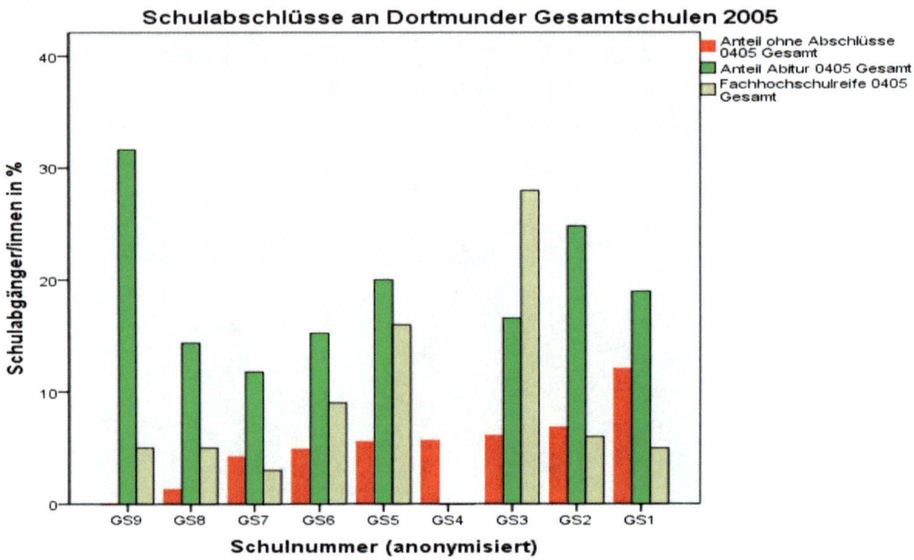

Abbildung 22: Schulabschlüsse und Schüler ohne Abschluss an Gesamtschulen in Dortmund

Die Gesamtschulen sind seit den 1970er Jahren mit Bedacht in räumlicher Nähe zu ihrer „bildungsfernen" Zielgruppe gebaut worden. Bei den Gesamtschulen in Dortmund (Gleiches lässt sich für alle anderen Städte zeigen) sehen wir erhebliche Unterschiede, sowohl in den Anteilen der Schulabgänger ohne Hauptschulabschluss (rote Balken) als auch bei den Abiturquoten und den Schüleranteilen mit Fachhochschulreife.

In derselben Stadt gibt es Hauptschulen, die – bezogen auf die geringe Zahl der Abgänger ohne Abschluss – besser sind als manche Gesamtschule. Gleichzeitig gibt es unter den Hauptschulen besonders große Unterschiede. Das betrifft vor allem die nicht deutschen Schüler. In einzelnen Schulen sind sie besonders zahlreich unter den Absolventen ohne Abschluss vertreten, in anderen sind ihre Chancen besser als die der deutschen Schüler.

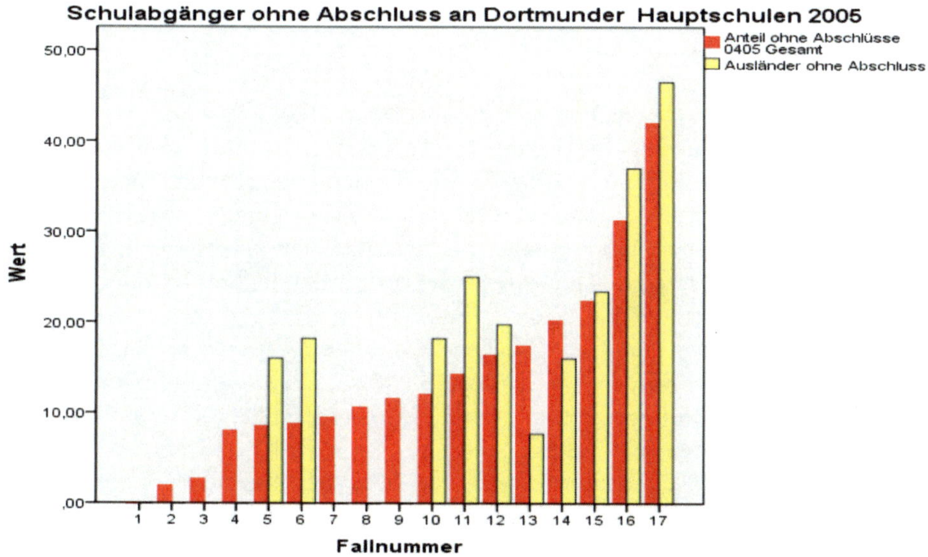

Abbildung 23: Deutsche und nicht-deutsche Schüler ohne Abschluss an Hauptschulen in Dortmund

In der Hauptschule Nummer 17 verlassen mehr als 40 Prozent aller Schüler und beinahe die Hälfte der „ausländischen" Schüler die Schule ohne einen Abschluss. Das ist zehnmal mehr als in den Schulen Nummer eins und Nummer zwei. Tatsächlich gibt es einen Zusammenhang zwischen den Merkmalen der sozialen Benachteiligung von Schulstandorten und den erreichten bzw. nicht erreichten Schulabschlüssen, aber es gibt in beinahe jeder Stadt eine oder mehrere „untypische" Schulen, an denen Kinder Abschlüsse erreichen, die für sie aufgrund ihrer Herkunftsfamilien und der Merkmale der Nachbarschaft eigentlich unerreichbar erscheinen. Gleiches gilt für die Übergangsquoten zum Gymnasium. Auch an belasteten Standorten gibt es Grundschulen mit unerwartet hohen und im Zeitverlauf steigenden Übergangsquoten zum Gymnasium.

Die Herbartschule

Die *Herbartschule*, eine Gemeinschaftsgrundschule als offene Ganztagsschule im Essener Norden (Katernberg-Beisen), stand 1999 vor dem Aus. Die Anmeldezahlen reichten an der als „Türkenschule" stigmatisierten Grundschule in diesem Jahr nicht mehr aus, um eine Klasse zu bilden. Die Konkurrenz zu einer katholischen Grundschule in der Nachbarschaft um die deutschen Kinder des Stadtteils schien verloren. Kollegium und Schulleitung machten sich damals daran, ein anspruchsvolles Schulprofil mit folgenden Schwerpunkten zu entwickeln und konsequent umzusetzen:

1: Sprachförderung, die auch Angebote am Nachmittag einschließt und bilingual auch deutsche Kinder Türkisch lernen lässt.
2: Musisch-kulturelle Förderung, in der die Kinder Theater (auch Oper!) spielen, Musik machen und mit renommierten Künstlern unterschiedlicher Provenienz, unter anderem der Essener Philharmonie, zusammenarbeiten.
3: Bewegungsförderung, mit Eislauf, Mädchenfußball, Rollbrettkursen und viel Bewegung auf dem umgestalteten Schulhof.
4: Elternarbeit, die neben den üblichen Angeboten, Elterncafé, Unterrichtsbesuche, auch das aus den Niederlanden (Rotterdam) übernommene Rucksackprojekt einschließt, in dem Mütter in die sprachliche Förderung ihrer Kinder aktiv einbezogen werden.
5: Zusammenarbeit mit anderen Institutionen, es gibt zahlreiche Kooperationen mit örtlichen und überörtlichen Akteuren, zum Beispiel der Polizei, der AWO, der Yehudi-Menuhin-Stiftung; bemerkenswert ist der konsequente Einbau der Schule als Akteur in das örtliche Handlungsprogramm der „Sozialen Stadt" von Anfang an.

Die Herbartschule als Stadtteilschule mit attraktivem Programm ist seitdem auch für deutsche Eltern zunehmend attraktiv geworden. Sie konnte aufgrund der Anmeldezahlen seit Mitte des letzten Jahrzehnts durchweg zweizügig geführt werden. Aufgrund der Qualität ihrer Arbeit ist sie im letzten Jahrzehnt mit zahlreichen Preisen und Auszeichnungen bedacht worden.

Mehr im Internet: www.herbartschule.de

Die erkennbaren Qualitätsunterschiede bzw. die unterschiedlichen „Ergebnisse" von Schulen innerhalb einer Kommune können Grundlage für systematisches Qualitätsmanagement sein. Qualitätsmanagement ist mehr als das vielerorts (im Kontext von „Lernen vor Ort") begonnene (vertikale) Übergangsmanagement zwischen den Stufen des gegliederten Schulsystems. Es beginnt damit, dass Schulen aller Schulformen, und vor allem die Schulen einer Schulform in einer Stadt, miteinander über ihre Arbeit reden und sich vergleichen.

Transparenz ist Voraussetzung für eine „Bildungsoffensive", die sich nicht im Blindflug bewegen will. Eine solche „Bildungsoffensive" in den Städten ist eine Veranstaltung der Ortsgesellschaft, die Kinder möglichst früh erreichen muss, damit sie die schulischen Bildungsprozesse überhaupt mit Aussicht auf Erfolg, also versehen mit den elementaren Voraussetzungen, zum Beispiel Sprachfähigkeit und Gesundheit, und ausgestattet mit Humanvermögen, beginnen können. Dabei sind möglichst frühe Förderung in den Tageseinrichtungen für Kinder im Stadtteil und die Einbeziehung der Eltern in diese Förderung unverzichtbar.

Kooperation über die Grenzen von Institutionen und Systemen widerspricht immer noch professionellem Selbstverständnis sowohl in der Schule als auch in der Jugendhilfe. Teile der Jugendhilfe beziehen ihr Selbstverständnis immer noch aus der Bekämpfung der „Schäden“, die die Schule anrichtet bzw. anrichten soll. Vereinzelt gibt es schon Versuche durch Vereinigung der Zuständigkeiten in der Verwaltung, zum Beispiel zu einem „Referat Erziehung und Bildung“ (Gelsenkirchen), die vorhandenen Gräben zuzuschütten. Kooperation mit den Eltern aber, insbesondere dann, wenn es sich um schwer erreichbare Eltern aus „schwierigen“ Milieus handelt, lässt professionelle Pädagogen oft resignieren. Die gegenwärtigen pädagogischen Forderungen nach einer möglichst frühen Förderung benachteiligter Kinder durch Ganztagsbetreuung vermitteln den Eindruck, als ließe sich gegen schlechte Familieneinflüsse „anerziehen“. Seit den Erfahrungen mit der „kompensatorischen Erziehung“ im Amerika der 1960er und 1970er Jahre aber ist bekannt, dass nur solche Vorschulprogramme nachhaltige Erfolge bei der Förderung armer farbiger Kinder aus den Großstadtghettos erzielen konnten, bei denen es gelungen war, die Eltern bzw. die Mütter in die Förderung mit einzubeziehen. Nur wenige Schulen an den benachteiligten und benachteiligenden Standorten in der Unterstadt sind, wie zum Beispiel die Essener Herbartschule (Kasten) oder die evangelische Gesamtschule in Gelsenkirchen-Bismarck (Kasten S. 100), aktiv in die laufenden Handlungsprogramme der Stadtteilentwicklung in der „Sozialen Stadt“ oder im „Stadtumbau-West“ einbezogen.

Wie bei den Schulen gibt es auch unter den Kindertagesstätten im Ruhrgebiet erhebliche „Qualitätsunterschiede“, aus denen sich (zum Wohle der Kinder) lernen lässt, vorausgesetzt es gelingt der Kommune, sie zum Thema (fach-)öffentlicher Qualitätsdiskurse zu machen und die nachgewiesenen Unterschiede zum Beispiel in Weiterbildungsaktivitäten abzubauen. Dazu ein Beispiel aus Mülheim an der Ruhr, der Stadt mit den meisten Einkommensmillionären und mit der größten Einkommensungleichheit in NRW:

Die Schuleingangsuntersuchung ist die erste vollständige Erhebung des Entwicklungsstands von Kindern. In Mülheim gibt es (wie überall im Ruhrgebiet) einen starken Zusammenhang zwischen der Kinderarmut in den Stadtteilen und den Anteilen von Kindern, die dort bei der Einschulungsuntersuchung auffällige Mängel der Sprachkompetenz aufweisen (ähnliches gilt auch für andere Befunde, zum Beispiel Übergewicht, Körperkoordinationsstörungen oder visuomotorische Störungen): Je größer die Kinderarmut im Stadtteil, desto höher ist der Anteil der Kinder mit Entwicklungsdefiziten, die ihnen eine erfolgreiche Schullaufbahn erschweren.

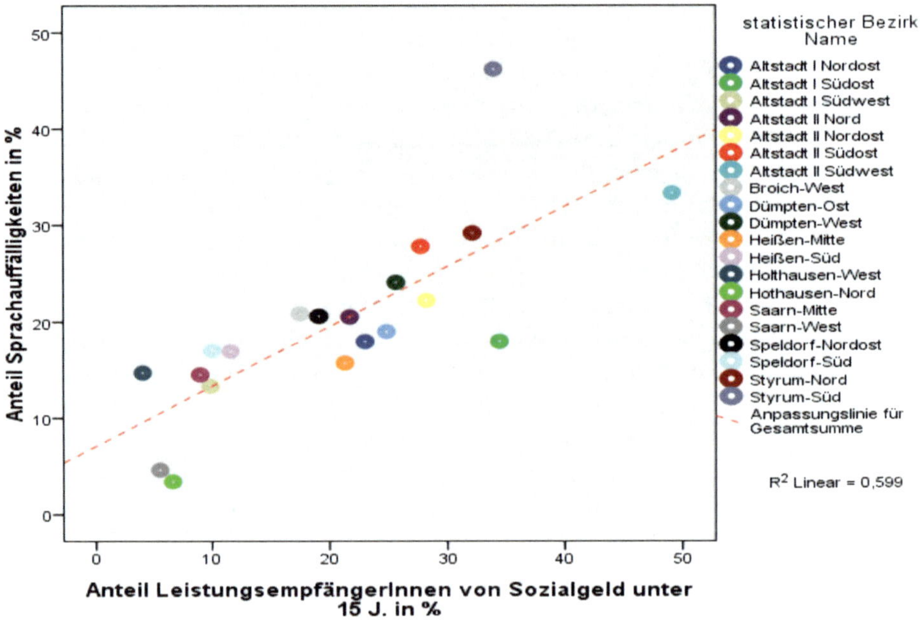

Abbildung 24: SGB II-Quoten von Kindern und Anteile von Kindern mit Sprachdefiziten in den Stadtteilen in Mülheim an der Ruhr

Je ärmer die Stadtteile, desto größer sind die Anteile von Kindern mit Sprachproblemen bei der Einschulung; je gravierender die Sprachprobleme, desto schlechter sind ihre Voraussetzungen für eine erfolgreiche Schullaufbahn. *Wer bei der Einschulung nicht angemessen Deutsch spricht* und versteht, *hat faktisch keine Chance* im Bildungssystem. Die Anteile von Kindern ohne ausreichende Sprachkompetenz schwanken im Vergleich der Stadtteile in Mülheim zwischen 3 und 46 Prozent, die Anteile der Kinder, die von Sozialgeld leben, schwanken zwischen 3 und 50 Prozent.

Betrachtet man mit etwas feinerer Optik die Unterschiede zwischen den Kindertagesstätten, die die Mülheimer Schulanfänger vor der Einschulung besucht haben, so wird erkennbar, dass Stadtteile, auch die der Unterstadt, keine „Container" sind, in denen an alle, die dort leben, eben schlechte oder (in der „Oberstadt") gute Eintrittskarten in das Bildungssystem verteilt werden. Tatsächlich gibt es innerhalb jedes Stadtteils eine unterschiedliche Streuung der Anteile der Kinder mit Sprachmängeln über die einzelnen Einrichtungen, und in einigen Stadtteilen gibt es „untypische" Einrichtungen, die verglichen mit den anderen besonders erfolgreich sind.

Betrachten wir zum Beispiel den in der Abbildung 25 rot markierten armen Stadtteil, in dem wir zwei Kindertagesstätten in kommunaler Trägerschaft finden. In einem Fall spricht und versteht über die Hälfte der Kinder bei der Einschulung schlecht Deutsch. In der anderen Einrichtung zeigt nur ein Zwanzigstel Sprachkompetenzdefizite. Die Kinder in beiden Einrichtungen unterscheiden sich aber nicht in den familiären Hintergründen und sie wohnen in ähnlichen Wohnbereichen mit hohen Ausländeranteilen und hohen Sozialhilfedichten im Stadtteil.

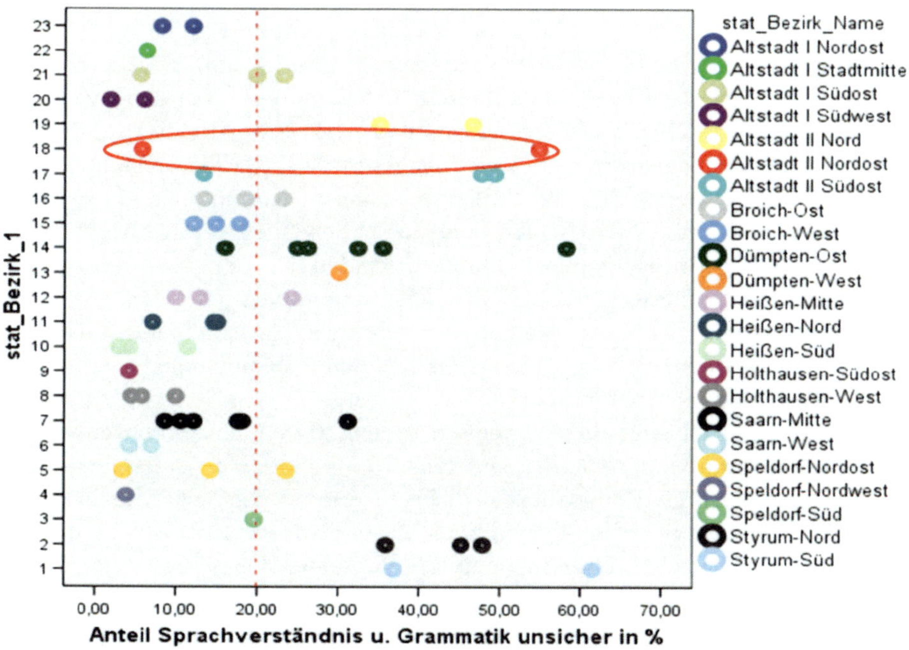

Abbildung 25: Anteile von Kindern mit Sprachkompetenzdefiziten nach Kindertagesstätte und Stadtteil in Mülheim an der Ruhr

Was sind nun die Bedingungen dafür, dass Kinder bei der Einschulung besonders schlecht Deutsch sprechen und verstehen? Eine Studie, die das Zentrum für interdisziplinäre Regionalforschung (ZEFIR) der Ruhr-Universität Bochum 2008 anhand von Daten der ärztlichen Eingangsuntersuchung aller Mülheimer Schulanfänger und mit den Ergebnissen eines flächendeckenden Screenings des Entwicklungsstandes aller Vierjährigen in den Kindertagesstätten durchgeführt hat, hat folgende benachteiligende Bedingungen ergeben:

- Kinder mit türkischem Migrationshintergrund,
- deren Eltern nur die Pflichtschule absolviert haben,

- in deren Familien nicht deutsch gesprochen wird und
- die in einer überwiegend türkischen Nachbarschaft leben,

weisen mit an Sicherheit grenzender Wahrscheinlichkeit (80 Prozent) bei der Einschulungsuntersuchung Sprachkompetenzmängel auf. Dieser Befund ist zunächst nicht besonders aufregend, denn eben das hat ja die Bildungsforschung auch schon vor PISA immer wieder bestätigt. Je besser die soziale Lage der Familien ist, umso besser sind die kognitiven Fähigkeiten und die Schulleistungen der Kinder.

Die Studie des ZEFIR hat aber auch gezeigt, dass es „untypische" Fälle als Ausnahmen von dieser Regel gibt: Einerseits haben wir eine (zu) große Zahl von Kindern aus eigentlich privilegierten deutschen Mittelschichtfamilien gefunden, die bei der Schuleingangsuntersuchung Mängel in der Sprachkompetenz zeigen. Das lässt auf gravierende Mängel in der sprachlichen Kommunikation in vielen eigentlich privilegierten Mittelschichtfamilien schließen. Andererseits hat unsere Studie eine kleine Gruppe von zwei Dutzend Kindern aus dem zuvor beschriebenen besonders bildungsfernen türkischen Migrantenmilieu gefunden, die in für ihr Herkunftsmilieu ganz untypischer Weise bei der Einschulung gut Deutsch sprechen und verstehen, obwohl sie nach den äußeren Bedingungen eigentlich in die unterste Kategorie fallen müssten.

Was nun unterscheidet diese untypisch sprachfertigen, sozial benachteiligten türkischstämmigen Kinder von den anderen? Man könnte einwenden, diese Kinder seien eben besonders „sprachbegabt". Dann wäre es aber schon mehr als erstaunlich, dass (fast) alle diese kleinen Sprachtalente vor der Einschulung dieselbe Kita besucht haben. Eine Untersuchung der Verteilung dieser wenigen „untypischen" Migrantenkinder über die zuvor besuchten Kindertagesstätten in der Stadt hat nämlich ergeben, dass fast alle die Einrichtung mit den „guten" Werten in dem in der Abbildung rot markierten benachteiligten Stadtteil besucht haben.

Das stellt die nächste Frage, wodurch sich diese Einrichtung von den anderen unterscheidet. Diese Kita war die erste Einrichtung in der Stadt, die dem „early excellence"-Konzept verpflichtet ist (mittlerweile sind es neun). Das Konzept legt in besonderem Maße Wert auf (in Deutsch geführte) sprachliche Kommunikation und es bezieht von Anfang an in systematischer Weise die Eltern als „Experten" für die Erziehung ihrer Kinder in die Förderung mit ein. Dabei ist es im Ergebnis nicht so wichtig, dass die Eltern sich intensiv an Veranstaltungen in der Einrichtung beteiligen, sondern von größerer Bedeutung ist, dass sie über das, was dort mit den Kindern geschieht, informiert sind und es aktiv zu Hause begleiten und unterstützen.

Besondere Investitionen in die frühe Förderung von Kindern sind also wirksam. Auch unter benachteiligenden Umweltbedingungen lassen sich mit dem richtigen Konzept gute Erfolge erzielen. Zu einem „richtigen" Konzept gehört es, dass die Eltern als die wichtigsten Beteiligten mitgenommen werden.

3.4 Familie als Garantin sozialer Ungleichheit

Professionelle Bildungsplaner denken üblicherweise in Institutionen und versuchen im günstigsten Fall, eine bessere Kooperation der pädagogischen Einrichtungen (Schulen und Jugendhilfe) in der Stadt zu erreichen. In einem aktuellen Positionspapier zu seiner Hauptversammlung 2011 in Stuttgart fordert der Deutsche Städtetag eine bessere Integration der vorschulischen und schulischen Bildung. Das Papier bleibt, wie die meisten Konzepte der seit dem vergangenen Jahr vom Bund geförderten „Lernen-vor-Ort"-Modellprojekte, von denen es auch einige im Ruhrgebiet gibt, bei der Vernetzung der professionell-pädagogischen Institutionen in der Stadt stehen. Akteure und Organisationen der Zivilgesellschaft (Vereine, Kirchengemeinden und andere) und vor allem die Familien, in denen die Kinder aufwachsen, werden als Beteiligte und zu Beteiligende in der Regel nicht in Betracht genommen. Im Gegenteil, die (nicht neue) Erkenntnis, dass Armut und Bildungsarmut in Familien sozial vererbt werden und dass die Konzentration armer Familien in der Unterstadt zusätzlich benachteiligend wirkt, gibt die Begründung dafür, dass man in den pädagogischen Institutionen diesen negativen Einflüssen entgegenarbeiten müsse.

Die Unterschichtfamilie ist schon früh ins Gerede gekommen. Unsere aktuellen Probleme mit der Bildungsarmut der Unterstadt sind ja keineswegs neu. In den Vereinigten Staaten hat in den 1960er und 1970er Jahren die „kompensatorische Erziehung" im Rahmen schon von Präsident Johnsons „war on poverty" den groß angelegten Versuch unternommen, den Kindern aus den überwiegend von Schwarzen bewohnten Ghettos der Großstädte durch intensive vorschulische Förderung bessere Lebens- und Bildungschancen zu geben.

Bereits vor der Bildungsoffensive der 1960er Jahre galt die *Familie* (zumal die der Unterschicht) in Deutschland als *Garantin sozialer Ungleichheit*. Die Bildungspolitik hat heute diesen speziellen Erziehungseffekt in Unterschichtfamilien und die Unterstadt als Brutstätte von Bildungsarmut und Integrationsverweigerung nur wiederentdeckt. Mit dieser Erklärung tut sie verständlicherweise gut daran, diese negativen Einflüsse kompensieren zu wollen.

Die Einführung von Ganztagskindergarten und Ganztagsgrundschule soll in der bürgerlichen Oberstadt vor allem den Müttern die Vereinbarung von Familie und Beruf erleichtern (in der Hoffnung auf höhere Geburtenzahlen). Hier ist sie bevölkerungspolitisch motiviert. Die Begründung für die Einführung von Ganztagsangeboten in den Quartieren der Unterstadt (wo die Vereinbarkeit von Familie und Beruf eher nicht das größte Problem der Eltern ist) ist dagegen bildungspolitisch, es ist der Versuch, Kinder gewissermaßen gegen die Einflüsse ihrer Familien und ihres unmittelbaren sozialräumlichen Umfelds zu fördern. Das ist gewiss gut gemeint, stößt aber schnell an seine Grenzen und verspricht wenig nachhaltige Erfolge.

Der amerikanische Sozialpsychologe Urie Bronfenbrenner hat 1974 die großen amerikanischen Vorschulförderprogramme evaluiert, darunter „Head Start", dem wir unter anderem die Sesamstraße verdanken, und er hat zweierlei gefunden, was auch heute bedenkenswert ist:

- Eine Förderung benachteiligter Kinder aus benachteiligten und benachteiligenden Nachbarschaften ist umso Erfolg versprechender, *je früher sie einsetzt.* Das deckt sich mit den neueren Thesen des Nobelpreisträgers James Heckman, der schreibt, dass ein früh in Bildung investierter Dollar mehr Erträge bringt als ein vielleicht zu spät ausgegebener. Nebenbei wird dabei auch deutlich, dass Ausgaben für Bildung Investitionen in den Nachwuchs und die Zukunft der Gesellschaft sind und nicht etwa „freiwillige Leistungen" der Kommunen für arme Kinder, die bei knapper Finanzlage dem Rotstift zum Opfer fallen.
- Urie Bronfenbrenner hat weiter gezeigt, dass nur solche Förderprogramme nachhaltige, das heißt dauerhaft anhaltende Wirkungen auf die Kompetenzentwicklung von Kindern gezeigt haben, in denen es gelungen war, *die Eltern*, in den meisten Fällen die Mütter, *aktiv* in die Förderprogramme mit *einzubeziehen*.

Aufbauend auf diesen Befunden hat er ein Modell der menschlichen Entwicklung entworfen, in dem Kinder mit zunehmendem Alter aus den kleinen Lebenskreisen ihrer unmittelbaren Umgebung (Familie, Nachbarschaft, Freundeskreis, Verwandtschaft) in umfassendere institutionelle und soziale Zusammenhänge am Ort und in der Region und schließlich in das gesamtgesellschaftliche „Makrosystem" hineinwachsen. Letzteres gelingt Jugendlichen und jungen Erwachsenen aus der Unterstadt heute immer seltener, gering qualifizierte Jugendliche und junge Erwachsene aus Problemstadtteilen ohne Arbeit und gesellschaftliche Integrationschance (mit und ohne Migrationshintergrund) erleben ihren Stadtteil immer mehr als Sackgasse, aus der es keinen Weg auf die andere Seite der Stadt gibt. Dieses Ergebnis sozialer Exklusionsprozesse aus der Sicht der Mehrheitsgesellschaft dann „Parallelgesellschaft" zu nennen ist zynisch.

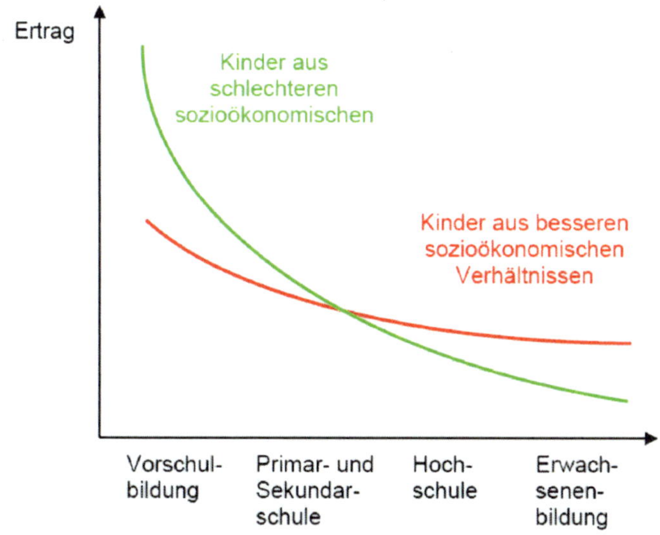

Abbildung 26: Vom Nutzen früher Förderung nach J. Heckman

Entwicklung hat damit eine räumliche und eine zeitliche Dimension. Die Aufgabe der Stadtpolitik, der örtlichen Wirtschaft und der Zivilgesellschaft, die alle mit ihrem Handeln beeinflussen können, wie Kinder aufwachsen, und die ohne diese Kinder als handlungskompetente und motivierte erwachsene Gesellschaftsmitglieder und Beschäftigte längerfristig nicht werden überleben können, ist es, bereits die Bedingungen für die frühen Phasen des Aufwachsens in der Familie und im nachbarschaftlichen Nahraum des Quartiers möglichst förderlich zu gestalten, denn mit den Erfahrungen, die Kinder in diesen frühen Phasen machen, entscheidet sich das meiste von dem, was ihnen später möglich sein wird.

Der Psychologe Urie Bronfenbrenner hat dabei allerdings ein wichtiges Spezifikum des Familieneinflusses in der Entwicklung von Kindern übersehen. Die Familie ist nämlich, besonders in der frühen Kindheit, nicht nur eine „Umgebung" unter mehreren, in denen Kinder sich entwickeln, sondern sie hat als dauerhafte und nächste Umgebung zugleich die zusätzliche Bedeutung der Vermittlung und Steuerung von Umwelteinflüssen an das Kind. Es geht um gute und schlechte „Erziehung". Der Soziologe Niklas Luhmann nennt in der modernen Gesellschaft zwei für die „Erziehung" des Nachwuchses und auf sie spezialisierte „Teilsysteme", das eine ist die Schule, das andere ist die Familie. Beide kooperieren nur in einer eher formalen Weise, aber nicht in der Sache. Beide haben allerdings unterschiedliche Erziehungsaufträge. Zur Unterscheidung der unterschiedlichen Bedeutung dieser beiden Teilsysteme mag die oben eingeführte Unterscheidung in Humankapitalbildung und Humanvermögensentwicklung dienen. Für das Humanvermögen ist zuerst die Familie zuständig, der Aufbau von Humankapital beginnt in der Schule. Die gesellschaftliche Aufgabe beider Teilsysteme ist es, Kinder zu sozial handlungsfähigen Persönlichkeiten zu erziehen. Sie verlassen sich dabei auf die Leistungen des jeweils anderen Systems. Beide erfüllen diese Aufgabe, wie wir wissen, unterschiedlich und unterschiedlich gut.

Eltern entscheiden, welche Bücher Kinder zu sehen bekommen, ob sie überhaupt Bücher lesen können, mit welchen Freunden sie Umgang haben, ob sie überhaupt vor die Tür kommen, welche Medien sie nutzen, welche Programme sie sehen, kurz: was sie „dürfen" und was nicht. Art und Inhalt der in der Familie gepflegten Kommunikation, die alltäglichen Gewohnheiten und Routinen, prägen den „Habitus" eines Menschen lebenslang in unverwechselbarer Weise. Eltern wählen die Schule für ihr Kind aus, sie sorgen dafür, dass Kinder zur Schule gehen und dass sie ihre Hausaufgaben erledigen (oder nicht). Diese Leistung der Eltern bezeichnen wir als „Erziehung". Auch wenn Eltern ihre Kinder schlecht erziehen, wenn sie sie mit zwei Jahren allein vor den Fernseher setzen, ihnen nicht vorlesen, nicht mit ihnen reden, sie schlagen, sie nicht mit Freunden spielen lassen, sie nicht zu Schule schicken, sie erziehen sie in jedem Fall.

Selbstverständlich erziehen Eltern ihre Kinder nicht allein. Aber je jünger die Kinder sind, umso wichtiger ist ihre Steuerungsleistung. Der Lehrsatz „it takes a village to raize a child" ist mittlerweile Gemeingut geworden. Tatsächlich aber braucht es nicht nur ein Dorf, sondern immer eine starke Familie, damit Kinder sich gut entwickeln und Humanvermögen aufbauen können. Es braucht also eine *Familie,* die in einem *guten Dorf oder Quartier* eingebunden ist.

In der Folge sozialer Deklassierungsprozesse und der Erosion von Familienbeziehungen und Nachbarschaften im wirtschaftlichen Strukturwandel im Ruhrgebiet haben immer weniger Erwachsene in der neuen Unterschicht der Dienstleistungsgesellschaft als Kinder selbst erfahren können, was Kinder „brauchen". In einem Stern-Artikel, der im Jahr 2004 über eine Sozialwohnungssiedlung der 1960er Jahre in Essen geschrieben wurde, hieß es, das „wahre Elend" der meisten Familien dort sei nicht die materielle Armut infolge der Arbeitslosigkeit, sondern seien fehlende „Disziplin" und Perspektivlosigkeit der Menschen. Immer mehr Menschen in der Unterstadt sind im Ergebnis der Erfahrung sozialer Exklusion und fehlender Perspektiven die Hoffnung auf „bessere Zeiten" und der Aufstiegswille abhanden gekommen. „Hoffnungslosigkeit gegründet auf Erfahrung", so hat eine Kommission unter der Leitung des früheren US-Präsidenten Jimmy Carter die Lebensperspektive der Kinder in den Armutsvierteln der Großstädte beschrieben. Segregierte Armut im von Arbeitslosigkeit und fehlenden Lebensperspektiven geprägten Unterstadtmilieu wird zunehmend begleitet von fortschreitender Entsolidarisierung in Nachbarschaft und Familie.

3.5 Angemessene Beteiligungsangebote für die Eltern der Unterschicht

Wenn die Forschung sagt, dass Elternbeteiligung wichtig für die Förderung von Kindern ist, so ist das eine Sache. Diese Beteiligung wirklich zu erreichen und auf Dauer zu stellen ist jedoch eine andere. Jeder Lehrer und jede Lehrerin weiß, wie schwierig es ist, gerade Unterschichteltern und besonders Migranten aus den unteren Bildungsschichten für die Elternarbeit zu gewinnen.

Das liegt nicht nur an den Menschen, sondern sicher auch an den Beteiligungsangeboten, die die Schule oder die Kita ihnen macht. Viele dieser Beteiligungsangebote für Eltern sind themenzentriert und ausgesprochen *mittelschicht-typisch* (Wahl von Elternvertretungen, pädagogische Vorträge, Diskussion über Projekte usw.). Für Eltern aus den Problemstadtteilen der Unterstadt sind diese Angebote wenig attraktiv, mitunter gar riskant, denn die Gefahr, sich zu blamieren, wenn man etwas Falsches sagt oder eine Frage stellt, oder das Risiko, sonstwie „aufzufallen", sind nicht gering. Beteiligung in diesen Formaten ist für die Eltern der Unterstadt riskant, diskriminierungsträchtig und in ihrem Nutzen schwer kalkulierbar.

Welche Beteiligungsangebote sind geeignet, „gestaltungspessimistische" Personen, die sich oft als soziale Außenseiter fühlen, besser zu erreichen? Es lohnt sich, hier einmal über den Tellerrand zu schauen. In der sozialen Stadtentwicklung und im Stadtumbau gibt es nämlich einige Erfahrungen mit erfolgreicher, auch Menschen aus den unteren Schichten und Migranten erreichender Bürgerbeteiligung.

Im Bund-Länder-Programm „Soziale Stadt – Stadtteile mit besonderem Entwicklungsbedarf" sind bislang 61 Stadtteilprojekte in Nordrhein-Westfalen gefördert worden. Dort werden so genannte „integrierte Handlungskonzepte" erprobt, in denen unterschiedliche Akteure aus der Verwaltung, aus der Wirtschaft, aus der Zivilgesellschaft und schließlich und vor allen Dingen die Bewohner und Bewohnerinnen der Stadtteile selbst kooperieren, um gemeinsam die soziale und bauliche Erneuerung ihrer Stadtteile einzuleiten. Das Wirkungsmodell ist einfach: Partizipation der Bewohner verbessert ihre soziale Integration (das heißt die Einbindung in lokale soziale Beziehungsnetzwerke), sie gibt die Möglichkeit zur Identifikation mit dem, was man (gemeinsam!) geschafft hat, und steigert die Wahrscheinlichkeit weiterer Partizipation.

Das Modell hat allerdings mit der geringen Partizipationsbereitschaft der meisten Menschen in der Unterstadt zu rechnen. Nicht jedes Beteiligungsangebot erscheint deshalb in gleicher Weise geeignet. In der Stadtentwicklung unterscheiden wir unterschiedliche Formate der Bürgerbeteiligung, die unterschiedlich erfolgreich sind. Bei den Planern besonders beliebt, allerdings auch besonders beschränkt im Hinblick auf die Bewohner, die sie erreichen können, sind Beteiligungsangebote, in denen es um politisch-planerische Mitbestimmung geht („entscheide mit!"). Solche Veranstaltungen der formalen Mitwirkung und der Unterrichtung erreichen vor allen Dingen die „Etablierten" in den Stadtteilen (das sind Personen mit Besitz und/oder solche mit Bildung). Daneben gibt es aber auch noch andere Formen, die mehr Erfolg im Hinblick auf die Integration von „Außenseitern" versprechen.

Wir können *drei Typen von Beteiligungsformen* in den Projekten der sozialen Stadt unterscheiden:

- Der Projekttypus *„Entscheide mit!"* bezeichnet eher konventionelle Formen der Bürgerbeteiligung, mitreden und gegebenenfalls mitentscheiden. (Damit dürfte das meiste beschrieben sein, was in Schulen und Kindertagesstätten angeboten wird, einschließlich der Wahl der Pflegschaften und der anderen Elternvertreter.)
- Der Projekttypus *„Mach mit!"* ist etwas niedrigschwelliger angelegt. Das sind zum Beispiel alle Arten von Festivitäten in den Einrichtungen oder im Viertel, er setzt aber gleichfalls ein bestimmtes Niveau von sozialer Integration voraus. Wer niemanden kennt, macht auch bei keinem Fest mit.
- Der Projekttypus *„Mach es selbst!"* erfordert hingegen nur ein Minimum an sozialer Integration bzw. überhaupt keine. Hier geht es darum, dass Bewohner (allerdings gemeinsam!) an Aktivitäten beteiligt werden, die ihnen selbst bzw. ihrer Familie kurzfristig einen absehbaren Nutzen bringen. Das ist interessanterweise der am wenigsten in den Projekten der sozialen Stadt vertretene Angebotstypus, obwohl er im Hinblick auf das Beteiligungspotenzial von Unterschichtangehörigen und Migranten, die eher etwas für sich selbst Nützliches als etwas für die Allgemeinheit tun, der beste ist.

Mitentscheiden und Mitmachen sind Beteiligungsangebote, die soziale Integration voraussetzen. Sie sind eher mittelschichtaffin und schließen Außenseiter aus. Selber machen, für einen selbst unmittelbar Nützliches gemeinsam mit anderen zu tun, schafft auch für wenig integrierte Menschen Identifikationsmöglichkeiten und Vertrautheit mit den Personen, mit denen man gemeinsam etwas geschafft hat, es integriert auch habituell misstrauische und „gestaltungspessimistische" Akteure in soziale Beziehungsnetzwerke. In der Stadtteilentwicklungspolitik gibt es hier gute Erfolge im Zusammenhang mit Bauprojekten (zum Beispiel einer Schulhofbegrünung in der Hand von Lehrern, Schülern, Eltern und Nachbarn im Essener Norden) oder Maßnahmen zur Wohnungs- und Wohnumfeldverbesserung durch Mieterbeteiligung in Häusern eines kommunalen Wohnungsunternehmens in Hamburg. Kommunale Wohnungsunternehmen machen sich dieses Handlungsmodell neuerdings zunutze, wenn sie zum Beispiel Wohnumfeldverbesserungsmaßnahmen mit aktiver Mieterbeteiligung veranstalten. Sie schaffen damit soziale Integration und persönliche Identifikation mit dem selbst Geschaffenen. Interessanterweise reduzieren solche Projekte auch längerfristig noch Fluktuation und Vandalismus.

Der Schlüssel zur wirksamen Förderung benachteiligter Kinder durch Beteiligung der Eltern liegt in der Integration der Eltern in informelle Netzwerke sozialer Beziehungen mit dem Personal der Einrichtungen und mit den anderen Eltern. Wichtiger als formalisierte akademische Elternbildung in den Schulen und Tageseinrichtungen der Unterstadt sind die informellen Beziehungen der Familien untereinander und der Kontakt mit Kindern und Eltern aus anderen Milieus. Das ist ein Erfolgsfaktor der zuvor beschriebenen Mülheimer Kindertagesstätte. Wissenschaftler der Universität Bielefeld in einem Team unter der Leitung von Franz-Xaver Kaufmann haben das bereits 1981 in einer Wirkungsanalyse des Kindergartens auf das Elternverhalten und die häusliche Lernumwelt von Kindern herausgefunden: Das Erziehungsverhalten von Unterschichteltern, die über die Einrichtung in sozial heterogene informelle Netzwerke integriert waren, in denen sie nicht nur unter sich waren, war deutlich förderlicher und weniger restriktiv als das von sozial isolierten Unterschichteltern.

Beteiligung von Eltern in vorschulischen und schulischen Einrichtungen muss in diesem Zusammenhang *zwei Hürden* nehmen. Zum einen geht es darum, sie überhaupt zur Inanspruchnahme zu motivieren. Das schaffen am ehesten Angebote vom Typus „mach es selbst“, die möglichst wenig an mittelschichttypischen sozialen und kommunikativen Kompetenzen voraussetzen. Zum anderen muss die Beziehung zwischen Eltern und Einrichtung über die Zeit aufrechterhalten werden. Eine Voraussetzung dafür ist neben der Qualität der Angebote die Wertschätzung, die Eltern und Familien unabhängig von ihrer sozialen Herkunft erfahren. Wir denken, dass hier das Spezifikum des „Early Excellence“-Konzepts liegt.

Early Excellence

„Early Excellence“ ist ein neues pädagogisches Programm, bei dem die Stärken und Kompetenzen der Kinder im Fokus stehen. Außerdem werden die Eltern grundsätzlich als Experten für ihr Kind angesehen – womit eine „Elternarbeit auf Augenhöhe“ begründet wird. „Man ist halt nicht mehr der Alleswisser, sondern man ist mit den Kindern in der Lernsituation, man muss lernen sich zurückzunehmen, nicht mehr so viel von den eigenen Ideen direkt herauszuposaunen, damit die Kinder selber Ideen formulieren können“, beschreibt eine Mül-

heimer Erzieherin die neue Umgangsweise. Dazu gehört auch ein neues Raumkonzept: Während früher jede Gruppe ihren eigenen Raum hatte, in dem sie sich überwiegend aufhielt, können die Kinder jetzt in allen Räumen spielen. Die Gruppen, die von 25 auf 11 Kinder verkleinert wurden, treffen sich zweimal am Tag zu festen Zeiten, sonst sind sie meistens unterwegs, zum Beispiel im Atelier, im Bau- und Konstruktionsraum, im Turnraum usw. Jedes Kind hat einen Magnet mit seinem Foto und schiebt diesen auf einer großen Magnettafel genau an die Stelle eines Raumplanes, wo es hingehen wird. So können die Kinder schnell gefunden werden, sich auch untereinander leicht finden und sie lernen vor allem, sich selbst zu organisieren. Auch bei der Spracherziehung wird möglichst die Interessenlage des jeweiligen Kindes berücksichtigt: Wenn es zum Beispiel Tiere sehr mag, wird es schneller lernen, einzelne Vogelarten zu unterscheiden, als die Begriffe Hammer, Säge, Schraubenzieher – oder andere Bestandteile eines Werkzeugkastens richtig zuzuordnen.“

Havva-Avci-Plüm: Auf Augenhöhe mit Familie Aksoy, rubin, Frühjahr 2011

Die wachsende sozialräumliche Segregation des Ruhrgebiets wirkt hier problemverstärkend. Kinder und Familien, die in Vierteln der Oberstadt südlich der A 40 leben, und jene, die in der Unterstadt nördlich der A 40 wohnen, begegnen einander nur ausnahmsweise (zum Beispiel wenn Kulturhauptstadt ist und die A 40 zur Fußgängerzone erklärt wird). Schulanfänger aus Katernberg fragen ihren Lehrer bei einem Ausflug zum Baldeneysee, ob das „noch Deutschland“ sei. Die zunehmende Segregation von Wohnorten führt zu wachsender Bildungssegregation und zu fortschreitender Separierung von Handlungs- und Erfahrungsräumen. Es ist die Aufgabe der Stadtpolitik und der Zivilgesellschaft (zum Beispiel der Sportvereine), hier Brücken zu bauen und Begegnung möglich zu machen.

Die Mitmachstadt – Zur Zukunft der lokalen Demokratie in Herten

Ausgangssituation: „Die ehemals größte Bergbaustadt Europas befindet sich nach Schließung des letzten Bergwerks im Dezember 2008 weiterhin im Strukturwandel; noch immer fehlen Arbeits- und Ausbildungsplätze in großem Umfang, ... (so)dass insbesondere junge, gut gebildete Menschen nach Beendigung der Schulzeit Herten verlassen; ...: die Hertener Bevölkerung schrumpft und altert überdurchschnittlich ...; auch der Anteil der Menschen mit Migrationshintergrund wächst überproportional ... Die Menschen sind immer weniger... bereit, sich dauerhaft in Vereinen und Verbänden zu engagieren; ... zunehmende Politikverdrossenheit, insbesondere bei jungen Menschen, führt nicht nur zu niedrigen Wahlbeteiligungen, sondern auch zur Kernfrage, wer künftig die

Stadtgesellschaft tragen soll. ... In Herten ist ... eine wachsende Gruppe an Menschen zu beobachten, die offenkundig kein Interesse mehr am gesellschaftlichen Leben und an den relevanten, sie selbst betreffenden (Entscheidungs-)prozessen mehr hat."

Zielsetzung: „Bürgerbeteiligung ... muss auf Verantwortungsübernahme und Qualifizierung ausgerichtet und niederschwellig organisiert sein; selbstverständlich muss Politik eingebunden sein. Langfristig (ist) ... das Ziel ..., die Stadt in eine ‚Mitmachstadt' umzuwandeln." Die Stadt Herten verfolgt diesen Ansatz einer breiten und substanziellen Bürgerbeteiligung mit hoher Verbindlichkeit für die lokale Politik zum Beispiel in der Stadtentwicklungsplanung („Soziale Stadt" und „Stadtumbau West" und in der lokalen Bildungs- und Familienpolitik). Sie hat unter anderem einen Mitarbeiter in der Verwaltung dafür abgestellt, die Aktivitäten der Akteure der Zivilgesellschaft und die unterschiedlichen Partnerschaften und Kooperationen der Stadt zu moderieren und zu organisieren, und sie arbeitet mit innovativen Planungskonzepten, Zukunftswerkstätten, Planungszellen, Sozialraumgesprächen (als Elementen direkter Demokratie), in die die lokale Politik mit eingebunden ist. Mit einem solchen partizipativen und sozial integrativen Planungskonzept hat sich die Stadt Herten gemeinsam mit der Stadt Gelsenkirchen 2010 um eine Förderung als „Innovation City" beworben.

3.6 Beispiele guter Praxis zur Sicherung des Humanvermögens

Die vorgestellten Forschungsergebnisse zeigen, dass ein wichtiger Bestandteil einer Politik zur Sicherung des Humanvermögens der Stadtgesellschaft sein wird, *Ungleiches ungleich* zu *behandeln*. Für die Konzentration gesundheitspräventiver Aktivitäten und Programme des öffentlichen Gesundheitsdienstes und anderer Träger in den benachteiligten Stadtteilen oder für Bildungsoffensiven in diesen Vierteln ist ein breiter öffentlicher Konsens nötig. Aber nicht nur Transparenz ist wichtig. Für ein Kind in einer durchschnittlichen deutschen Gemeinde oder eine Familie sind leicht fünf verschiedene Ämter zuständig. Es wird also darum gehen, Zuständigkeiten zu schaffen oder vorhandene Zuständigkeiten effektiv zu bündeln. Projekte der sozialen Stadt, in denen erfolgreich Modelle der integrierten Projektsteuerung entwickelt worden sind, haben hier Modellcharakter, auch wenn der Transfer in allgemeines Verwaltungshandeln noch recht selten ist.

In vielen Städten gibt es mittlerweile lokale Bündnisse für Familien, für Erziehung oder für Integration, in den meisten davon, so unser Eindruck, geht es vor allem darum, neue Themen wirksam zu platzieren, während es wenige Kompetenzen und kaum Ressourcen für ihre Arbeit gibt. Tatsächlich sind die Kommunen mit einer integrierten Querschnittspolitik, die Chancengleichheit für Kinder und Jugendliche in benachteiligten und benachteiligenden Sozialräumen herstellen will, allein überfordert. Hier bedarf es *breiter Akteurskonstellationen*, in denen die Kooperation mit Arbeitgebern, Schulen, Kirchen und anderen zivilgesellschaftlichen Akteuren sowie der Wohnungswirtschaft gefördert wird, die eine besonders wichtige Rolle spielt, wenn sie sich wie die ehemals kommunalen Unternehmen im Ruhrgebiet, zusammengeschlossen in der Initiative WIR (Wohnen im Revier), ihres sozialpolitischen Auftrages noch bewusst ist. Fluktuation und soziale Instabilität in benachteiligten Wohnquartieren, die die Ursache vieler Übel sind, sind eine direkte Wirkung der Qualität von Wohnungen und Wohnumfeld. Eine Voraussetzung dafür, dass solche lokalen und regionalen Koalitionen der Kommunen mit Unternehmen, Schulen, Wohnungsunternehmen nachhaltig und effektiv arbeiten können, ist es, dass es Ressourcen, Verbindlichkeit und Verantwortung gibt.

Die Kommunen des Ruhrgebiets sind als Alleinveranstalter einer integrativen örtlichen Politik für Kinder und Familien hoffnungslos überfordert, sie können aber Initiatoren, Motivatoren und Moderatoren sein. Ihre Aufgabe ist es auch, ganz unterschiedliche „Förder- und Programmkulissen", wie die soziale Stadt, den Stadtumbau West, Lernen vor Ort, regionale Bildungslandschaften, die „familiengerechte Kommune", für die es neuerdings (seit 2010) ein Audit mit Zertifikat in Nordrhein-Westfalen gibt, zu integrieren. Zu viele öffentliche Ressourcen, zu viele Fördermittel werden durch ein Nebeneinander dieser unterschiedlichen Programme, die in der Zuständigkeit unterschiedlicher Fachministerien und unterschiedlicher kommunaler Behörden verwaltet werden, schlicht vergeudet. Denn es geht im Schwerpunkt in allen Programmen um die „Unterstadt".

Solche *integrierten Handlungskonzepte* für sich wiederum zu integrieren gelingt dort am besten, wo es eine ausgeprägte Beteiligungskultur und gleichzeitig politische Führung gibt. Etwa 70 Prozent der Bewohner der Stadt Gelsenkirchen leben in Stadtteilen, die „Programmgebiete" der sozialen Stadt, des Stadtumbaus oder anderer Förderprogramme sind. Mit dem Schwergewicht auf diese Stadtteile gibt es ein kommunales Familienförderkonzept und eine Bildungsoffensive. Unternehmen und Akteure der Zivilgesellschaft sind aktiv eingebunden.

Was ist erfolgreiche Stadtteilentwicklungspolitik? „Erfolgreich" sind solche Projekte, die angenommen werden und die fortbestehen, auch wenn die Stadtteile bereits aus der Förderung herausgewachsen sind. Die Erfahrungen, die in erfolgreichen und in gescheiterten Projekten (von keinem Stadtteilprojekt und keinem lokalen Bildungsprojekt war allerdings bisher zu hören, dass es gescheitert sei) gemacht wurden, gilt es auszuwerten und flächendeckend in vergleichbare Stadtteile zu übertragen. Voraussetzung dafür, dass dies gelingt, ist ein kleinräumiges Stadtteilmonitoring. Voraussetzung ist aber auch die Bereitschaft zu einer neuen, ungewohnten Art von Diskursen über die Qualität von Projekten. In einer politischen Landschaft, in der unverzichtbare sozial- und bildungspolitische Aktivitäten über befristete Projekte gefördert werden, innerhalb derer Personal mit Zeitverträgen arbeitet, ist es schwer, über Misserfolge offen zu sprechen. Allenthalben werden so Räder neu erfunden, die anderswo schon nicht gerollt sind. Auch über Erfolge und die Wege, die dorthin geführt haben, sollte mehr und ernsthafter gesprochen werden.

Unsere Recherchen von Beispielen guter Praxis in einer Studie über soziale „Segregation in den großen Städten“ aus dem Jahr 2008 haben gezeigt, dass der Unterschied zwischen den Städten, die eine gute integrierte kommunale Familien-, Bildungs-, Gesundheits-, Stadtteilentwicklungs- und Integrationspolitik machen, und den anderen, die weniger oder viel weniger tun, nicht das Geld ist. Die Stadt Gelsenkirchen zum Beispiel, die in den letzten Jahren in den Medien als eine der ärmsten Städte in Westdeutschland stigmatisiert worden ist, und die Stadt Ulm, die wirtschaftlich eher auf der Sonnenseite zu finden sein dürfte, unterscheiden sich nicht in der Qualität ihrer örtlichen Politik für Familien, Kinder und Migranten. Der wichtigste Unterschied zwischen den Städten in Deutschland ist der zwischen denen, die sich bewegen und vorausschauend in Humanvermögen und Humankapital investieren, und denen, die nichts oder zu wenig tun. Das gilt auch im Ruhrgebiet.

Alle Akteure in der Stadtgesellschaft (unter Einschluss der Unternehmen, die auch morgen kompetente und loyale Beschäftigte, oder der Wohnungsunternehmen, die „gute“ Mieter brauchen werden) sind aufgerufen mitzuhelfen, das Aufwachsen der nachfolgenden Generation so zu organisieren, dass kein Kind verloren geht und dass die Familien (*gegen* deren Einfluss kein Kind gefördert oder „kompensatorisch“ erzogen werden kann) mitgenommen werden. Zum Teil geschieht das bereits in den regionalen Bildungsnetzwerken, allzu oft geht es aber auch hier nur um die Effizienz und bessere Vernetzung der etablierten pädagogischen Institutionen. Beteiligung der Zivilgesellschaft, der Kirchen und Moscheen, aber auch der örtlichen Wirtschaft und der Vereine ist bei diesem Projekt unverzichtbar. Es gibt gute Beispiele, über die öffentlich gesprochen werden sollte:

Bildungsoffensive Hassel

Ein evangelischer Gemeindepfarrer in einem Zechenviertel in Gelsenkirchen im nördlichen Ruhrgebiet hat (ohne einen Auftrag der Politik) in seiner lokalen *„Bildungsoffensive“* Schulen, Unternehmen, Kirchengemeinden (auch die Muslime), den Handel, das Handwerk, engagierte Bürger und natürlich die Familien und die Kinder im Stadtteil beteiligt und an einem Tisch (zum Beispiel in Zukunftswerkstätten) mit hoher Beteiligung von Eltern und Kindern „vernetzt". Gemeinsames Ziel ist es, die besten Bedingungen für das Aufwachsen von Kindern im Stadtteil zu schaffen, die sie motivieren und fähig machen, formale Bildungsprozesse erfolgreich zu durchlaufen, was wiederum die Voraussetzung dafür ist, dass sie entweder mobil werden und anderswo eine Perspektive entwickeln oder eben im Stadtteil selbst innovativ werden können. Im *evangelischen Gemeindezentrum* gibt es zum Beispiel Ganztagsbetreuung für die überwiegend muslimischen Schüler der benachbarten Hauptschule und Sprachwerkstätten (www.bildungsoffensive-hassel.de).

Gelsenkirchener Gesamtschule Stadtteil Bismarck

„Gute" Schulen in solchen Vierteln sind Stadtteilschulen, die zugleich Zentren sozialer und kultureller Integration und Anknüpfungspunkt für soziale Netzwerke sind. Ein Beispiel dafür ist die *Gesamtschule* in der Trägerschaft der evangelischen Kirche von Westfalen und Lippe im *Gelsenkirchener Stadtteil Bismarck.* Sie ist ein (allerdings schon in der Nachbarstadt weitgehend unbekannter) Leuchtturm unter den Stadtteilprojekten mit mannigfaltigen Wirkungen. Ihre Schüler (mehr als ein Drittel davon Muslime) haben sie selbst gebaut (inzwischen baut jeder neu eingeschulte fünfte Jahrgang sein „Klassenhaus" einschließlich Sonnendeck und Garten gründlich um). Vandalismusschäden und „Schulvermeidung" sucht man vergebens. Die Schule ist als offene Stadtteilschule und Zentrum der Ortsgesellschaft ein Kristallisationspunkt für soziale Netzwerke und „Selbermachen" und „Mitmachen" im Stadtteil (www.e-g-g.de).

Beide Projekte finden wir im Bund-Länder-Programm „Soziale Stadt – Stadtteile mit besonderem Entwicklungsbedarf". Das Programm bietet vielfältige Möglichkeiten der Einbeziehung der örtlichen Bildungseinrichtungen, Kirchen, Betriebe und Vereine. Der „besondere Entwicklungsbedarf" liegt eben darin, dass hier ein wachsender Teil des Nachwuchses der Stadtgesellschaft aufwächst. Die soziale Stadt könnte ein hervorragender Anker für lokale Bildungsoffensiven und für eine örtliche Familienpolitik für das Humanvermögen sein. Eine Durchsicht der einschlägigen Handlungskonzepte (im Land NRW) und der „Kontextindikatoren der sozialen Stadtteilentwicklung", die im Rahmen der Evaluation des Bund-Länder-Programms in NRW gesammelt worden sind, hat allerdings ergeben, dass der größte Teil der Handlungskonzepte zwar „integriert" ist, indem tatsächlich unterschiedliche Akteure von innerhalb und außerhalb der Verwaltung eingebunden werden, dass aber die meisten lokalen Handlungskonzepte auch ausgesprochen „demografieblind" und „milieublind" sind, denn unabhängig von den tatsächlichen Alters- und Haushaltsstrukturen und den unterschiedlichen kulturellen Milieus im Stadtteil bedient man sich offenbar gern aus einer Art „Standardbaukasten" der Stadtentwicklungsplaner. Wir finden beinahe überall (es gibt nur wenige Ausnahmen) ein ähnliches Repertoire an Aktivitäten und Beteiligungsangeboten vor Ort, gleichgültig wie hoch der Anteil der Kinder und Jugendlichen oder der alten Menschen im Stadtteil tatsächlich ist. Ein drittes gutes Beispiel mit einem umfassenden, das Aufwachsen von Kindern in der Stadt insgesamt einschließenden Ansatz sei abschließend genannt.

Audit „Familiengerechte Kommune"

Im letzten Jahr wurden in Nordrhein-Westfalen acht Kommunen, große und kleine, von der Landeshauptstadt über die Stadt Gladbeck im nördlichen Ruhrgebiet bis zur 10.000 Einwohner-Gemeinde im Wiehengebirge, als „Familiengerechte Kommune" zertifiziert. Das *Audit „Familiengerechte Kommune"*, in NRW auf den Weg gebracht von Landesregierung, Bertelsmann Stiftung und Hertie Stiftung und mittlerweile in die Trägerschaft eines gemeinnützigen Vereins mit Geschäftsstelle in Bochum übergeben, zeichnet (demnächst bundesweit) Kommunen aus, die sich ernsthaft auf den Weg gemacht haben und integrierte Handlungskonzepte realisieren, in denen Kommunale Bildungspolitik, Sozialpolitik, Stadtteilentwicklung, Wohnungspolitik, Gesundheitspolitik, Jugendhilfe als hochgradig interdependente Politikfelder von lokalen Akteursbündnissen mit klaren Kompetenzen und verbindlicher Ressourcenausstattung bearbeitet werden. Das Audit zertifiziert nicht gute Daten, sondern zielführende Handlungskonzepte, Governance und breite Akteursbündnisse vor dem Hintergrund einer präzisen Bestandsaufnahme. Wenn wir über arme Kinder, Schulversager, dicke Kinder infolge Bewegungsmangel und Fehlernährung, Vernachlässigung und Kindeswohlgefährdung, Sprachkompetenzmängel oder unvollständige Vorsorgeuntersuchungen reden, sprechen wir nicht unbedingt über dieselben Familien, aber wir reden immer über dieselben Nachbarschaften, die wir in unterschiedlicher Verbreitung in jeder größeren Stadt finden, ob sie nun Gelsenkirchen oder München heißt. Das Audit will auf der Grundlage einer systematischen Bestandsaufnahme der Lebenslagen aller Familien in der Stadt „Familiengerechtigkeit" herstellen.

Literaturhinweise

Eine Beschreibung der industriellen Großstadt und ihrer solidarischen Lebensformen in der Hochzeit der Schwerindustrie in den 1950er Jahren hat uns die Sozialforschungsstelle der Universität Münster in Dortmund hinterlassen:

Mackensen, R./Papalekas, J./Pfeil, E./Schütte, W./Lucius, B. 1959: *Daseinsformen der Großstadt. Typische Formen sozialer Existenz in Stadtmitte, Vorstadt und Gürtel der industriellen Großstadt.* Tübingen: Mohr.

Bereits in den 1990er Jahren haben zwei französische Autoren die Tendenzen der sozialen Ausgrenzung und der Erosion der nachbarschaftlichen und verwandtschaftlichen Solidarität in den ehemals proletarischen Vierteln der Industriearbeiter beschrieben:

Dubet, F./Lapeyronnie, D. 1994: *Im Aus der Vorstädte. Der Zerfall der demokratischen Gesellschaft.* Stuttgart: Klett-Cotta.

Zahlreiche Befunde aus unserer eigenen „Werkstatt" in der Ruhr-Universität untersuchen den Wandel der Sozial(raum)strukturen im Ruhrgebiet und die wachsende soziale Spaltung der Region:

Strohmeier, K. P. 2010: *Soziale Segregation – Herausforderung der Städte im 21. Jahrhundert.* In: Expertise im Auftrag der Friedrich-Ebert-Stiftung. Bonn: FES. Wiso Diskurs: Expertisen und Dokumentationen zur Wirtschafts- und Sozialpolitik; Arbeitskreis Stadtentwicklung, Bau und Wohnen. Oktober 2010, S. 66–83.

Strohmeier, K. P./Schultz, A./Wunderlich, H. 2009: *Familien im industriellen Ballungsraum – Lebensformen, Lebenslagen und stadträumliche Differenzierungen im Ruhrgebiet.* In: Voneinander lernen – miteinander handeln. Aufgaben und Perspektiven der Europäischen Allianz für Familien. Herausgegeben von Ursula von der Leyen und Vladimir Spidla. Baden-Baden: Nomos, S. 85–112.

Handlungsoptionen in den und für die Kommunen werden diskutiert in:

Strohmeier, K. P. 2011: *Mehr Chancen durch Bildung – Investition in die Zukunft.* Der Städtetag, 3/2011.

Strohmeier, K. P. 2009: *Die Stadt im Wandel – Wiedergewinnung von Solidarpotential.* In: Biedenkopf, K./Bertram, H./Niejahr, E. (im Auftrag der Robert-Bosch-Stiftung): Starke Familie – Solidarität, Subsidiarität und kleine Lebenskreise – Bericht der Kommission Familie und demographischer Wandel, Stuttgart, S. 156–172.

4 Profilbildung durch funktionale Differenzierung

Die Wirtschaft des Ruhrgebiets hat sich in den vergangenen Jahrzehnten stark verändert. Alte Branchen und ihre Unternehmen wurden modernisiert oder neu ausgerichtet, viele neue, zukunftsträchtige Unternehmen und Branchen sind entstanden. Dennoch hat das Ruhrgebiet auch heute das Ziel, eine wirtschaftlich starke, international wettbewerbsfähige Region zu werden, noch nicht erreicht. Ein Grund, den man einfach benennen, aber schwer beseitigen kann, ist: Zwischen den Städten des Ruhrgebiets gibt es keine klare Arbeits- und Funktionsteilung (funktionale Differenzierung).

Eine klare funktionale Differenzierung ist für eine polyzentrische Agglomeration, wie das Ruhrgebiet, für die wirtschaftliche Entwicklung und die politische Handlungsfähigkeit unabdingbar. Im Rahmen einer funktionalen Differenzierung können sich die unterschiedlichen Zentren so spezialisieren, dass jedes Zentrum in bestimmten Wirtschaftszweigen zum Zentrum des gesamten Ruhrgebiets wird. Dadurch kann es die Innovations-, Wachstums- und Marktpotenziale des gesamten Ruhrgebiets bündeln.

Die fehlende funktionale Differenzierung hemmt dagegen die Entwicklung von international wettbewerbsfähigen Innovations- und Wachstumspolen und die Ausschöpfung der Marktpotenziale im Ruhrgebiet. Sie führt dazu, dass sich Städte oft wechselseitig in ihrer wirtschaftlichen Entwicklung hemmen. Sie verhindert die Herausbildung wirtschaftlich sinnvoller Strukturen.

In polyzentrischen Agglomerationen bildet sich üblicherweise eine klare Arbeits- und Funktionsteilung in einem längeren historischen Prozess spontan heraus. Im Ruhrgebiet wurde das durch die Einheit der Montanindustrie verhindert. Deshalb muss nun eine funktionale Differenzierung gezielt herbeigeführt werden. Dafür gibt es kein Vorbild. Die Entwicklung einer funktionalen Differenzierung stellt eine große Herausforderung dar, die in den bisherigen Strukturen der Strukturpolitik und der Wirtschaftsförderung nicht bewältigt werden kann. Das ist einerseits ein großes Problem, andererseits aber auch eine große Chance. Diese Chance kann das Ruhrgebiet nutzen, wenn es aus den Erfahrungen großer Projekte, wie der Internationalen Bauaustellung Emscher Park oder der Kulturhauptstadt Ruhr.2010, lernt.

Ein interessantes Anwendungsfeld für eine funktionale Differenzierung ist die Kreativwirtschaft, die oft als große Zukunftshoffnung des Ruhrgebiets gilt. Allerdings hat das Ruhrgebiet in den Branchen, die als Kreativwirtschaft bezeichnet werden, ungünstigere Potenziale als viele Städte und Agglomerationen, die auch auf die Kreativwirtschaft setzen. Es hat auch keine Vision, die sich von denen dieser Städte unterscheidet. Deshalb ist die Kreativwirtschaft Ruhr gegenwärtig eher eine Illusion als eine Vision. Das kann sich jedoch ändern, wenn es gelingt, die Potenziale des Ruhrgebiets arbeitsteilig zu bündeln und zu vernetzen. Noch besser wäre es, wenn das Ruhrgebiet ein eigenes, auf seine spezifischen Bedingungen zugeschnittenes Konzept von Kreativwirtschaft entwickeln und umsetzen würde, welches auch die Industrie einbezieht.

4.1 Das zentrale Problem: Fehlende Differenzierung

Die wirtschaftliche Entwicklung des Ruhrgebiets hängt entscheidend von der Lösung eines Problems ab, das wir mit dem abstrakten Begriff der *Differenzierung* bezeichnen. Was damit gemeint ist, soll zunächst im Folgenden anhand eines Beispiels beschrieben werden.

Die Stadt Stuttgart ist ein Zentrum für eine große Wirtschaftsregion. Sie bietet für diesen großen Raum in ihrer Innenstadt Einkaufsmöglichkeiten für hochwertige Konsumgüter und Dienstleistungen, welche die Städte im Umland nicht bieten. Solche Güter und Dienstleistungen können Städte nur anbieten, wenn sie allein oder zusammen mit ihrem Umland eine sehr große Bevölkerung aufweisen. Der Grund dafür ist ganz einfach: Hochwertige Güter und Dienstleistungen werden nur von einem kleinen Teil der Bevölkerung erworben und das zumeist auch nicht sehr häufig. Um also solche Güter und Dienstleistungen überhaupt wirtschaftlich vernünftig anbieten zu können, braucht man ein *großes Einzugsgebiet* und auch noch eine *gut erreichbare Lage*. Deshalb finden wir die entsprechenden Geschäfte und Unternehmen zumeist nur in den Innenstädten großer Städte mit einem großen Umland. Aus diesem Sachverhalt gewinnen diese „Stadtmetropolen" nicht nur einen wichtigen Teil ihrer Wirtschaftskraft, sondern vor allem auch ihrer Attraktivität als Standort von Unternehmen oder als Wohnort. Auch das Umland gewinnt dabei an Stand- und Wohnortqualität, weil die Städte und Gemeinden im Umland ihren Unternehmen und Bewohnern dieses hochwertige Angebot auch machen können – zwar nicht direkt vor Ort, aber in der gut erreichbaren Innenstadt. In Stuttgart siedeln sich darüber hinaus auch die Steuerungs- und Dienstleistungsfunktionen an, welche Metropolen ausmachen.

Essen und Dortmund sind etwa gleich groß wie Stuttgart und haben ein ungleich größeres Umland. Im Ruhrgebiet selbst leben bekanntlich über 5 Millionen Menschen, im Umkreis sogar weit über 10 Millionen. Trotzdem können sich Essen und Dortmund nicht so entwickeln wie Stuttgart. Der simple Grund dafür ist, dass im Umland von Essen und Dortmund gleich mehrere andere Städte sind, die das Gleiche anbieten und sein wollen wie Dortmund und Essen – die sich selber ja auch nach Kräften Konkurrenz machen. Keine der Städte kann deshalb das Ruhrgebiet als starkes Umland nutzen und damit ein Angebot an Gütern und Dienstleistungen bieten, mit denen man auch das noch viel größere Umland des

Ruhrgebiets einbeziehen kann. Dadurch *verpufft das wirtschaftliche Potenzial*, das das Ruhrgebiet aus seiner eigenen Größe und der Größe seines Umlands gewinnen könnte. Das Ruhrgebiet ist *keine Metropole* mit besonders tollen Einkaufsmöglichkeiten und Dienstleistungsangeboten, *sondern* eine *Ansammlung von Städten*, deren Einkaufsmöglichkeiten hinter vergleichbaren Regionen, von den europäischen Metropolen gar nicht erst zu sprechen, herhinken. Eine bemerkenswerte Ausnahme ist das CentrO, dem es gelungen ist, viel Kaufkraft aus dem Ruhrgebiet und seinem großen Umland in Oberhausen zu bündeln – und von den Kirchturmsdenkern in der Politik und der Wirtschaft des Ruhrgebiets entsprechend bekämpft wird.

Im Ruhrgebiet sind wirtschaftliche Aktivitäten mit hohen Innovations- und Wachstumspotenzialen weit verstreut. *Klare räumliche Konzentrationen* von bestimmten Aktivitäten und Branchen *sind die Ausnahme*. Zu diesen Ausnahmen gehört die Logistik, die in Duisburg und Dortmund herausragende Schwerpunkte hat, die miteinander auch nicht in Konkurrenz stehen. Von dem Logistik-Cluster in Duisburg und Dortmund profitieren nicht nur die beiden Städte, sondern die Region insgesamt. Das gilt nicht nur für die vielen Unternehmen, die über die beiden Standorte gut in die internationalen Logistiknetzwerke und den internationalen Handel eingebunden werden. Es gilt auch für viele Logistikunternehmen in anderen Städten, die die Möglichkeiten der beiden Logistikstandorte mit nutzen können oder mit dort angesiedelten Unternehmen und Einrichtungen kooperieren können – wie etwa der Hafen Gelsenkirchen, der mit dem Hafen Duisburg zusammenarbeitet. Durch solche Verknüpfungen von Unternehmen aus der ganzen Region mit den beiden Logistikclustern bildet sich allmählich ein *regionales Logistiknetz* heraus. In diesem Netz bilden die beiden Logistik-Cluster Knoten, durch die die gesamte Logistikbranche im Ruhrgebiet in die nationalen und internationalen Netzwerke eingebunden werden kann. Dies ist ein zukunftsträchtiges Modell für die Entwicklung der Wirtschaftsstruktur im Ruhrgebiet.

In den meisten Branchen und Wirtschaftszweigen gibt es solche Strukturen nicht. Gerade bei den jeweils als zukunfts- und wachstumsträchtig geltenden Wirtschaftszweigen haben die meisten Städte im Ruhrgebiet von allem etwas und alle wollen auch von allem etwas haben. Das konnte man gut verfolgen, als die Landesregierung vor einigen Jahren versucht hat, ihre Strukturpolitik an *Kompetenzfeldern* auszurichten. Die meisten Städte haben jedoch versucht, in möglichst vielen Kompetenzfeldern Förderprojekte zu akquirieren. Das hatte zum Ergebnis, dass es im Ruhrgebiet wieder einmal nicht gelang, *Kräfte und Potenziale* in Städten zu *bündeln*, die reale Chancen hatten, sich *zu national und international wettbewerbsfähigen Standorten* für den jeweiligen Wirtschaftszweig zu entwickeln. Das hat nicht nur den Städten geschadet, welche die Chancen gehabt hätten, in bestimmten Wirtschaftszweigen wirklich stark zu werden und eine Knotenfunktion für das Ruhrgebiet zu übernehmen, sondern der Region insgesamt.

Die neuere Regionalforschung zeigt, dass große urbane Agglomerationen wirtschaftlich nur prosperieren können, wenn sie über *starke Wachstumspole* verfügen. Vor allem in einer längerfristigen Perspektive ist es wichtig, dass es mehrere Wachstumspole aus unterschiedlichen Wirtschaftszweigen oder Wertschöpfungsketten gibt. Das macht die Agglomeration weniger anfällig für strukturelle Wandlungsprozesse. Starke Wachstumspole schafft man nur durch eine Konzentration von Unternehmen eines bestimmten Wirtschaftszweiges oder einer bestimmten Wertschöpfungskette sowie der für diese Unternehmen wichtigen Einrichtungen in Forschung, Entwicklung und Bildung – also durch die *Entwicklung von Clustern*. Starke Cluster spielen in dem durch die Globalisierung der Wirtschaft erzeugten Standortwettbewerb zwischen Regionen eine entscheidende Rolle (vgl. auch Kapitel 2.3). Regionen mit starken Clustern bilden für die Unternehmen in dem jeweiligen Wirtschaftszweig oder der jeweiligen Wertschöpfungskette wirtschaftlich attraktive Standorte, an denen sie sich auch ohne öffentliche Subventionen länger ansiedeln. Das gilt vor allem für die Unternehmen, deren Wettbewerbsfähigkeit durch ihre Fähigkeit bestimmt wird, häufig und regelmäßig Produkt- oder Prozessinnovationen (oder beides) durchzuführen.

Diese Fähigkeit ist nicht nur für Unternehmen wichtig, die Hochtechnologie-Produkte herstellen oder darauf bezogene Dienstleistungen anbieten, sondern auch für viele Unternehmen, die ganz einfache Produkte herstellen. Ein Beispiel dafür ist ein Automobilzulieferer, der Karrosserieteile herstellt. Um wettbewerbsfähig zu sein, muss dieses Unternehmen mit *moderner Produktionstechnik* arbeiten, um seine Kosten zu senken und vor allem in der Lage zu sein, jederzeit pünktlich in höchster Qualität zu liefern. Die eingesetzte Produktionstechnik ist zwar hoch automatisiert, muss aber gerade deshalb von *qualifizierten Facharbeitern* eingerichtet und überwacht werden. Zudem braucht das Unternehmen in seinem näheren Umfeld auch *Dienstleistungsanbieter und Hochschulen*, die ihm helfen, seine Technik möglichst kontinuierlich so zu entwickeln, dass es mit der Weltspitze zumindest mithalten kann. Solche Dienstleistungsanbieter und auch qualifiziertes Personal findet das Unternehmen viel leichter in einem entsprechenden Cluster. Hier findet das Unternehmen auch immer wieder *neues Wissen und neue Ideen*, die ihm helfen, technisch und organisatorisch auf dem neuesten Stand zu bleiben oder ihn sogar selber zu schaffen. Allgemeiner formuliert: Cluster liefern innovativen Unternehmen das Wissen, die Ideen, das Personal und die Dienstleistungen, die sie benötigen, um ihre Innovationsfähigkeit zu sichern.

Starke Cluster strahlen oft international aus. Die dort angesiedelten Unternehmen haben zum Teil auch Standorte an anderen Orten oder stehen in geschäftlichen Beziehungen mit Unternehmen an solchen Orten. Das Ruhrgebiet braucht sowohl zur Verbesserung seiner wirtschaftlichen Wettbewerbsfähigkeit als auch für eine mögliche Entwicklung zur Metropole *starke, international ausstrahlende Cluster*. Allerdings müssen nicht alle Cluster, die im Ruhrgebiet entwickelt werden, auch international ausstrahlen. Gerade mit seinem bevölkerungsstarken Umland können auch „Minicluster" wichtige Wachstums- und Beschäftigungsimpulse vermitteln. Die Funktion von *„Miniclustern"* besteht in der Sicherung der Innovations- und Wettbewerbsfähigkeit der vielen kleinen und mittleren Unternehmen, deren wirtschaftliche Aktivitäten sich auf das Ruhrgebiet und sein nationales und europäisches Umland konzentrieren.

In *monozentrischen Agglomerationen*, also in solchen, in denen es eine einzige Stadt gibt, welche die Zentrumsfunktionen für die Region übernimmt, können sich Cluster oft spontan (ohne öffentliche Planung und Förderung) entwickeln. Die Ansiedlung von Unternehmen und anderen Einrichtungen orientiert sich an den vorhandenen Stärken der Agglomeration. Sie siedeln sich an oder entwickeln ihre Standorte vor allem in den Bereichen, in denen besondere Standortvorteile sind. Selbst wenn die Stärken der Region für eine spontane Entwicklung nicht ausreichen und deshalb strukturpolitisch gefördert werden sollen, ist das in monozentrischen Räumen einfach zu gestalten. In solchen Räumen sind die politischen Machtverhältnisse durch *klare Zentrum-Peripherie-Beziehungen* geprägt. Das prägt auch die informellen Netze der Agglomeration. Selbst die Hochschulen sind bezogen auf ihre regionalen Aktivitäten und Beziehungen in recht einheitliche Netze eingebunden und werden vor allem auch von der ganzen Agglomeration als gemeinsame Einrichtung betrachtet und genutzt.

Ganz anders sieht das in *polyzentrischen Agglomerationen* wie dem Ruhrgebiet aus. In solchen Regionen funktioniert schon die spontane Ansiedlung von Unternehmen und anderen Einrichtungen auf der Basis vorhandener Stärken nicht, weil die einzelnen Zentren mit ihren strukturpolitischen Strategien und ihrer Wirtschaftsförderung immer wieder in diese Entwicklung intervenieren und sie durch direkte oder indirekte Subventionen verfälschen. Das *verhindert die Entwicklung wirtschaftlich sinnvoller Strukturen*, insbesondere auch eine wirtschaftlich sinnvolle Konzentration von Aktivitäten – Unternehmen und andere Einrichtungen siedeln sich nicht dort an, wo es für sie wirtschaftlich besonders günstig ist, sondern dort, wo die meisten öffentlichen Gelder winken. Noch schlimmer ist das auf der strukturpolitischen Ebene, weil *jedes Zentrum* erstens über eine *eigene Machtbasis* verfügt und weil zweitens die Organisation von Kammern, Gewerkschaften und Verbänden sowie die Behördenzuständigkeiten die polyzentrische Struktur widerspiegeln. Das gleiche gilt für die informellen Netze. Selbst die Hochschulen können sich diesen Strukturen nicht ganz entziehen – sie sind unter regionalen Gesichtspunkten oft nicht Hochschulen der ganzen Agglomeration, sondern ihrer Stadt oder werden von politischen und wirtschaftlichen Akteuren so wahrgenommen.

Auf einen einfachen Punkt gebracht heißt das, dass in monozentrischen Agglomerationen die für die wirtschaftliche Entwicklung wichtigen Handlungssysteme integriert sind, während in polyzentrischen Agglomerationen sich eher *segmentierte Handlungssysteme* herausbilden. Bildhaft gesprochen, ähneln die Handlungsstrukturen des Ruhrgebiets, vor allem wenn es um die Wirtschaft geht, einem *Flickenteppich* – und deshalb produzieren diese Systeme auch oft nicht mehr als Flickwerk. Das heißt konkret, dass Stärken und Potenziale nicht vernünftig gebündelt werden und *keine in sich stimmigen strukturpolitischen Entwicklungskonzepte* zustande kommen. Entscheidungen über die konkrete Umsetzung von Programmen der Europäischen Union und des Landes, aber auch über die Aktivitäten der regionalen Wirtschaftsförderung, sind häufig mit Verteilungskonflikten verbunden, die durch „faule" Kompromisse gelöst werden. Deshalb gelingt es nicht, Stärken und Potenziale so zu bündeln, dass aussichtsreiche Wachstumspole entstehen, die sich zu Clustern entwickeln können. Die viel diskutierten Regionenrankings und auch wissenschaftlich fundierte Standortvergleiche bieten genügend empirische Belege für diese These.

Hinter diesem Sachverhalt steckt vordergründig das bekannte Kirchturmdenken des Reviers. Die eigentliche Wurzel des Übels liegt jedoch viel tiefer, nämlich im Fehlen einer *tragfähigen Arbeits- und Funktionsteilung* zwischen den Zentren der Region. Arbeits- und Funktionsteilung heißt auf einen einfachen Nenner gebracht, dass nicht jedes der Zentren im Ruhrgebiet in etwa das Gleiche macht wie die anderen auch, sondern sich auf bestimmte Wirtschaftszweige, Wertschöpfungsketten und Funktionen spezialisiert. Eine solche Struktur bezeichnet man wissenschaftlich als funktional differenziert.

Funktionale Differenzierung bedeutet, dass jedes Zentrum in der Agglomeration unterschiedliche wirtschaftliche Schwerpunkte und ein spezifisches wirtschaftliches Profil entwickelt, das sich von den Profilen der anderen Zentren deutlich unterscheidet und unterschiedliche Steuerungs- und Dienstleistungsfunktionen für die gesamte Region erfüllt – so wie wir das oben am Beispiel der Logistik im Ruhrgebiet gesehen haben. Nach dem gleichen Muster müssen auch in anderen zukunftsträchtigen Wirtschaftszweigen oder Wertschöpfungsketten wirtschaftliche Aktivitäten und die dafür notwendigen Einrichtungen und Infrastrukturen in einzelnen Zentren konzentriert werden. Diese Zentren werden dadurch in ihren Schwerpunkten *jeweils zum Zentrum des gesamten Ruhrgebiets* oder teilen sich diese Funktion allenfalls noch mit einem anderen Zentrum der Region, wenn die wirtschaftlichen Bedingungen das zulassen. Das bietet jedem der Zentren Chancen, aussichtsreiche Wachstumspole und möglicherweise sogar Cluster zu entwickeln, indem es die gesamte Wirtschaftskraft und die Potenziale der Region in dem entsprechenden Bereich bündelt und für sich nutzbar macht.

4.2 Die Logik funktionaler Differenzierung

Die Logik hinter diesem Argument ist ganz einfach: Da in einer polyzentrischen Agglomeration keines der Zentren alle zukunftsträchtigen Wachstumspole sowie alle Steuerungs- und Dienstleistungsfunktionen für sich allein beanspruchen kann, es aber der Region nur schadet, wenn alle alles machen oder machen wollen, muss man Wachstumspole sowie *Steuerungs- und Dienstleistungsfunktionen eben auf die einzelnen Zentren verteilen*, so dass jedes Zentrum in bestimmten Bereichen das *Zentrum des ganzen Ruhrgebiets* (und seines Umlandes) ist.

Eine solche Arbeits- und Funktionsteilung kann man in mehreren bedeutenden Metropolen beobachten, insbesondere in London, Los Angeles und Tokyo, deren Strukturen ebenso polyzentrisch sind wie die des Ruhrgebiet. Diese Arbeits- und Funktionsteilung ist dort über Jahrzehnte und Jahrhunderte gewachsen. Unterschiedliche Standortbedingungen, Entscheidungen bestimmter Unternehmen, sich an einem bestimmten Ort außerhalb der ursprünglichen Kernstadt anzusiedeln, politische Entscheidungen, die beispielsweise bestimmte Aktivitäten nicht innerhalb der Stadtmauern zuließen, und andere Faktoren haben dort allmählich zu einer funktionalen Ausdifferenzierung geführt, die sich in dem Maße, in dem sie voranschritt, selber verstärkt hat.

Sieht man einmal davon ab, dass es generell schwierig ist, Entwicklungen, die anderswo weitgehend spontan über einen langen Zeitraum abgelaufen sind, nachzuahmen, leidet das Ruhrgebiet darunter, dass das Montanzeitalter die Innovationskultur im Ruhrgebiet auf ein beschränktes Cluster und auf Großtechnologien festlegte. Das hat schon in der ersten Hälfte des 20. Jahrhunderts zu einer *Pfadverengung der wirtschaftlichen Entwicklung* geführt – Infrastrukturen, insbesondere auch Bildungsinfrastrukturen, die Kompetenzen und Mentalitäten der Arbeitskräfte, die vorhandenen Unternehmen und andere Faktoren waren eng mit der Montanindustrie verflochten und boten deshalb wenig Ansätze für einen raschen und weitreichenden Strukturwandel. Daran hat sich bis heute wenig geändert, zumal auch die Strukturpolitik sich und das Ruhrgebiet immer nur auf einige wenige technische und wirtschaftliche Entwicklungslinien festlegt. Diese Entwicklungslinien oder Cluster orientieren sich zumeist eher daran, welche Technologien in der einschlägigen wissenschaftlichen und politischen Diskussion gerade als besonders zukunftsträchtig gelten, als an den tatsächlichen Kompetenzen, Möglichkeiten und Chancen im Ruhrgebiet. Das lässt sich durch eine konsequent auf funktionale Differenzierung ausgerichtete Strukturpolitik und Wirtschaftsförderung ändern.

Mit funktionaler Differenzierung wird auch dem Kirchturmdenken im Ruhrgebiet ein Ende gesetzt. Das Ruhrgebiet kann seine *Einheit dadurch wiedergewinnen, dass seine Zentren unterschiedlicher werden und die Region dadurch vielfältiger wird.* Das hat zwei Gründe: Der erste Grund ist der, dass bei einer Differenzierung die Städte und ihre Wirtschaftsförderer nicht mehr um Unternehmen, Investoren und öffentliche Einrichtungen in den gleichen Wirtschaftszweigen konkurrieren, wie das bis heute immer wieder der Fall ist. Ein Beispiel dafür ist die Konkurrenz von Dortmund und Bochum in der Biotechnologie. Darüber hinaus haben Investitionen der einzelnen Städte bei funktionaler Differenzierung keine oder zumindest viel weniger negative Auswirkungen auf die Investitionen der anderen Städte. Auch das ist bis heute öfter der Fall: Viele mit öffentlichen Mitteln geschaffene neue Gewerbegebiete ziehen nicht – wie in den jeweiligen Förderanträgen zumeist versprochen – Investoren von außerhalb des Ruhrgebiets an, sondern Unternehmen aus Nachbarstädten oder sogar aus älteren Gewerbegebieten in der gleichen Stadt.

Der zweite Grund ist noch wichtiger: In dem Maße, in dem sich die Zentren des Ruhrgebiets funktional differenzieren, entstehen zwischen ihnen *vielfältige und wechselseitige Abhängigkeiten.* Da jedes der Zentren auf einen oder wenige Wirtschaftszweige oder Wertschöpfungsketten spezialisiert ist, müssen seine Unternehmen, Konsumenten und anderen wirtschaftlichen Akteure viele Leistungen aus anderen Zentren beziehen. Das ist heute schon im Bereich der Logistik so. Unternehmen und andere Akteure aus Bochum, Essen oder Gelsenkirchen beziehen anspruchsvollere Logistikleistungen aus Duisburg oder Dortmund. In Zukunft würden dann umgekehrt Unternehmen und andere Akteure aus Duisburg und Dortmund ökologische Effizienzdienstleistungen beispielsweise aus Gelsenkirchen oder Bottrop und anspruchsvollere medizinische Leistungen aus Bochum oder Essen beziehen. Solche wechselseitigen Abhängigkeiten schaffen zwischen den Zentren *vielfältige und rege Austauschbeziehungen*, die sich auch in *Kooperationsnetzwerken* niederschlagen. Anstelle der wenig sinnvollen Konkurrenz der Zentren um die gleichen, gerade als zukunftsträchtig geltenden oder mit besonders großen staatlichen Fördermitteln unterlegten wirtschaftlichen Aktivitäten entstehen mit der wirtschaftlichen Vielfalt also Austausch und Kooperation. Auch mit seinem Umland kann das Ruhrgebiet als differenzierte Region viel stärkere wirtschaftliche Beziehungen eingehen, als das jetzt der Fall ist – und muss sich dann auch nicht mehr krampfhaft gegen sein Umland abgrenzen.

Die rasche Entwicklung einer funktionalen Differenzierung erfordert eine grundlegende *Neuausrichtung* der Strukturpolitik und auch der regionalen Wirtschaftspolitik. Statt Programmen und Projekten muss die Entwicklung von Netzwerken, deren wichtige *Steuerungs- und Dienstleistungsaktivitäten* in einem oder zwei *regionalen Knoten konzentriert* werden, in den Fokus genommen werden. Die für bestimmte zukunftsträchtige Wirtschaftzweige oder Wertschöpfungsketten im Ruhrgebiet wichtigen Steuerungs- und Dienstleistungsfunktionen müssten also soweit wie möglich an einem oder zwei Standorten konzentriert werden. Wie das oben schon für die Logistik dargestellt wurde, heißt das nicht, dass alle wirtschaftlichen Aktivitäten in diesem Wirtschaftszweig oder dieser Wertschöpfungskette an einem oder zwei Orten im Ruhrgebiet konzentriert werden müssen, sondern lediglich wichtige Steuerungs- und Dienstleistungsaktivitäten – also unter anderem Forschungs- und Entwicklungseinrichtungen, spezielle Bildungs- und Ausbildungseinrichtungen, zentrale Infrastrukturen und hochwertige Dienstleistungsunternehmen. Von diesen Steuerungs- und Dienstleistungsaktivitäten können alle Unternehmen und alle anderen einschlägigen Akteure der Region und ihres Umlandes profitieren. Mit diesen Knoten können an anderen Standorten komplementäre Dienstleistungen verknüpft werden. Diese Strategie erläutern wir im Folgenden an einigen Beispielen.

Das erste Beispiel ist die *Gesundheitswirtschaft*, deren Bedeutung bereits skizziert wurde. Die Gesundheitswirtschaft gilt zu Recht als eine der zukunftsträchtigen Branchen im Ruhrgebiet. Diese Erkenntnis hat allerdings zur Folge, dass auch gleich mehrere Städte große Pläne mit der Gesundheitswirtschaft haben. Das führt nach der oben dargestellten Logik dazu, dass am Ende keine der Städte ein starker Standort mit der Chance einer Clusterbildung ist – und dass die Chance des Ruhrgebiets, in der Gesundheitswirtschaft eine international führende Rolle zu spielen, vertan wird. Von der Bündelung und Konzentration könnte zudem erheblich der vor einiger Zeit gegründete Gesundheitscampus NRW in Bochum profitieren, der es bislang nicht geschafft hat, nationales, geschweige denn internationales Profil aufzubauen.

Für die gerade in diesem Bereich dringende Knotenbildung und Vernetzung bieten sich zwei unterschiedliche Entwicklungslinien an. Die eine Entwicklungslinie bezieht sich auf Medizin und Medizintechnik, die zweite auf Güter und Dienstleistungen für den Massenkonsum. Naheliegender Ausgangspunkt für die erste Entwicklungslinie sind die Universitätskliniken der Ruhr-Universität *Bochum* und der Universität Duisburg-*Essen*. Wenn es gelingen würde, die Möglichkeiten und Potenziale dieser beiden Kliniken durch Kooperation oder Zusammenführung zu bündeln und zwischen ihnen eine klare Arbeitsteilung zu etablieren, könnten sie zum Kern einer medizinisch und technisch international ausstrahlenden Gesundheitswirtschaft im Ruhrgebiet werden. Dazu müsste das Land auch die Mittel, die es für medizinische Forschung und Entwicklung im Ruhrgebiet verwendet, weitgehend auf diese beiden Kliniken konzentrieren. Damit könnte ein international herausragendes forschungs- und technologieintensives Universitätsklinikum entwickelt werden, von dem das Ruhrgebiet gleich doppelt profitieren könnte. Erstens wäre dieses Klinikum ein attraktiver Standortvorteil für viele

Unternehmen und Einrichtungen der Medizintechnik, der Biomedizin und der Pharmazeutik. Zweitens würden auch die naturwissenschaftlichen Fachbereiche aller drei Ruhrgebietsuniversitäten gewinnen.

Das an den starken Universitäten erzeugte Wissen könnte durch das ausgebaute Fachhochschulnetz rasch in die Region und ihr Umfeld, vor allem auch in die mittelständische Wirtschaft, verbreitet werden. Auf diese Weise könnte aus MedEcon Ruhr wirklich ein internationales Spitzencluster werden. Um dieses Spitzencluster herum könnte sich an vielen Orten des Ruhrgebiets ein breites Spektrum weiterer gesundheitswirtschaftlicher und gesundheitsnaher Aktivitäten entwickeln, die sich zum Teil auch internationalisieren ließen. Darüber hinaus könnten viele der Kliniken im Ruhrgebiet als Lehrkrankenhäuser an das starke Universitätsklinikum angebunden werden und so von einem guten medizinischen Nachwuchs und von den Forschungsergebnissen des Klinikums profitieren, so dass auch die klinische Versorgung im Ruhrgebiet insgesamt ein hohes Niveau erreichen würde. Zudem könnten manche der Kliniken komplementäre Angebote zu den Universitätskliniken, etwa in der Komplementärmedizin, der Gerontologie oder der Präventivmedizin, unterbreiten. Über die Entwicklung *eines systematischen Wissenstransfers* könnte das Wissen aus den Kliniken rasch an viele Arztpraxen und andere medizinische Versorgungseinrichtungen weitergegeben werden. Dadurch würde im Ruhrgebiet eine erstklassige medizinische Versorgung geschaffen. Das wäre für das Ruhrgebiet ein großer Standortvorteil, weil gerade für das qualifizierte Personal, das man für eine innovative und wettbewerbsfähige Wirtschaft benötigt, eine sehr gute medizinische Versorgung einen wichtigen Faktor seiner Lebensqualität darstellt.

Mit der ersten Entwicklungslinie ließe sich eine zweite verbinden, die auf den *Massenkonsum* von Gütern und Dienstleistungen für Gesundheit und Wellness ausgerichtet ist. Wie wir am Anfang dieses Kapitels schon erwähnt haben, leben im Ruhrgebiet und seinem weiteren Umland knapp 10 Millionen Menschen. Das macht das Ruhrgebiet prinzipiell zu einem starken Markt für Konsumgüter. Das beweist das CentrO mit seinen jährlich über zwanzig Millionen Besuchern. Dieses große Marktpotenzial könnte man auch für die Gesundheitswirtschaft nutzen. Die Gesundheitswirtschaft stellt viele Güter und Dienstleistungen bereit, die für den Massenkonsum und den Einzelhandel geeignet sind. Wenn wir uns an der Gesundheitsdefinition der Weltgesundheitsorganisation orientieren, ist Gesundheit ein Zustand des vollständigen physischen, mentalen und sozialen Wohlbefindens. In dieser Sicht umfasst der auf Endverbraucher ausgerichtete Gesundheitsmarkt neben medizinischen oder medizinnahen Leistungen auch Ernährung, Wellness, Fitness, Sport, Freizeit, Erlebnis und Wohnen. Zudem weist er auch touristische, kulturelle und ökologische Segmente auf. Das in diesem breit definierten Markt enthaltene Potenzial kann man für das Ruhrgebiet nur dann ausschöpfen, wenn es einen *herausragenden Marktplatz für das gesamte Ruhrgebiet* gibt.

Das Wort Marktplatz ist dabei auch wörtlich gemeint: Es muss einen Ort geben, an dem in fußläufigen Entfernungen ein breites Angebot an unterschiedlichen Gütern und Dienstleistungen vorhanden ist, das insbesondere auch solche Güter und Dienstleistungen umfasst, welche die Konsumenten in ihrem alltäglichen Einkaufsumfeld nicht angeboten erhalten. Es muss einen, vielleicht zwei Orte geben, die im auf den Endverbraucher orientierten Gesundheitsmarkt die Funktion des Zentrums für das ganze Ruhrgebiet übernehmen. Obwohl ein oder zwei solche Marktplätze ohne Zweifel Kunden aus anderen Städten des Ruhrgebiets anziehen werden, profitiert davon die Gesundheitswirtschaft der ganzen Region. Das gilt nicht nur, weil der Marktplatz (oder die zentralen Marktplätze) von allen einschlägigen Unternehmen im Ruhrgebiet genutzt werden kann, sondern vielmehr, weil sich dieser Platz (oder diese beiden Plätze) mit großer Wahrscheinlichkeit zu einem *Leitmarkt für die gesamte endverbraucherorientierte Gesundheitswirtschaft* entwickeln wird. Auf einem Leitmarkt werden *frühzeitig Trends* sichtbar und können *frühzeitig Erfahrungen mit neuen Produkten* gesammelt werden. Das fördert nicht nur die Innovationsfähigkeit der bereits im Ruhrgebiet ansässigen Unternehmen der endverbraucherorientierten Gesundheitswirtschaft, sondern zieht auch weitere Unternehmen in die Region. Solche Marktplätze können im Ruhrgebiet nur an wenigen Orten mit guten wirtschaftlichen Aussichten entwickelt werden. Sie müssen nicht nur aus dem Ruhrgebiet und vor allem aus seinem Umland gut erreichbar sein, sondern jetzt schon ein gutes Angebot in Sachen Freizeit, Erlebnis und Gastronomie haben.

Mit der gleichen Philosophie kann man auch versuchen, die *Stadtzentren* im Ruhrgebiet zu *attraktiveren Einkaufsorten* zu machen, um statt Einkaufen auf ehemaligen Brachen wieder urbanes Einkaufen zu etablieren. Dazu muss man jedoch zwischen den Städten ein Stück *Arbeitsteilung im Hinblick auf die oberen Marktsegmente*, den Segmenten für höherwertige Konsumgüter und konsumentenbezogene Dienstleistungen, etablieren. Für die unteren Marksegmente ist die lokale Kaufkraft oft ausreichend. Konkurrenz zwischen Städten ist in diesen Segmenten wenig zu erwarten, wenn man die Entwicklung von großen Einkaufszentren durch die Regionalplanung auf ein vernünftiges Maß begrenzt. Die oberen Marktsegmente erfordern Einzugsgebiete, welche deutlich größer sein müssen als das, was die einzelnen Städte im Ruhrgebiet bieten. Deshalb müssten jeweils bestimmte obere Segmente in einer Stadt für das ganze Ruhrgebiet konzentriert werden, so dass an diesem Ort die gesamte Kaufkraft des Ruhrgebiets und seines Umlandes für das jeweilige Marktsegment konzentriert würde. Damit könnte das Ruhrgebiet insgesamt zu einem attraktiven Einkaufsort für die unterschiedlichsten Bedürfnisse und Käufergruppen werden.

Für Essen läge beispielsweise eine Spezialisierung auf hochwertige Designprodukte nahe, weil dadurch auch die Entwicklung der ehemaligen Zeche Zollverein zu einem Standort für die Designindustrie gefördert würde. Dieser Standort braucht einen starken, überregional ausstrahlenden Markt in seinem Umfeld, sonst ist er für Designer, die Produkte für Endverbraucher gestalten, wenig attraktiv. In Bochum könnte man die Attraktivität des Bermudadreiecks nutzen und gleichzeitig durch einen überregional ausstrahlenden Marktschwerpunkt für Jugendprodukte steigern. Einen solchen Markt benötigt das Ruhrgebiet in Anbetracht der demografischen Entwicklung dringend, um jungen Menschen zu signalisieren, dass das Revier auch ihnen viel zu bieten hat. Umgekehrt legt die demografische Entwicklung es nahe, auch einen oder zwei überregional ausstrahlende Marktplätze für die „Silberökonomie", für Güter und Dienstleistungen für ältere Menschen zu entwickeln. Dortmund könnte zum zentralen Marktplatz für Sport und Freizeit werden, Gelsenkirchen oder Duisburg könnten hochwertige Angebote für türkische Produkte bieten, in Hattingen und Recklinghausen ließen sich starke Marktsegmente für biologische Lebensmittel entwickeln. Wir wollen diese Liste nicht weiter fortsetzen, sondern noch einmal das entscheidende Prinzip hervorheben: *Keiner der besonderen Marktplätze würde den anderen Städten erhebliche Verluste zufügen, weil jeder von ihnen Marktsegmente abdeckt, die sich ansonsten im Ruhrgebiet gar nicht erst entwickeln können.* Da sich an solchen herausragenden Marktplätzen gerne auch Dienstleistungen für den Handel ansiedeln, entwickeln sich die Plätze zu Knoten für die Region. Davon profitieren auch Geschäfte und andere Unternehmen in der ganzen Region.

Im Rahmen einer funktionalen Differenzierung kann man Gelsenkirchen zusammen mit Bottrop zu einem Knoten für *Energieeffizienz* entwickeln, der für die ganze Region Vorteile bringt. Gelsenkirchen erfreut sich in den Medien großer Beliebtheit als Beispiel einer Stadt, der es schlecht geht und in der sich die Perspektivlosigkeit in weiten Teilen des Ruhrgebiets gut darstellen lässt. Tatsächlich hat Gelsenkirchen unter dem Strukturwandel später, aber dafür auch heftiger gelitten als die Städte in der Hellweg-Zone. Nicht zu bestreiten ist wohl auch, dass die Vision der Solarstadt Gelsenkirchen – wo in den Hochglanzbroschüren statt der 1000 Feuer im Montanzeitalter nun 1000 Sonnen eines neuen ökologischen Zeitalters brennen sollen – sich bisher in weiten Teilen eher als Illusion denn als realistische Zukunftsperspektive erwiesen hat. Aber gerade Gelsenkirchen ist ein gutes Beispiel dafür, dass sich Visionen durchaus realisieren lassen, wenn man sie konsequent verfolgt und dazu die vorhandenen Stärken und Probleme systematisch nutzt. Wenn Solarstadt verstanden wird als ein Schwerpunkt für erneuerbare Energien, dann hat Gelsenkirchen durchaus eine Zukunft. Es gibt in diesem Bereich eine ganze Reihe von innovativen Unternehmen. BP unterhält in Gelsenkirchen eine Raffinerie, in der auch Biokraftstoffe erforscht und verarbeitet werden können. Die Fachhochschule Gelsenkirchen kann in Sachen Energie sowie Ver- und Entsorgung viel Kompetenz vorweisen, die sich im Zusammenspiel mit umliegenden Hochschulen auch noch erheblich ausweiten ließe. Zudem gibt es interessante Musterprojekte für erneuerbare Energien. Auch Bottrop gehört zu den Städten, die spät, aber heftig unter dem Strukturwandel gelitten haben und immer noch leiden. Durch den Gewinn des Innovation City-Wettbewerbs des Initiativkreises Ruhr hat die Stadt aber auch neue Chancen und Perspektiven erhalten. Sie verfügt ebenfalls über interessante Potenziale. Wenn das, was in beiden Städten an Potenzialen vorhanden ist, konkurrierend eingesetzt wird, hat keine der beiden Städte eine Chance, zu einem international ausstrahlenden Knotenpunkt in Sachen Energieeffizienz zu werden; durch eine Bündelung dagegen schon.

Das Thema Energieeffizienz ist eines der Themen, das man in jeder Stadt der Region umsetzen kann, ohne dadurch die Entwicklungen in anderen Städten zu beschädigen. In den nächsten Jahren werden zunächst für öffentliche Gebäude, dann auch für andere schärfere europäische Standards für Energieeffizienz wirksam. Damit wird ein großes Sanierungsprogramm angestoßen, das man gerade im Ruhrgebiet nutzen kann, um ein international ausstrahlendes Cluster Energieeffizienz zu entwickeln. Der Weg dazu geht über eine rasche Umstellung von öffentlichen und privaten Gebäuden in Städten des Ruhrgebiets auf hohe Energieeffizienz. Diese Umstellung kann als Vehikel für eine schnelle und breite Diffusion innovativer Verfahren zur Steigerung der Energieeffizienz und zur Entwicklung eines entsprechenden Kompetenzfeldes genutzt werden. Die rasche Umstellung öffentlicher Gebäude geht in Anbetracht der Haushaltslage der Ruhrgebietsstädte nur über innovative Finanzierungsverfahren, insbesondere über *Energie-Contracting oder* über *Erbbaurechte*. Energie-Contracting funktioniert einfach ausgedrückt so, dass ein Investor die Finanzierung der Sanierung übernimmt (ohne dass ihm Gebäude übereignet werden) und die jeweilige Stadt oder der jeweilige Privatkunde über eine vereinbarte Zeit die bisherigen Energiekosten an den Investor bezahlt. Der Investor erwirtschaftet sein investiertes Kapitel und seinen Gewinn aus der Differenz zwischen den Energiekosten vor und nach der Sanierung. Er hat also ein großes Interesse an einer wirksamen und nachhaltigen Sanierung. Bei Erbbaurechten übereignen Städte die Grundstücke der zu sanierenden Gebäude (nicht die Gebäude selbst) für einen längeren, aber befristeten Zeitraum an einen Investor und zahlen diesem Erbbaupacht. Mit den Verkaufserlösen kann die Sanierung finanziert werden, der Pachtzins kann ganz oder größtenteils aus Einsparungen bei den Energiekosten erwirtschaftet werden. Bei beiden Modellen setzt der Erfolg allerdings nicht nur eine gute Qualität bei der erstmaligen Sanierung, sondern auch eine kontinuierliche Wartung der Gebäude voraus. Das lässt sich in aller Regel nur mit Handwerksbetrieben und anderen kleinen und mittleren Unternehmen vor Ort sicherstellen, was der lokalen Wirtschaft Wachstumsimpulse vermittelt.

Allerdings muss man dafür sorgen, dass diese Betriebe und Unternehmen auch jederzeit auf dem neuesten, breit anwendbaren Stand der Technik sind und ihre Mitarbeiterinnen und Mitarbeiter entsprechend weitergebildet werden. Man braucht also effiziente Wissensnetze zwischen den jeweiligen Unternehmen und den Hochschulen und Bildungseinrichtungen im Ruhrgebiet. Deshalb ist es sinnvoll, in jeder Stadt zusammen mit Unternehmen, Hochschulen und anderen Forschungs- und Entwicklungseinrichtungen, Bildungseinrichtungen, Kammern und anderen Akteuren ein *Mini-Cluster für Energieeffizienz* aufzubauen. Diese Mini-Cluster kann man über geeignete Knoten miteinander vernetzen, so dass sie sich zusammen sogar zu einem international ausstrahlenden Cluster entwickeln können.

Ein letztes Beispiel: Das Ruhrgebiet hat eine sehr gut ausgebaute *Theater- und Museumslandschaft*, deren Häuser teilweise überregional ein hohes Ansehen besitzen. Es gibt immer wieder Experten, Finanzpolitiker und andere Personen, die argumentieren, dass in der Theaterlandschaft weniger mehr wäre. In deren Sicht sollten einige Theater (und andere kulturelle Einrichtungen) geschlossen und dafür die anderen besser ausgestattet werden. Das passt auf den ersten Blick auch in das in diesem Kapitel immer wieder vorgetragene Konzentrationsargument. Dennoch greift die Idee einer Konzentration auf wenige, dafür erstklassige Häuser hier zu kurz, weil sie die massiven Verluste an Lebens- und Standortqualität übersieht, die mit dem Schließen wichtiger Kultureinrichtungen einhergehen – und die gerade dann besonders ins Gewicht fallen, wenn man im Ruhrgebiet gleichzeitig eine Kreativwirtschaft entwickeln will.

Viel besser wäre hier eine pfiffige Arbeitsteilung. Diese kann, wenn wir uns auf die Opernhäuser beziehen, sicher nicht darin bestehen, dass die Dortmunder Oper nur Mozart, das Musiktheater im Revier nur Belcanto und das Aalto-Theater nur zeitgenössische Opern spielt. Sie könnte aber darin bestehen, dass jede Oper im Revier eine besondere Kompetenz pflegt und zur Spitze entwickelt. Jedes Haus würde auf der Basis seiner besonderen Kompetenz in jeder Saison ein Stück produzieren, das international ausstrahlen kann. Diese Stücke könnten die Häuser untereinander *austauschen*, so dass jedes Haus seine Produktionsmittel auf wenige Stücke konzentrieren könnte. Allerdings ist der Austausch von Stücken nicht ganz einfach, sondern mit erheblichen bühnentechnischen und organisatorischen Problemen verbunden. Diese Probleme lassen sich aber sicher durch innovative Lösungen, etwa durch flexible Gestaltungsformen für das Bühnenbild oder eine Flexibilisierung der Bühnentechnik, überwinden. Mit einer solchen Strategie kann man die Theater- und Kulturlandschaft des Ruhrgebiets zu einem Netz ausbauen, in dem jedes Haus in einem bestimmten Bereich einen international ausstrahlenden Knoten bilden würde. Damit könnte das bereits gute kulturelle Angebot des Ruhrgebiets so gesteigert werden, dass dieses Angebot in mehreren Bereichen nicht nur mit der Entwicklung an der Spitze mithalten, sondern diese Entwicklung selber auch mitgestalten kann.

Wenn man das Ruhrgebiet in dieser Weise systematisch betrachtet, wird man *viele weitere interessante Ansätze für eine funktionale Differenzierung* finden, deren systematische Nutzung dazu führt, dass sich im Ruhrgebiet im Laufe einiger Jahre eine Situation herausbildet, in der jede oder fast jede Stadt und jeder Kreis im Ruhrgebiet in einem oder mehreren Wirtschaftszweigen die Zentrumsfunktion ausübt.

4.3 Die schwierige Realisierung eines klaren Lösungswegs

Die Bildung funktional differenzierter, aber vernetzter Wirtschaftsstrukturen ist für die Entwicklung der wirtschaftlichen Potenziale des Ruhrgebiets wichtig, weil sich im gegenwärtigen Zustand die Städte und ihre Wirtschaftsförderung immer wieder *wechselseitig* bei der wirtschaftlichen Entwicklung *behindern*, statt ihre Potenziale gemeinsam in die Waagschale des internationalen Wettbewerbs zu legen. Sie ist aber auch unabdingbar, um aus dem Ruhrgebiet tatsächlich eine moderne Metropole zu machen. Die Einsicht in die Notwendigkeit funktionaler Differenzierung macht Letztere aber nicht einfacher. Die Akteure des Ruhrgebiets müssen viel Neuland betreten, um einen theoretisch klaren, aber praktisch schwierigen Lösungsweg zu realisieren.

Die *funktionale Differenzierung*, die wir in anderen polyzentrischen Metropolen beobachten können, ist über viele Jahrzehnte oder gar Jahrhunderte *gewachsen*. Die Idee einer funktionalen Differenzierung von Räumen kann man zwar schon in mittelalterlichen Städten beobachten, in denen es für jedes Handwerk eine eigene Gasse gab. Das ist jedoch bestenfalls eine, sicher nicht die wichtigste Wurzel der räumlichen Struktur funktionaler Differenzierung von modernen Städten und Agglomerationen. Diese Struktur dürfte in aller Regel das Ergebnis einer größeren Zahl von Faktoren und Entscheidungen sein, die teilweise systematisch begründet, zum Teil eher zufällig waren. Systematische Faktoren sind unter anderem lokale Standortvorteile, wie die Lage an einem Fluss und die Verfügbarkeit großer Flächen, oder öffentliche Regelungen, wie Verbannung von Vergnügungsaktivitäten aus dem Stadtzentrum. Eher zufällige Faktoren sind die Verbundenheit von Unternehmern mit bestimmten Orten oder eine Erfindung, die aus einem kleinen Unternehmen ein großes macht. Schon wenn man versucht, konkrete Differenzierungsprozesse an konkreten Orten im Nachhinein zu rekonstruieren und die sie auslösenden oder fördernden Bedingungen im Nachhinein zu identifizieren, stößt man oft auf große Probleme. Noch viel schwieriger ist es, Differenzierungsprozesse von vornherein zu planen und die dafür notwendigen und möglichen Stellschrauben zu bestimmen.

Um eine funktionale Differenzierung zu entwickeln, müsste in einem ersten Schritt festgelegt werden, in welchen Wirtschaftsbereichen und an welchen Orten welche Schwerpunkte aufgebaut werden sollen und wer in die jeweiligen Netze einbezogen werden muss. Eine solche „Stärken-Schwächen-Analyse" ist zunächst eine politische Entscheidung. Prinzipiell könnte das Land im Rahmen seiner Strukturpolitik eine solche Entscheidung treffen. Schon aus Gründen unzureichender Information wäre aber die Landesregierung (und jede andere Instanz) damit wahrscheinlich überfordert, weil es einfach zu viele Akteure gibt, deren Interessen und Kompetenzen sie kennen müsste. Zudem könnten die wichtigen Akteure die aus ihrer Sicht aufgezwungenen Pläne hintertreiben. Der gegenteilige Weg wäre, die Schwerpunktbildung und eine regionale Arbeitsteilung von unten, also aus den Städten und Kreisen heraus, spontan zu entwickeln. Die Erfahrungen mit der *praktischen Handhabung des Kompetenzfeldansatzes* der ehemaligen Projekt Ruhr GmbH machen jedoch deutlich, dass die Kommunen zumeist nicht in der Lage sind, erstens für sich selber Schwerpunkte zu finden, in denen sie wirklich ausreichende Kompetenzen und Chancen haben und auch die relevanten Akteure mobilisieren können, und dass sie zweitens auch nicht in der Lage waren, sich untereinander auf die Arbeitsteilung zu verständigen. Auch die geringen Erfolge der in vielen Städten des Ruhrgebiets eingerichteten Räte und Gremien, die Konzepte für die Entwicklung ihrer Stadt bis 2020, 2030 oder sonst ein Jahr erarbeiten sollen, machen deutlich, wie schwierig es ist, kommunale Schwerpunkte zu definieren und zu realisieren.

Die Entwicklung einer sinnvollen Arbeitsteilung zwischen den Städten und Kreisen des Ruhrgebiets stellt also eine große Herausforderung dar – eine Herausforderung, die in den bisherigen Strukturen der Strukturpolitik und der Wirtschaftsförderung nicht bewältigt werden kann. Das hört sich zunächst wie eine bittere Einsicht an, aber eben diese Einsicht benötigt man, um den Schlüssel zur Lösung des Problems zu finden: *Funktionale Differenzierung* kann man nur *über Köpfe und Kommunikation* schaffen. Funktionale Differenzierung muss für die relevanten Akteure und die öffentliche Diskussion in Form von konkreten, realisierbaren Leitbildern existieren. Konkrete, realisierbare Leitbilder kann man jedoch nur über einen intensiven Diskussionsprozess schaffen, der Kreativität und die Suche nach Lösungen jenseits der bekannten Trampelpfade fördert. Die oben angesprochenen Erfahrungen im Ruhrgebiet machen allerdings deutlich, dass solche Prozesse nicht leicht zu organisieren sind. Das gilt umso mehr, als die Diskussion um ein tragfähiges Leitbild für die funktionale Differenzierung des Ruhrgebiets breit angelegt sein muss, um alle relevanten Akteure frühzeitig einzubinden. Kreativität und breite Diskussion und Verständigung passen schwer zusammen. Nicht nur im Ruhrgebiet kommt eine breite Verständigung in aller Regel am ehesten auf dem kleinsten gemeinsamen Nenner aller Akteure zustande – was mit Kreativität nichts zu tun hat.

Allerdings kann man gerade im Ruhrgebiet bei der Organisation eines breit angelegten und intensiv diskutierten Projektes zur funktionalen Differenzierung auf den positiven und negativen Erfahrungen mit der Internationalen Bauausstellung Emscher Park und der Kulturhauptstadt Ruhr.2010 aufbauen. In beiden Fällen wurden viel Kreativität mobilisiert und viele neue Ideen oder Lösungen gesammelt. Es wurden viele Akteure einbezogen und dabei auch Akteure miteinander vernetzt, die bisher wenig miteinander zu tun hatten. Beide Projekte, vor allem die Kulturhauptstadt Ruhr.2010, zeichneten sich dadurch aus, dass sie *nicht nur Experten und Funktionsträger*, sondern *breitere Schichten der Bevölkerung* einbezogen – zumindest in Form von öffentlichen Diskussionen, gerade bei der Kulturhauptstadt aber auch in Form einer aktiven Beteiligung. Beide Projekte waren nicht nur Ereignisse in einem kurzen Zeitraum, sondern längere Prozesse. Bei beiden war nicht nur das Ziel wichtig, sondern auch der Weg dahin. Sie wollten nicht nur Ereignisse produzieren, sondern über die Produktion der Ereignisse zu neuen Einsichten verhelfen, Kreativität entfesseln und Engagement für das Quartier, die Stadt und die Region auslösen. *Der Weg selber war also ein wichtiges Ziel.* Selbstverständlich blieb das oft ein Ideal, das nur annäherungsweise erreicht werden konnte. Ebenso selbstverständlich wurden bei beiden Projekten auch Fehler oder Misserfolge erzielt. Aber auch diese Fehler und Misserfolge sind Stoff zum Lernen und stärken den Vorbildcharakter der Internationalen Bauausstellung und der Kulturhauptstadt Ruhr.2010.

Eine wichtige Rolle spielten bei beiden Projekten die externen Rahmenbedingungen, die *starke Anreize für eine Kooperation* boten. Bei der IBA waren es öffentliche Mittel, bei Ruhr.2010 neben öffentlichen Mitteln vor allem der Wettbewerb mit anderen Städten in Europa. Wettbewerbe haben auch in anderen Fällen, so beim Projekt Innovation City des Initiativkreises Ruhrgebiet oder bei den Bundeswettbewerben BioRegio und Gesundheitsregion, eine Rolle gespielt. Die zuletzt genannten Wettbewerbe fordern von Regionen, dass sie im Zusammenspiel von Unternehmen, Hochschulen und anderen Einrichtungen Konzepte für die Herausbildung eines biotechnologischen oder gesundheitswirtschaftlichen Clusters entwickeln. Die Gewinner des Wettbewerbs erhalten erhebliche Bundesmittel, mit denen sie die Umsetzung ihrer Konzepte vorantreiben können. Auch hier gilt, dass der Weg schon ein wichtiges, wenn nicht das wichtigste Ziel ist. Um überzeugende und in sich stimmige Konzepte zu entwickeln, müssen die regionalen Akteure *kooperative Netzwerke* bilden, welche *für alle Beteiligten einen Nutzen* bringen. Diese Netze haben oft auch dann Bestand, wenn die Region den Bundeswettbewerb nicht gewinnt. Ganz ähnlich funktioniert der Wettbewerb Innovation City. Auch wenn aus diesem Wettbewerb am Ende nur eine Stadt, Bottrop, als formaler Sieger hervorging, können auch die anderen Wettbewerbsteilnehmer gewinnen, wenn es ihnen gelungen ist, unterschiedliche Akteure aus Wirtschaft, Wissenschaft, Politik und anderen Bereichen zusammenzubringen und mit ihnen ein erfolgreiches Konzept zu entwickeln. Damit haben sie eine Grundlage geschaffen, mit der sie anspruchsvollere Innovationsprojekte auch ohne die formale Unterstützung des Initiativkreises auf den Weg bringen können.

Aus solchen Erfahrungen und Vorbildern kann man ein Modell für ein erfolgversprechendes Programm zur Entwicklung einer funktionalen Differenzierung des Ruhrgebiets entwickeln. Das Programm soll auf zwei Säulen stehen. Die erste Säule soll ein Wettbewerb zur Entwicklung von lokalen Wachstumspolen mit regionalen Akteuren sein. Die zweite Säule soll die Ergebnisse dieses Wettbewerbs und ihre Realisierung durch Ereignisse und Ausstellungen sichtbar machen.

In diesem Wettbewerb, wie wir ihn hier vorschlagen, kann man eine Steuerung „von oben" in unterschiedlicher Weise mit Initiativen „von unten" verknüpfen. Eine Möglichkeit besteht darin, dass das Land (oder ein Akteur, wie der Initiativkreis Ruhrgebiet) einen generellen Rahmen vorgibt, innerhalb dessen die Städte des Ruhrgebiets Konzepte für die Entwicklung eines Wachstumspols vorlegen, die durch eine kompetente und unabhängige Jury bewertet werden. Die Konzepte, die von der Jury positiv bewertet werden, erhalten dann die notwendige Förderung für ihre Realisierung. Diese Förderung muss nicht oder nicht nur aus staatlichen Mitteln bestehen, sondern kann, wie das bei Innovation City der Fall ist, auch aus der Unterstützung durch große Unternehmen und andere starke Akteure bestehen. Bei allen möglichen Varianten müssen die Rahmenbedingungen so gestaltet werden, dass sie *starke Anreize für die Vernetzung* der jeweiligen Wachstumspole mit Akteuren, insbesondere Unternehmen, in anderen Städten schaffen. Darüber hinaus sollten die Rahmenbedingungen eine große Offenheit und breite Beteiligungsmöglichkeiten sicherstellen. Der Wettbewerb müsste so aufgemacht werden, dass er für kreative Menschen aus der Region und weit darüber hinaus attraktiv wird. Dazu muss er aber auch sichtbar sein.

Für eine *hohe Sichtbarkeit* soll die zweite Säule sorgen, die für den Wettbewerb einen Rahmen, wie die Kulturhauptstadt Ruhr.2010 oder die Internationale Bauausstellung Emscher Park (IBA), schafft. Dieser Rahmen soll aus realen Ereignissen und Ausstellungen bestehen, in denen Differenzierungsprojekte dargestellt und fassbar werden. Gerade eine Region, die eine Metropole des 21. Jahrhunderts werden will, muss aber auch die vielfältigen Möglichkeiten der Medienwelt des 21. Jahrhunderts nutzen. Mit diesen Möglichkeiten kann man Differenzierungsprojekte nicht nur sichtbar machen, sondern man kann auch interaktive Beteiligungsmöglichkeiten bieten. Bei der kontinuierlichen Präsentation des Wettbewerbs und seiner Ergebnisse sowie der Umsetzung dieser Ergebnisse ist viel Kreativität gefragt – insofern könnte die zweite Säule auch als Chance für die Entwicklung der Kreativwirtschaft gestaltet werden.

4.4 Kreativ- und Kulturwirtschaft Ruhr

Die Realisierung der Vision, im Ruhrgebiet eine Kreativwirtschaft zu entwickeln, kann zum Musterbeispiel für eine vernünftige Profilierung und funktionale Differenzierung der Wirtschaft im Ruhrgebiet werden. Gegenwärtig markiert diese Vision eher das Gegenteil einer Zukunftsperspektive, nämlich das übliche Muster der Strukturpolitik im Ruhrgebiet. Es wird das zur Vision des Ruhrgebiets erklärt, was gerade Mode ist und was viele andere Städte in Deutschland – von denen manche bessere Voraussetzungen aufweisen – auch wollen, nämlich eine Kreativwirtschaft. Dabei hat das Ruhrgebiet auch *keine Vision von Kreativwirtschaft, die sich deutlich von der Vision anderer Regionen unterscheidet* und die auf die spezifischen Bedingungen des Ruhrgebiets zugeschnitten ist. Mit „seiner“ Vision Kreativwirtschaft gerät das Ruhrgebiet also in harte Konkurrenz zu vielen anderen, oft besser aufgestellten Städten. Statt die Kräfte im Ruhrgebiet zu bündeln, um dennoch im interregionalen Wettbewerb um die Kreativwirtschaft mit einiger Aussicht auf Erfolg bestehen zu können, gibt es im Ruhrgebiet wieder einmal die übliche Konkurrenz zwischen Städten.

Es existieren inzwischen verschiedene, zum Teil widersprüchliche Modelle der *Kultur- und Kreativwirtschaft*. In Deutschland wurde im Jahr 2009 mit einem Beschluss der Wirtschaftsministerkonferenz der Länder der Diskussion ein (vorläufiges) Ende gesetzt. Durchgesetzt hat sich ein Modell, in dem die Kultur- und Kreativwirtschaft insgesamt elf Teilmärkte umfasst. Diese sind Musikwirtschaft, Buchmarkt, Kunstmarkt, Filmwirtschaft, Rundfunkwirtschaft, Markt für darstellende Künste, Designwirtschaft, Architekturmarkt, Pressemarkt, Werbemarkt, Software/Games-Industrie und „Sonstiges“. Das Zusammenfassen dieser Teilmärkte unter das Dach Kultur- und Kreativwirtschaft blendet allerdings beträchtliche Unterschiede, welche die einzelnen Teilbereiche aufweisen, aus. So gibt es Bereiche, in denen viele Klein- und Kleinstunternehmen tätig sind (zum Beispiel Kunsthandwerk), sowie Teilbereiche, in denen große, international agierende Unternehmen und Konzerne das Marktgeschehen maßgeblich beeinflussen. In einigen Bereichen kann nahezu jeder, der sich dazu berufen fühlt, als freischaffender bildender Künstler seinem Tagwerk nachgehen, in anderen Kreativbranchen ist die Marktteilnahme dagegen reguliert: Um als Architekt arbeiten zu können, müssen bestimmte Berufs- und Qualifikationsnachweise erbracht werden. Wer also die Kultur- und Kreativwirtschaft fördern möchte, muss sehr genau die einzelnen Bedarfe und Möglichkeiten der Teilsegmente analysieren.

Auch die oftmals formulierte Annahme, Kultur- und Kreativwirtschaft seien ein wichtiger Wachstumsmotor für die zukünftige wirtschaftliche Entwicklung, da die Zahl der in ihr Erwerbstätigen zwischen den Jahren 2003 und 2008 um ca. 70.000 auf nun insgesamt ca. 1 Millionen Personen gewachsen und der hier erwirtschaftete Umsatz um ca. 15 Millionen Euro auf nun insgesamt 132 Millionen Euro angestiegen ist, lässt sich nicht so ohne Weiteres aufrechterhalten. Betrachtet man die Zahlen aufgeschlüsselt nach den Teilbereichen, so ist zu erkennen, dass diese teilweise sehr unterschiedliche Wachstumsraten aufweisen. Allein auf den Bereich „Software/Games“ entfallen bereits 49 Prozent des Umsatzwachstums (7.173 Millionen von 14.673 Millionen Euro) und darüber hinaus gar 95 Prozent (66.545 von 70.239 Erwerbstätigen) des Beschäftigungsanstiegs der Kultur- und Kreativwirtschaft.

Allen bislang vorgestellten Darstellungen der Kultur- und Kreativwirtschaft (oder ähnlich bezeichneten Branchen) ist eines gemein: Als ihr Zentrum wird jeweils ein sogenannter *kreativer Akt* angesehen. Ein derart definierter Kern bietet jedoch Angriffsfläche für Kritik: Durch eine anders gelagerte Grundauffassung davon, was als Kultur und Kreativität zu bezeichnen ist, wird das Zentrum der Modelle in Frage gestellt. Daher soll an dieser Stelle ein etwas anders gelagerter Vorschlag unterbreitet werden. In den Mittelpunkt des Modells soll nicht der künstlerische/kreative Schaffensakt gestellt werden, sondern jene *Unternehmen und sonstigen wirtschaftlichen Aktivitäten,* die einen Anziehungspunkt für weitere Kreativunternehmen bilden. In der Herausbildung von Clustern, insbesondere auch in den Kreativclustern, sind es zumeist einige wenige, regional herausragende *Anker*, um die herum sich weitere Unternehmen ansiedeln. So ist das Medien-Cluster Köln ohne die zentrale Rolle des WDR nicht zu erklären. Dieses Beispiel verdeutlicht zugleich, dass es oftmals zumindest teilweise öffentlich finanzierte Organisationen sind, die eine Magnetfunktion für die regionale Ansiedlung von kultur- und kreativwirtschaftlichen Unternehmen übernehmen.

In den verschiedenen Branchen der Kreativ- oder Kulturwirtschaft gibt es im Ruhrgebiet viele Unternehmen, die jedoch größtenteils *auf die regionale Wirtschaft und die regionalen Märkte ausgerichtet* sind. Auch die kulturellen Einrichtungen, von einzelnen Ausnahmen abgesehen, bieten zwar ein gutes Angebot, strahlen aber kaum über die jeweilige Stadt oder die Region hinaus aus. Nur wenige Unternehmen, Hochschulen und andere Einrichtungen strahlen international stark aus und diese sind auch an wenigen Orten konzentriert.

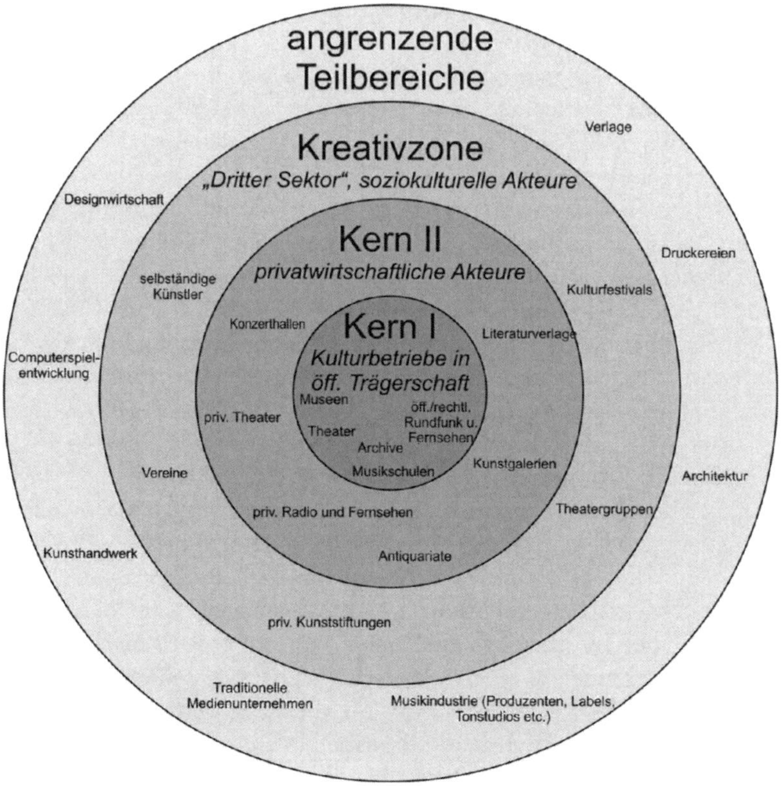

Quelle: Rolf G. Heinze/Fabian Hoose
Abbildung 27: Darstellung der Kreativwirtschaft

In den *anderen Branchen der Kreativwirtschaft* im engeren Sinn bietet Essen noch die günstigsten Voraussetzungen für die Entwicklung eines starken Wachstumspols. Essen verfügt über eine Reihe von national und international ausstrahlenden kulturellen Einrichtungen und mit der Folkwang-Hochschule über ein international anerkanntes künstlerisch-wissenschaftliches Zentrum für die Kreativwirtschaft. Schließlich hat Essen im Rahmen der Kulturhauptstadt Ruhr.2010 schon Erfahrungen mit der überörtlichen Vernetzung und Bündelung von kreativen Aktivitäten und Organisationen gesammelt, die eine Grundlage für die Entwicklung eines Clustermanagements bilden. Letzteres ist wichtig, weil die in Essen vorhandenen Potenziale im Vergleich zu den Potenzialen von „konkurrierenden" Städten, wie Hamburg, Berlin, Frankfurt oder München, nicht sehr stark sind. Die systematische Einbeziehung der Potenziale der Nachbarstädte ist deshalb eine unabdingbare Voraussetzung für die Wahrung der Chancen Essens, sich zu einem Wachstumspol der Kreativwirtschaft zu entwickeln.

Eine Erfolg versprechende Entwicklung von Essen zu einem Wachstumspol der Kreativwirtschaft bedarf allerdings einer *überzeugenden Strategie*. Eine solche ist bisher allenfalls in Ansätzen zu erkennen, etwa die Pläne zur Entwicklung der Zeche Zollverein und die Überlegungen zur Weiterführung des Kulturhauptstadtprojekts. Das, was auf Zeche Zollverein bisher gemacht oder zumindest geplant wurde, reicht sicher aus, um einen regional bedeutenden Standort der Kreativwirtschaft zu entwickeln – aber nicht zu viel mehr. Das gleiche aber gilt auch für das Dortmunder U und viele andere der Kreativwirtschaft gewidmeten Orte im Ruhrgebiet. Die Kulturhauptstadt Ruhr.2010 war ein erfolgreiches Projekt, mit dem Essen und das Ruhrgebiet weit über die Region hinaus ausgestrahlt hat – aber es war größtenteils ein „Event", ein zeitlich befristetes Ereignis, das mit einer wichtigen Ausnahme *wenig an dauerhaften Strukturen* geschaffen hat. Die wichtige Ausnahme sind die im Rahmen der Kulturhauptstadt Ruhr.2010 geschaffenen Netzwerke. Auf solchen Netzen kann man übergreifende Projekte, später vielleicht sogar ein Clustermanagement für die Entwicklung der Kreativwirtschaft, aufbauen. Betrachtet man das alles zusammen, muss man feststellen, dass das, was im Ruhrgebiet an Kreativwirtschaft vorhanden ist, nicht ausreicht, um die Kreativwirtschaft für die Region insgesamt zu einem Wachstumsmotor zu machen – die Vision, das ganze Ruhrgebiet zu einer Kreativwirtschaft zu machen, ist eine Illusion. Eine tragfähige Vision könnte jedoch dann entwickelt werden, wenn man Kreativwirtschaft nicht als eine Menge von Branchen betrachtet, sondern als ein *Modell für die gesamte Wirtschaft, insbesondere für die Industrie*. Das nennen wir im Folgenden Kreativwirtschaft im weiteren Sinn und bezeichnen damit *Arbeits- und Organisationsformen sowie Rahmenbedingungen*, welche Kreativität im Sinne der Entwicklung und raschen Nutzung von neuen Ideen über Produkte und Prozesse fördern. Kreativität ist im Kontext des Strukturwandels der Industriegesellschaft zur Wissensgesellschaft der entscheidende Faktor wirtschaftlicher Wettbewerbsfähigkeit von Unternehmen und ganzen Regionen. Wir werden diesen Wandel im sechsten Kapitel noch ausführlicher beschreiben und dort auch zeigen, dass die Chancen des Ruhrgebiets im Strukturwandel weniger in der Entwicklung von High-Tech und neuen Märkten als in der *raschen und breiten Nutzung von neuem Wissen in den etablierten Branchen und Märkten* der Ruhrgebietswirtschaft liegen.

Mit der Entwicklung einer Kreativwirtschaft im zuletzt genannten Sinn kann das Ruhrgebiet der bekannten Tatsache Rechnung tragen, dass für die Wirtschaft der modernen Wissensgesellschaft oft *nicht das Wissen* selbst der entscheidende Faktor von Wettbewerbsfähigkeit ist, *sondern die Fähigkeit, Wissen wirtschaftlich sinnvoll zu nutzen*, es also in Innovationen umzusetzen und damit Wettbewerbsvorsprünge zu erzielen. Das liegt in der Leistungsfähigkeit der modernen Wissensproduktion, die so stark und schnell geworden ist, dass das produzierte Wissen oft nicht und vor allem nicht rasch genug wirtschaftlich genutzt werden kann. Die rasche und breite Nutzung erfordert im Großen und im Kleinen viel Kreativität, also viele neue Ideen, was man mit Wissen wirtschaftlich anstellen kann, welche neuen oder besseren Produkte und Dienstleistungen man damit erzeugen kann, wie man neue Produkte rasch und möglichst reibungslos in der Produktion hochfahren kann oder neue Prozesse rasch und möglichst fehlerfrei einführen kann. Kreativität ist dabei nicht nur von Wissenschaftlern, Entwicklern und anderem akademisch qualifizierten Personal gefragt, sondern auch von den Facharbeiterinnen und Facharbeitern in der Produktion. In dieser Perspektive ist Kreativwirtschaft eine Wirtschaft, die ihre Wettbewerbsfähigkeit sowie ihre Wachstums- und Beschäftigungsimpulse dadurch erhält, dass ihre Beschäftigten auf allen Ebenen viele große und kleine Ideen zur wirtschaftlichen Nutzung von Wissen produzieren, die im Unternehmen auch positiv aufgenommen und umgesetzt werden. Das bezieht die Industrie ausdrücklich mit ein.

Aus den eben diskutierten Sachverhalten ergeben sich für das Ruhrgebiet, bezogen auf die Kreativwirtschaft, zwei Herausforderungen. Die erste Herausforderung besteht darin, ein tragfähiges räumliches Konzept für die Entwicklung der Branchen der Kreativwirtschaft zu entwickeln, die im Ruhrgebiet stark genug sind, um als Basis der Entwicklung von Wachstumspolen zu dienen. Dabei geht es zunächst darum, anstelle der sich jetzt abzeichnenden Konkurrenz zwischen Dortmund und Essen eine klare und tragfähige Arbeitsteilung zu vereinbaren. Im Rahmen dieser Arbeitsteilung müssen in beiden Städten Entwicklungskonzepte für die Kreativwirtschaft erarbeitet werden, die auch die kreativwirtschaftlichen Potenziale in anderen Städten des Reviers einbeziehen.

Die zweite Herausforderung stellt die Entwicklung eines auf die spezifischen Bedingungen des Ruhrgebiets zugeschnittenen Profils einer Kreativwirtschaft im weiteren Sinne dar. Im Rahmen eines solchen Profils müssen räumliche Stärken in bestimmten Wirtschaftszweigen oder Wertschöpfungsketten verknüpft werden mit Strategien zur Entwicklung und Verstärkung von Kreativität. Solche Strategien sollten drei Komponenten enthalten: erstens die Entwicklung von kreativitätsfördernden Arbeits- und Organisationsformen in Betrieben, zweitens die Entwicklung günstiger lokaler Umfelder für Kreativität und Innovation sowie drittens die systematische Vernetzung von Betrieben mit Hochschulen in der Region. Kreativitätsfördernde Arbeits- und Organisationsformen und günstige lokale Umfelder für Kreativität können sich am ehesten dann entfalten, wenn Betriebe und andere relevante Akteure mit realen Problemen konfrontiert sind, die viel Kreativität erfordern und deren Lösung für die Betriebe und die anderen Akteure mit greifbaren Vorteilen verbunden ist. Solche Probleme kann man auch extern – also beispielsweise durch die Strukturpolitik – vorgeben. Einen interessanten Ansatz dafür bietet das Konzept des problemlösenden Wachstums.

4.5 Ein kreativer Ansatz: Problemlösendes Wachstum

Regionale Innovations- und Wachstumsstrategien setzen üblicherweise auf die Stärken einer Region. Das ist zwar sinnvoll, führt aber dazu, dass übersehen wird, dass oft auch Probleme und Schwächen einer Region wichtige Innovations- und Wachstumspotenziale darstellen können. Das ist dann der Fall, wenn diese Probleme und Schwächen durch starke (radikale) Innovationen gelöst werden und die neuartigen Lösungen aus Gütern und Dienstleistungen bestehen, die überregional handelbar sind. Dann vermitteln die innovativen Lösungen von Problemen und Schwächen der Region der regionalen Wirtschaft Wachstumsimpulse. Wir nennen das *problemlösendes Wachstum*. Ein solches problemlösendes Wachstum hat das Ruhrgebiet in den 1970er und 1980er Jahren erlebt, als der damalige Bundeskanzler Brandt forderte, der Himmel über der Ruhr müsse wieder blau werden. Die Umsetzung dieser Forderung und die innovative Lösung der damit verbundenen Umweltprobleme haben dazu geführt, dass sich im Ruhrgebiet eine starke, auch international wettbewerbsfähige Umweltindustrie entwickelte.

Auch heute gibt es im Ruhrgebiet eine Reihe von Problemen und Schwächen, die sich für ein problemlösendes Wachstum nutzen lassen – ein problemlösendes Wachstum, das gleichzeitig auch die Kreativwirtschaft im weiteren Sinne stärkt. Ein Beispiel ist der *Verkehr*. Wie viele andere große Agglomerationen leidet das Ruhrgebiet unter Verkehrsstrukturen, die dem Bedarf nicht mehr angepasst sind und die durch einen quantitativen Ausbau auch nicht mehr an den Bedarf angepasst werden können. Hier sind also wirklich innovative Lösungen gefragt. Eine solche Lösung könnte etwa in einem öffentlichen Nahverkehrssystem bestehen, das moderne Informationstechnologie mit einem auf die Bedürfnisse und Wünsche zugeschnittenen Nutzungs- und Dienstleistungskonzept zu einem einzelkundenorientierten öffentlichen Verkehrssystem verknüpft. Ein solches System könnte fast so individuell und oft mindestens so schnell wie das Auto sein. Dazu müsste man Verkehrsachsen besser strukturieren und in kurzen Intervallen bedienen, Linien flexibilisieren und in die Bedienung der Fläche Linientaxen und Rufbusse einbeziehen. Das Ganze müsste von einem modernen Kommunikationssystem gesteuert werden, über das Kundinnen und Kunden ihre individuellen Wünsche einbringen können. Mit einem solchen System könnten die Menschen das ganze Ruhrgebiet schnell und komfortabel als eine große Stadtlandschaft nutzen und damit könnten auch Kaufkraft und andere Potenziale gebündelt werden. Das würde die Wohn- und Standortqualität des Reviers steigern. Das Ruhrgebiet wäre zudem ein internationaler *Leitmarkt* für Verkehrstechnik und Verkehrsdienstleistungen und würde damit seine bereits starke Kompetenz in der Logistik weiter ausbauen. Davon würden auch andere Branchen, insbesondere die Informations- und Kommunikationstechnologie, profitieren.

Ein zweites Problemfeld, das für ein problemlösendes Wachstum und den Aufbau einer starken Kreativwirtschaft im weiteren Sinn geeignet wäre, ist die Entwicklung der *Lebensqualität* im Ruhrgebiet. Lebensqualität ist eine entscheidende Stellschraube für die Entwicklung von starken Wachstumspolen und einer kreativen Wirtschaft. Dafür braucht man qualifizierte Menschen und diese stellen zumeist hohe Ansprüche an die Lebensqualität. Da das Ruhrgebiet in der Realität – und mehr noch in seinem Image – bezüglich seiner Lebensqualität deutlich hinter konkurrierenden Regionen zurückliegt, ist es für viele qualifizierte Fachkräfte wenig attraktiv. Das zeigt sich unter anderem darin, dass jedes Jahr viel mehr qualifizierte Arbeitskräfte aus dem Ruhrgebiet wegziehen als zuziehen. Das Ruhrgebiet verliert also Jahr für Jahr qualifizierte Fachkräfte. Das Ruhrgebiet hatte und hat zwar eine qualifizierte Arbeiterklasse, diese Arbeiterklasse schwindet jedoch durch Arbeitslosigkeit und die damit verbundene Armutsentwicklung. An ihrer Stelle wächst eine ganz andere Unterschicht heran. Akademisch ausgebildete Fachkräfte sind im Ruhrgebiet – auch als „Erbe“ des Montanzeitalters – schon traditionell schwächer vertreten als in konkurrierenden Regionen. Die wachsende Ausbildungsleistung der Ruhrgebietshochschulen ändert daran nichts Grundlegendes, weil zu viele Absolventen dieser Hochschulen das Ruhrgebiet verlassen. Wir haben schon im vorangehenden Kapitel gezeigt, dass dies ein zentrales Hemmnis für die Entwicklung einer kreativen Wirtschaft im Ruhrgebiet ist.

Das Ruhrgebiet kann jedoch für qualifizierte Menschen, insbesondere auch Personen mit akademischer Ausbildung, viel attraktiver werden, wenn es sich konsequent und sichtbar auf den Weg macht, *Defizite seiner Lebensqualität* zu beseitigen und *Stärken der Lebensqualität* zu sichern. Wichtige Defizite liegen in der Bildung, der Urbanität, der Landschaftsqualität und der Ökologie, Stärken im Kultur- und Freizeitangebot und in seiner traditionellen Offenheit, Toleranz und kulturellen Vielfalt. Eine Stärke des Ruhrgebiets könnten auch seine Probleme sein, nämlich dann, wenn man qualifizierten und kreativen Personen attraktive Möglichkeiten bietet, an der innovativen Lösung der Probleme mitzuwirken. Gut ausgebildete und qualifizierte Menschen legen, wie wir aus vielen Jahren empirischer Forschung über Werte und Wertwandel wissen, nicht nur auf die materiellen Aspekte von Lebensqualität Wert, sondern auch auf kulturelle und soziale Aspekte, wie Offenheit und Toleranz, Begegnungen mit interessanten Menschen sowie Gestaltungs- und Beteiligungsmöglichkeiten.

Während das Ruhrgebiet bezogen auf die materiellen Aspekte von Lebensqualität erhebliche Defizite aufweist, bietet es in Sachen *Offenheit, Toleranz und Vielfalt* sehr viel. Seit es sich im Zuge der Entwicklung der Montanindustrie aus einem ländlichen Raum entwickelte, war und ist es ein Schmelztiegel, in dem Menschen mit ganz unterschiedlicher Nationalität und Kultur leben und auch lernen, zusammenzuleben. Das gilt auch heute noch: Die Berichte über Integrationsprobleme von Menschen mit Migrationshintergrund, insbesondere Türkinnen und Türken, verbauen oft den Blick darauf, wie viele Menschen mit eben diesem Hintergrund sich im Ruhrgebiet gut eingelebt, eine gute Bildung und Ausbildung erworben, sich beruflich etabliert und oft auch interessante Unternehmen aufgebaut haben. Das Problem ist, dass die tatsächlichen und vermeintlichen Integrationsprobleme zu negativen Einstellungen und Verhaltensweisen gegenüber Migranten führen, welche gerade die integrierten und gut ausgebildeten Menschen mit Migrationshintergrund abstoßen und sie veranlassen, das Ruhrgebiet dann doch zu verlassen – während die Menschen, die Integrationsprobleme haben, mangels Alternativen hierbleiben. Dieser Sachverhalt stößt dann auch weitere mögliche Zuwanderer ab, die im Ruhrgebiet dringend gebraucht würden. Das alles muss aber nicht sein – das Ruhrgebiet könnte im Gegenteil mit vernünftigen Integrationsstrategien und einem kreativen Umgang mit kultureller Vielfalt zu einem für qualifizierte und begabte Menschen mit Migrationshintergrund besonders attraktiven Raum werden. Dadurch könnte das Ruhrgebiet zu einem international beachteten Beispiel bester Praxis für den Umgang mit Migrationsproblemen werden, also mit Problemen, die weltweit viele Städte und Agglomerationen schon heute beschäftigen und in den nächsten Jahren für sie zentral werden. Das werden wir im sechsten Kapitel noch konkretisieren.

Viel zu bieten hätte das Ruhrgebiet auch dann, wenn es viele Möglichkeiten eröffnet, an der Lösung seiner Probleme mitzuwirken. Das weiter oben vorgeschlagene Programm zur funktionalen Differenzierung des Ruhrgebiets kann eine ganze Reihe anspruchsvoller Projekte bieten, die für kreative Kräfte aus unterschiedlichen Bereichen und unterschiedlichen Wissens- und Erfahrungshintergründen attraktiv sind. Auch die im vierten Kapitel diskutierten Aktivitäten zur Lösung der Bildungsprobleme im Ruhrgebiet bieten kreativen Menschen attraktive Beteiligungschancen. Ein weiteres Projekt könnte eines zur nachhaltigen Verbesserung der Lebensqualität im Ruhrgebiet sein, das wir hier kurz umreißen wollen. Das Projekt heißt CultNature.

CultNature hat ein anspruchsvolles Ziel – die Umwandlung der vielen Industriebrachen und anderer Flächen in Bio-Parklandschaften, die als Entwicklungsachsen für eine neue urbane Stadtlandschaft dienen sollen. Im Ruhrgebiet gibt es eine große Zahl von Industriebrachen, die im Rahmen der gegenwärtigen Möglichkeiten auf absehbare Zeit nicht beseitigt werden können. Auch entlang von Bahnlinien und im Vorfeld von Bahnhöfen gibt es ähnliche gestörte Flächen. Als gestörte Flächen bezeichnen wir Flächen, die zwar nicht zerstört sind, aber auf denen sich weder natürliches Leben noch menschliche Aktivitäten entfalten können. Solche Flächen sind in allen Städten des Ruhrgebiets unübersehbar und prägen die Stadtbilder der Region und das Bild der Region insgesamt. Die Beseitigung von Brachen gilt deshalb schon lange als wichtiges Element der Verbesserung der Attraktivität des Ruhrgebiets. Die Internationale Bauausstellung, die Bundesgartenschau und andere öffentliche Projekte, aber auch Initiativen von Unternehmen, haben interessante Beispiele einer Transformation von Industriebrachen und anderen Flächen hervorgebracht, die zum Teil auch internationale Anerkennung gefunden haben. Diese Aktivitäten wurden jedoch bisher dadurch begrenzt, dass sie zumeist nicht wirtschaftlich, sondern nur mit öffentlichen Mitteln möglich waren. Sie waren und sind deshalb nicht geeignet für eine großflächige Beseitigung von Brachen. Die Nutzung von Flächen für die Anpflanzung von Gehölzen und Gräsern, die für die *Gewinnung von Bio-Energie oder von pflanzlichen Grundstoffen für neue Materialien, Chemikalien oder Pharmazeutika* genutzt werden können, schafft jedoch Möglichkeiten, diese Brachen und andere gestörte Flächen wirtschaftlich zu beseitigen oder zwischenzunutzen.

Die *Transformation von Brachen in Bio-Parks* soll industriepolitisch zur Entwicklung von Energietechnologien und Energiedienstleistungen im Ruhrgebiet genutzt werden. Mit der BP-Raffinerie in Gelsenkirchen, dem ARAL-Forschungszentrum in Bochum und Forschungs- und Entwicklungsaktivitäten an verschiedenen Hochschulen gibt es im Ruhrgebiet gute Grundlagen für die Entwicklung einer starken wissenschaftlichen und technischen Kompetenz für Bio-Energie. Darüber hinaus gibt es im Ruhrgebiet und seinem Umfeld eine beachtliche Zahl von Unternehmen, die einschlägige energietechnische Produkte und Dienstleistungen anbieten. Dabei handelt es sich oft auch um kleine und mittlere Unternehmen, die zwar vielleicht nicht im globalen Maßstab die Spitze darstellen, aber national und international gut wettbewerbsfähig sind. Diese Unternehmen kann man im Rahmen von Miniclustern miteinander und mit Forschungs- und Entwicklungseinrichtungen vernetzen und damit ihre Innovations- und Wettbewerbsfähigkeit stärken. Darüber hinaus kann man durch die Bildung von Mini-Clustern auch die Entwicklung von bioenergietechnischen Leitmärkten im Ruhrgebiet anstoßen.

Andere interessante Projekte zur Verbesserung der Lebensqualität und für ein problemlösendes Wachstum beziehen sich auf ein weiteres Problem des Ruhrgebiets, nämlich auf den demografischen Wandel, der die Nachfrage nach Wohnungen stark verändert. Gleichzeitig ist *Wohnen auch ein wichtiger Faktor der Lebensqualität.* Deshalb spielt die Wohnungswirtschaft im Ruhrgebiet eine wichtige Rolle im Hinblick auf eine sozial wie ökonomisch erfolgreiche Bewältigung des demografischen Wandels. Das gilt umso mehr, als im Ruhrgebiet im Vergleich zu anderen Regionen die Eigentumsquote niedrig, der Anteil an Gebäuden im Eigentum großer Wohnungsgesellschaften dagegen hoch ist. Letzteres zeigt auch das Stadtbild der meisten Ruhrgebietsstädte – weite Teile der Innenstadtrandbereiche sind noch heute durch klassischen Siedlungsbau aus den Jahrzehnten des Wohnungsnotstands geprägt. Die großen Wohnungsunternehmen spielen deshalb auch eine wichtige Rolle in der Stadtentwicklung. Viele der öffentlichen Unternehmen verfolgen nachhaltige, quartiersbezogene Strategien und investieren in „ihre" Quartiere. Das umfasst nicht nur die Modernisierung des Bestands; im Zuge zahlreicher Programme wie „Soziale Stadt" oder auch „Stadtumbau West" werden auch Investitionen in die lokale Infrastruktur und das Sozialmanagement gelenkt.

Um den Herausforderungen von Wandel und wachsenden Ansprüchen an Lebensqualität gerecht zu werden, haben sich acht kommunale Wohnungsunternehmen aus den Kernstädten des Ruhrgebiets zu der Kooperation *„WIR – Wohnen im Revier"* zusammengeschlossen. Die Unternehmen wollen voneinander lernen, gemeinsam für ihre Strategie der nachhaltig agierenden Wohnungswirtschaft und des langfristig orientierten Quartierumbaus werben und letztlich auch in konkreten Projekten und Themen, wie zum Beispiel der energetischen Modernisierung, eng zusammenarbeiten. Die acht Unternehmen sind in „ihren" Städten jeweils der größte Wohnungsanbieter und verfügen über insgesamt rund 80.000 Wohnungen. Sie kooperieren vor allem in den Bereichen „Energie und ökologisches Bauen", „Wohnen im Alter", „Betriebswirtschaft/Organisation" und „Personal/Prozesse". Die Unternehmen werden dabei von zahlreichen Fachbereichen und Instituten an den Hochschulen des Ruhrgebiets unterstützt. Das reicht von den Architektur- und Bauingenieurswesen-Fakultäten, zum Beispiel in Essen und Dortmund, bis zu soziologischen Fragen des Wohnens, etwa an der Ruhr-Universität Bochum oder der Fakultät Raumplanung an der TU Dortmund. Aber auch technische Institute befassen sich mit solchen Themen. In Forschungszentren wird beispielsweise das technikgestützte Wohnen der Zukunft erforscht. Schließlich unterhält die Wohnungswirtschaft ihr eigenes Forschungs- und Bildungszentrum. Das EBZ (Europäisches Bildungszentrum der Wohnungs- und Immobilienwirtschaft in Bochum) ist mit seiner Berufsschule für angehende Wohnungswirtschaftler, der Führungsakademie der Wohnungswirtschaft, dem eigenen Forschungsinstitut InWIS (Institut für Wohnungswesen, Immobilienwirtschaft, Stadt- und Regionalentwicklung) sowie der 2009 gegründeten European Business School als private Hochschule eine europaweit einmalige Einrichtung.

Aus dem demografischen Wandel ergeben sich für die Wohnungswirtschaft und für das Projekt Wohnen im Revier zwei scheinbar gegensätzliche Herausforderungen. Auf der einen Seite muss die Wohnungswirtschaft daran mitwirken, lebenswerte Städte und Quartiere auch für die jüngeren qualifizierten Menschen zu schaffen, welche die Region dringend halten und anziehen muss, auf der anderen Seite muss sie auch für eine wachsende Zahl älterer Menschen gute Wohnverhältnisse erhalten oder herstellen. Beide Zielgruppen haben unterschiedliche Vorstellungen und Wünsche bezüglich der Wohn- und Lebensqualität, beiden ist aber gemeinsam, dass die Ansprüche wachsen und vielfältiger werden. Die Lösung dieser Probleme setzt viel Kreativität und Innovation voraus – sowohl in technischer als auch in wirtschaftlicher und sozialer Hinsicht. Da die öffentliche Wohnungswirtschaft im Revier diese Probleme und die für ihre Lösung wichtigen Innovationen früh aufgenommen hat, ist das Ruhrgebiet zu einem Laboratorium im Bereich Wohnen geworden. In diesem Laboratorium werden neue Wohnkonzepte, neue Energiekonzepte, neue Dienstleistungsangebote und neue Techniken entwickelt, erprobt und miteinander vernetzt. Diese Vernetzung, unter anderem in Form der Verknüpfung von Wohnen und Energie und dem Zusammenwirken von Wohnen und Gesundheit (unter Einbezug der Medizintechnik), schafft im Ruhrgebiet neue Innovations- und Wachstumspotenziale. Sie schafft aber auch eine neue urbane Lebensqualität mit einer hohen Dienstleistungsintensität, die für ältere Menschen ebenso attraktiv ist wie für jüngere, beruflich und privat stark engagierte Menschen.

Literaturhinweise

Mehr über funktionale Differenzierung findet man in folgenden Büchern:

Lehner, F. 2010: *Sozialwissenschaft. Ein Lehrbuch.* Wiesbaden: VS Verlag für Sozialwissenschaften.

Schimank, U. 2005: *Differenzierung und Integration der modernen Gesellschaft.* Wiesbaden: VS Verlag für Sozialwissenschaften.

Zur regionalpolitischen Bedeutung von Clustern siehe:

Glassmann, U./Voelzkow, H. 2006: *Regionen im Wettbewerb: Die Governance regionaler Wirtschaftscluster.* In: Lütz, S. (Hg.), Governance in der politischen Ökonomie. Struktur und Wandel des modernen Kapitalismus. Wiesbaden: VS Verlag für Sozialwissenschaften.

Voelzkow, H. 2007: *Jenseits nationaler Produktionsmodelle? Die Governance regionaler Wirtschaftscluster. International vergleichende Analysen.* Marburg: Metropolis.

Raschke, W. F. 2010: *Regionale Wettbewerbsvorteile: Identifikation, Analyse und Management von Clustern am Beispiel der Logistik im Rhein-Main-Gebiet.* Wiesbaden: Gabler.

Rehfeld, D. 1999: *Produktionscluster. Konzeption, Analysen und Strategien für eine Neuorientierung der regionalen Strukturpolitik.* München/Mering: Hampp.

Schmid, J./Heinze, R. G./Beck R. (Hg.) 2009: *Strategische Wirtschaftsförderung und die Gestaltung von High-Tech Clustern. Beiträge zu den Chancen und Restriktionen von Clusterpolitik.* Baden-Baden: Nomos.

Zum Konzept der Kreativwirtschaft siehe:

Florida, R. 2002: *The Rise of the Creative Class. And How It's Transforming Work, Leisure, Community and Everyday Life.* New York: Basic Books.

Gnad, F./Kunzmann, K. R./Ebert R. 2011: *Kultur- und Kreativwirtschaft in der Region: Branchen – Orte – Netze.* Stuttgart: Kohlhammer.

Heinze, R. G./Hoose, F. 2011: *Ruhr.2010 – Ein Event als Motor für die Kreativwirtschaft.* In: Betz, G./Hitzler, R./Pfadenhauer, M. (Hg.), Urbane Events. Wiesbaden: VS Verlag für Sozialwissenschaften.

Das Konzept des problemlösenden Wachstums wird in dem folgenden Aufsatz entwickelt:

Lehner, F. 1997: *Problemlösendes Wachstum: Ökologie als Motor für die Entwicklung neuer Beschäftigungsfelder.* In: Mez, L./Weidner, H. (Hg.), *Umweltpolitik und Staatsversagen.* Berlin: edition sigma.

Das Beispiel eines einzelkundenorientierten öffentlichen Nahverkehrs im Kapitel 4.5. stammt aus folgendem Aufsatz:

Lehner, F. 2006: *Made in Ruhr: Das können wir am besten.* In: Bongert, D./Kirchhoff, R. (Hg.), *Berichte aus der Zukunft des Ruhrgebiets. Das Jahr 2031.* Bottrop: Peter Pomp.

Das Projekt CultNature wird ausführlicher dargestellt in:

Lehner, F./Kipar, A./Noll, H-P. 2011: *CultNature: Transformation of Brownfields to Sustainable Urban Landscapes.* World Resources Forum 2011, Davos.

5 Die Metropole Ruhr: Neue Chancen durch mehr interkommunale Zusammenarbeit

Das Konzept der Metropole erfreut sich im Stadtmarketing einer großen Beliebtheit. Viele Städte versuchen, ihre nationale und internationale Sichtbarkeit dadurch zu erhöhen, dass sie sich als Metropole eines bestimmten Raumes bezeichnen. Das Ruhrgebiet ist der größte Wirtschafts- und Ballungsraum Deutschlands und der fünftgrößte in Europa. Die Frage ist, ob das Ruhrgebiet damit aber schon eine Metropole ist.

In der Wissenschaft werden Metropolen als Städte oder Agglomerationen angesehen, die überregional wichtige Zentren von Wirtschaft, Wissenschaft und Kultur darstellen. Diese Metropolen üben in diesen Bereichen wichtige Steuerungs- und Dienstleistungsfunktionen aus und bilden *Knotenpunkte* der internationalen Kommunikation. Eine Metropole ist, mit anderen Worten, nicht bloß eine große Stadt oder das Zentrum einer Region, sondern eine Stadt, welche Entwicklungen in Wirtschaft, Wissenschaft und Kultur in kontinentalem Maßstab beeinflusst oder steuert.

Die Knotenfunktion von Metropolen beruht auf zwei Quellen, nämlich *Macht* und *Innovation*. Metropolen sind zum einen Knotenpunkte transnationaler Netzwerke, weil in ihnen viele Fäden der Macht zusammenlaufen und miteinander verknüpft werden. Wirtschaftliche Macht konzentriert sich in Metropolen vor allem durch die Ansiedlung vieler Konzernzentralen, besonderer Dienstleistungszentren und internationaler Organisationen; kulturell und wissenschaftlich sind es vor allem wichtige Einrichtungen (zum Beispiel Spitzenhochschulen, bedeutende Museen oder führende Modehäuser). Metropolen sind zum anderen Knotenpunkte transnationaler Netzwerke, weil von ihnen in Wirtschaft, Wissenschaft oder Kultur regelmäßig innovative Impulse ausgehen, mit denen sie Entwicklungen an anderen Orten nachhaltig beeinflussen. Wichtig ist in allen Fällen die Vernetzung – die Knotenfunktion von Metropolen wird nicht nur durch die Zahl mächtiger oder innovativer Akteure bestimmt, sondern auch durch ihre Vernetzung.

Die Globalisierung hat eine *neue Geografie von Zentralität und Peripherie* geschaffen. In dieser Geografie gibt es unterschiedliche Abstufungen von Metropolen. Einige wenige Metropolen, zum Beispiel New York, sind zentrale Knotenpunkte in fast allen globalen Netzen. Andere sind ein wichtiger Knotenpunkt in einem transnationalen Netz, etwa Dublin im Netz der Kreativwirtschaft. Dazwischen gibt es unterschiedliche Ausprägungen von Metropolen mit einer größeren oder kleineren Zahl von Knotenpositionen in unterschiedlichen transnationalen oder gar globalen Netzen. Die Position der zentralen globalen Metropolen basiert überwiegend auf Macht, während die von weniger zentralen Metropolen oft ausschließlich auf Innovation beruht. Dublin ist dafür ein gutes Beispiel. Innovation bietet also Städten und Regionen, in denen wenige Konzernzentralen und andere Träger von Macht angesiedelt sind, eine Chance, sich zur Metropole zu entwickeln.

München übt Metropolfunktionen politisch zumindest für Bayern aus, wissenschaftlich, wirtschaftlich und technisch reichen seine Wirkungen oft weltweit. Auch Paris und London prägen viele wirtschaftliche, politische und kulturelle Entwicklungen weltweit. Keine dieser Metropolen steuert globale Entwicklungen allein, aber jede ist ein wichtiger Knoten in globalen Netzwerken. Das *Ruhrgebiet* ist gegenwärtig zwar sicher ein bedeutender Punkt in manchen transnationalen Netzen, aber *noch weit davon entfernt, ein wichtiger Knotenpunkt* in diesen Netzen zu sein. Im Ruhrgebiet sind kaum Dienstleistungs- und Steuerungsfunktionen angesiedelt, von denen viele andere Städte und Regionen abhängen.

Die Größe macht das Ruhrgebiet also nicht zu einer Metropole. Für die politische Steuerung und Koordination des Ruhrgebiets ist die Größe gegenwärtig sogar eher ein Nachteil als ein Vorteil. Mit wachsender Größe steigt zwar das Gesamtpotenzial (an Akteuren, an Geld, an Standorten), aber zugleich wachsen der Umfang der zu berücksichtigenden Interessen und damit das Konfliktpotenzial und die Abstimmungsdauer. Das Ruhrgebiet ist zudem kein homogener Raum, sondern eine *polyzentrische* Agglomeration. Schon dass das Ruhrgebiet in seinem Namen das Wort Gebiet enthält, weist darauf hin, dass es sich hier eher um ein Kunstgebilde als um eine historisch gewachsene, wirtschaftlich und sozial integrierte Region handelt. Das zeigt auch die Tatsache, dass das Ruhrgebiet von drei gewachsenen Regionen – Westfalen, Münsterland und Rheinland – durchschnitten wird. Die wirtschaftliche Entwicklung des Ruhrgebiets ist früher nicht von diesen gewachsenen Regionen bestimmt worden, sondern von Kohlevorkommen und den mit ihrer Ausbeutung verbundenen Anforderungen und Möglichkeiten. Gerade das hat aus dem Ruhrgebiet eine politische und wirtschaftliche Einheit gemacht – eine *Einheit, die durch die Interessen der Montanindustrie bestimmt wurde*. Diese Einheit gibt es heute nicht mehr.

Im Folgenden wollen wir das Konzept der Metropole auf die spezifischen Voraussetzungen und Bedingungen des Ruhrgebiets zuschneiden (5.1), die bisherigen Bemühungen um eine stärkere Zusammenarbeit im Ruhrgebiet analysieren (5.2), einige Vorschläge entwickeln, in welchen Politikfeldern die Steuerung und Koordination im Ruhrgebiet verbessert werden kann (5.3) und dies mit einer pragmatischen, auf längere Frist angelegten Umsetzungsstrategie verbinden (5.4).

5.1 Metropole Ruhr als Leitidee

Die Idee, aus dem Ruhrgebiet einen Raum zu machen, der weit ausstrahlt, ein kosmopolitisches Flair hat und ein „Trendsetter" und „Innovationsmotor" in vielen Bereichen wird, von der Kultur, der Mode und dem Tourismus über die Wirtschaft und die Medien bis hin zu Wissenschaft und Technik, ist eine kühne Vision. Es ist eine Vision, die packen und mitreißen kann – aus dem alten Kohlenpott eine Metropole zu machen, die man sinnvoll in einem Atemzug mit Paris, London, München, Zürich, New York, San Francisco, Tokyo oder Sydney nennen kann, ist das weitestreichende Projekt des Strukturwandels, das man sich für das Ruhrgebiet vorstellen kann.

Die genannten Metropolen verfügen jedoch über eine besondere Eigenschaft – sie sind in einer sich selbst immer wieder verstärkenden Aufwärtsspirale. Sie bieten ein Ambiente, das gerade für Führungskräfte, Wissenschaftlerinnen und Wissenschaftler, Designerinnen und Designer, Künstlerinnen und Künstler und andere Kreative, Expertinnen und Experten und Fachkräfte besonders attraktiv ist. Diese Leute sind oft Menschen, die Trends setzen oder früh aufnehmen und damit das Ambiente immer wieder neu stärken. Für viele Firmen ist es besonders attraktiv, sich an diesen Orten anzusiedeln, weil dort interessante Arbeitskräfte sind und weil man dort das Ohr am Puls der Zeit hat.

Diese Metropolen sind zudem über viele Jahrzehnte oder Jahrhunderte gewachsen. Sie sind das Resultat einer weitgehend spontanen Entwicklung. Selbst Sydney, eine vergleichsweise junge Metropole, wurde bereits vor über 150 Jahren eine Stadt. San Francisco und New York sind noch einmal mehr als hundert Jahre älter. Die europäischen Metropolen waren schon im Mittelalter bedeutende Städte, auch wenn sie erst in der Neuzeit zu Metropolen wurden. Alle diese Metropolen haben eine lange kulturelle Tradition und repräsentieren in ihrem Kulturkreis die Kultur der Neuzeit. Ihre wirtschaftlichen Strukturen weisen eine große Kontinuität auf – sie waren schon früh Zentren der industriellen Entwicklung, Dienstleistungszentren und Verwaltungszentren, aber auch bedeutende Hochschul- und Forschungsstandorte. Schließlich, aber nicht zuletzt, haben diese Metropolen ihre Identität und ihre Anerkennung im Laufe der Zeit fast selbstverständlich gewonnen.

Kein Zweifel, das *Ruhrgebiet hat mit Paris, London, München, Zürich, New York, San Francisco, Tokyo oder Sydney kaum etwas gemeinsam.* Deshalb wäre es in der Tat zu ambitioniert, eine Metropole wie diese Städte zu werden. Die „Metropole Ruhr" hat keine Tradition als urbanes Zentrum, sondern eine industrielle Tradition. Sie muss aus dieser Tradition heraus eine Urbanität entwickeln – und zwar eine Urbanität, die nicht der Geschichte entspringt, sondern eine, die dem 21. Jahrhundert entspricht und auf die Zukunft ausgerichtet ist. Ihre Chancen, eine Metropole zu werden, liegen gerade darin, dass das Ruhrgebiet nicht versucht *zu kopieren, sondern eine Metropole ganz eigener Art* zu werden – eine Metropole, die nicht aus ihrer Tradition heraus lebt, sondern aus dem Umbruch und dem Weg zur Metropole. Ihre wirtschaftlichen Strukturen weisen keine Kontinuität auf, sondern sind im Gegenteil durch einen massiven und weitreichenden Strukturwandel geprägt. Die Erfahrungen dieses Strukturwandels können Teil des Erlebnisses der Metropole Ruhr sein – was ja in einigen architektonischen Landmarken auch angelegt ist. Das ist ein langer Weg, auf dem das Ruhrgebiet nicht nur, wie in den beiden vorangehenden Kapiteln gezeigt wurde, seine sozialen und wirtschaftlichen Strukturen neu ordnen, sondern auch seinen politischen Zusammenhang neu finden muss. Diesen Weg kann man nicht dadurch erfolgreich begehen, dass man sich als Ruhrstadt oder Metropolregion Ruhr deklariert – ohne an der Realität viel zu ändern, sondern nur dadurch, dass man in wichtigen Aufgabenfeldern schrittweise neue, innovative interkommunale Kooperationsformen und -strukturen entwickelt. Schon der Weg dorthin muss als ein wichtiges Ziel begriffen werden.

5.2 Alte Wege: Kirchturmdenken, Ruhrbezirk und Ruhrstadt

Spätestens mit der Urbanisierung und Industrialisierung Deutschlands, beginnend im 19. Jahrhundert, wurde deutlich, dass selbst die größeren Städte für die effektive und effiziente Bearbeitung vieler öffentlicher Aufgaben oft räumlich zu klein geschnitten sind. Sozioökonomische Verflechtungsräume und administrative Zuständigkeitsräume fielen mehr und mehr auseinander. Das förderte die Überzeugung, dass interkommunale Aufgabenerfüllung sinnvoll ist und eigene regionale Trägerstrukturen geschaffen werden sollten.

Vor allem zwei Typen von Aufgaben waren es, die nach neuen überkommunalen Lösungen verlangten. So sollte die Landes- und Regionalplanung ordnend eingreifen, um der Zunahme von Konflikten aufgrund der rapiden Siedlungsentwicklung zwischen unterschiedlichen Raumnutzungsansprüchen, etwa zwischen Wohnen und Arbeiten sowie Siedlung und Freiraum, entgegenzuwirken. Zum anderen bot der Bereich der technischen Infrastruktur, also des ÖPNV und der Ver- und Entsorgungsleistungen, bei denen die einzelnen Gebietskörperschaften für die optimalen Betriebsgrößen oftmals zu klein waren, neue Möglichkeiten, so dass Verkehrsverbünde und Zweckverbände gegründet wurden. Auch heute noch sind die Regional- und Flächennutzungsplanung, die Verkehrsentwicklung, die Infrastruktur für Ver- und Entsorgung (Wasser- und Energieversorgung, Abfallbeseitigung, Stadtentwässerung) sowie das regionale Standortmarketing die *Kernaufgaben regionaler Kooperation*.

In einigen dieser Bereiche gibt es im Ruhrgebiet einen *deutlichen Verbesserungsbedarf*. Das offensichtlichste Beispiel ist der *ÖPNV*. Ein gutes Mobilitätsangebot ist gerade für das Ruhrgebiet wichtig, weil es ansonsten sein Kultur- und Freizeitangebot sowie seine Hochschullandschaft und seine Marktpotenziale nicht ausreichend bündeln kann. Im Ruhrgebiet gibt es einen Verkehrsverbund, der ein leistungsfähiges Nahverkehrsangebot für die Region bereitstellen soll. Allerdings stellt man immer wieder fest, dass der öffentliche Personennahverkehr im Ruhrgebiet oft rasch an Grenzen stößt. Ein Vergleich etwa mit dem ÖPNV in Hannover, Berlin, Hamburg oder München zeigt, was man besser machen könnte. Der Verkehrsverbund Rhein-Ruhr ist nicht die Verkehrsgesellschaft der Region, sondern eine Hülle um 26 kommunale Verkehrsgesellschaften. Rund ein Dutzend dieser Gesellschaften gibt es allein im Kern des Reviers. Für diese Situation gibt es keine vernünftigen Gründe – eine Region braucht eine oder, wenn sie sehr groß ist, drei oder vier Verkehrsgesellschaften, aber nicht ein oder zwei Dutzend. Das ist keine neue Einsicht, aber eine, die sich nicht durchsetzt, weil die Städte ihre Eigeninteressen über das regionale Interesse stellen. Dabei könnten sie an dem mittlerweile attraktiven Radwegenetz erkennen, welche Potenziale sich durch Kooperation ergeben könnten.

Der ÖPNV macht klar, wie schwer das *Kirchturmdenken* im Ruhrgebiet zu überwinden ist. Das Ruhrgebiet ist die größte Region Europas ohne U-Bahn-Netz. Während in Städten vergleichbarer Größe sich ganz selbstverständlich viele dichte Netze über die ganze Stadt hinweg bilden, sind die Netze im Ruhrgebiet oft in den einzelnen Städten oder Teilregionen viel dichter als die im Ruhrgebiet insgesamt. Schlimmer noch: In vielen Fällen sind die städtischen oder teilregionalen Netze in gleichen Bereichen untereinander eher durch falsch verstandene Konkurrenz als durch Kooperation oder wirklichen Wettbewerb verbunden. Was bei den Fußballfans von Schalke und Dortmund immer wieder leicht sichtbar wird, nämlich wechselseitige Ablehnung, Misstrauen oder gar offene Feindschaft, existiert versteckt und weniger hart auch in vielen anderen Bereichen. Bei den Oberbürgermeistern, Wirtschaftsförderern, Stadtvermarktern, Kammern und vielen Verbänden und Vereinen findet man zwar zumeist nicht gerade Feindschaften, aber doch den starken Wunsch, für sich zu bleiben, und viel Misstrauen gegenüber Kooperation. Auf einen einfachen, nur leicht überzogenen Punkt gebracht: Das Ruhrgebiet ist nicht wie eine große Region organisiert, sondern wie eine Ansammlung von Städten, die man in einem relativ kleinen Raum zusammengeschoben hat. Hier regiert eine verquere „Konsenslogik", die das Ruhrgebiet aus seiner montanindustriellen Vergangenheit übernommen und bewahrt hat. In dieser Logik werden Verteilungskonflikte so gelöst, dass alle Städte (und auch die anderen wichtigen Akteure) einen Anteil am Kuchen erhalten – und wenn das nicht geht, dann kriegt niemand was. Nach diesem Muster wurden im Ruhrgebiet immer wieder große Ideen und große Programme kleingehackt oder blockiert. Allerdings ändert sich dies langsam in manchen Bereichen.

Ein *gutes Beispiel* ist die Entwicklung der *Hochschullandschaft* im Ruhrgebiet. Als Anfang der 1960er Jahre die Ruhr-Universität gegründet werden sollte, gab es zunächst einen Streit um den Standort dieser Universität. Als diese Entscheidung zugunsten von Bochum getroffen wurde, haben die anderen Großstädte sich mit viel Erfolg darum bemüht, jeweils eine eigene Universität zu kriegen, ohne sich besonders um Synergieeffekte zu kümmern. Erst seit der Zwangsfusion von Duisburg und Essen kommt es durch die Universitätsallianz Metropole Ruhr immer mehr zu einer Bündelung von Kräften und Potenzialen. Dazu gehört auch die Kooperation mit den in der Region beheimateten außeruniversitären Forschungseinrichtungen (etwa die Max-Planck-Institute und die Fraunhofer-Institute in den Bereichen Mikroelektronik, Materialfluss und Logistik, Software und Systemtechnik sowie Umwelt-, Sicherheits- und Energietechnik), welche die ohnehin dichte Hochschullandschaft inzwischen ergänzen und insgesamt dem Ruhrgebiet ein Kompetenzpotenzial verleihen, das auch im interregionalen Vergleich vorzeigbar ist. Die Region fängt langsam an, sich ihre starke Hochschullandschaft anzueignen und Entwicklungen stärker aufeinander abzustimmen.

Aber auch dabei steht das Kirchturmdenken immer wieder im Wege. Das konnte man vor wenigen Jahren sehen, als die damalige Landesregierung die Gründung neuer Fachhochschulen ankündigte. Das führte sofort dazu, dass einige Oberbürgermeister, Kammern und andere Akteure im Ruhrgebiet versuchten, eine der Fachhochschulen in ihre Stadt zu holen. Am Ende bekam Mülheim „seine" Fachhochschule, die es mit Bottrop teilt. Schon wegen ihrer Größe, ihrer Personalkapazitäten und ihrer spezialisierten Studiengänge wird diese Fachhochschule die wirtschaftliche Entwicklung und die Standortqualität der Städte Mühlheim und Bottrop viel weniger prägen als die stärkeren Fachhochschulen und Universitäten im näheren Umfeld. Die Hochschule ist für die beiden Städte allenfalls von symbolischer Bedeutung. Das ist immer noch „typisch Ruhrgebiet" – statt sich die starke Hochschullandschaft der ganzen Region anzueignen und als Standortfaktor für die eigene Stadt zu nutzen, orientieren sich lokale Akteure noch zu oft an der lokalen Hochschule (oder deren Fehlen). Das hemmt die Entwicklung der Hochschullandschaft und vor allem ihre Vernetzung mit der Region.

Wie schon die im vorigen Kapitel diskutierte funktionale Differenzierung, zeigt auch die Entwicklung der Hochschullandschaft, dass die Antwort auf die geschwundene wirtschaftliche Einheit des Ruhrgebiets nicht in einem Neben- und Gegeneinander der Städte und Kreise bestehen kann. Vielmehr müssen sie ihre Potenziale in ein gemeinsames Profil einbinden und sich damit als Region wie als Städte gemeinsam nach außen positionieren. Das gilt umso mehr, als die Städte schon wegen ihrer Finanzsituation allein nur noch beschränkt handlungsfähig sind. Die gemeinsame Profilierung und Positionierung erfordert ein Maß an Zusammenarbeit der Städte, das heute noch nicht hinreichend vorhanden ist.

Im politischen Raum wurde und wird oft über einen Regierungsbezirk Ruhrgebiet oder die Ruhrstadt diskutiert, um die politische Steuerung des Ruhrgebiets zu verbessern. Aus unserer Sicht sind dies jedoch keine sinnvollen und realistischen Optionen, zu einer besseren Koordination und Steuerung im Ruhrgebiet zu kommen und vor allem das Kernproblem der mangelnden kommunalen Kooperation zu beseitigen.

Für das Ruhrgebiet sind drei Regierungsbezirke zuständig, der Regierungsbezirk Arnsberg für das westliche Ruhrgebiet bis einschließlich Bochum, der Regierungsbezirk Münster für das nördliche Ruhrgebiet und der Regierungsbezirk Düsseldorf für das Gebiet um Essen, Duisburg und Mülheim. Die Diskussion um die Schaffung eines eigenen Regierungsbezirkes nur für das Ruhrgebiet lässt sich bis zum Ende des 19. Jahrhunderts mit dem Ziel der Gründung einer Ruhrprovinz zurückverfolgen. Auch später hatte diese Idee immer wieder Konjunktur, denkt man an das Arnsberger Gutachten von 1955, die Rietdorf Kommission 1968, die Diskussion im Zuge der kommunalen Neuordnung Anfang der 1970er Jahre, die Forderungen des damals neu gewählten CDU-Bezirksverbandsvorsitzenden Norbert Lammert aus dem Jahr 1987, das Düsseldorfer Signal im Jahr 2003 und zuletzt an die Pläne der schwarz-gelben Landesregierung von 2007 zur Bildung einer Regionalverwaltung (unter Einbeziehung der Aufgaben der Landschaftsverbände) im Ruhrgebiet. Das Ergebnis dieser über *hundert Jahre andauernden Diskussion* unter unterschiedlichsten politischen Konstellationen war immer, dass es *vorteilhafter* ist, die *gegenwärtigen Regierungsbezirke beizubehalten*. Allein diese Tatsache sollte den Befürwortern dieses Vorschlages zu denken geben.

Einer der wesentlichen Gründe für dieses konstante Scheitern ist in der Regierungserklärung von 1971 ausformuliert worden, nämlich,

> *„daß das Ruhrgebiet mit seiner überragenden Bedeutung für das ganze Land verwaltungsorganisatorisch nicht isoliert werden soll. Es muß vielmehr dafür gesorgt werden, daß dieses großstädtische Verflechtungs-, Verdichtungs- und Wirtschaftsgebiet möglichst eng mit den Randzonen verbunden bleibt.“*

Dahinter steht die Überzeugung, dass kein Kerngebiet aus sich selbst und für sich selbst lebt, sondern dass es immer auf Anziehung und Ausstrahlung nach außen angewiesen ist. Nicht ohne Grund geht die Landesentwicklungsplanung schon lange davon aus, dass *Ballungsräume, Ballungsrandzonen und ländliche Gebiete zu ausgeglichenen Funktionsräumen zusammengefasst* werden und dass dies auch ein, wenn nicht das wichtigste Kriterium bei der Abgrenzung von Bezirksregierungen ist. Einfacher gesagt bedeutet dies, dass es sinnvoll ist, das Ruhrgebiet nicht von seinem reicheren Umland zu trennen. Da das Ruhrgebiet aber zu groß ist, muss es unter Einbezug des Umlandes mehrere Regierungsbezirke geben.

Auch unsere in Kapitel 5.1 ausgeführten Überlegungen zur mangelnden funktionalen Differenzierung bestätigen dies, denn das eigentliche Problem besteht darin, dass das *Ruhrgebiet sich viel zu lange nach außen abgeschottet* und Entwicklungen „draußen“ nicht oder verspätet wahrgenommen hat. Die Außenbezüge in die prosperierenden Umfelder des Ruhrgebiets, insbesondere das Rheinland, das Münsterland, das Sauerland und das übrige Westfalen, wurden lange Zeit nicht als Chance für das Ruhrgebiet genutzt. Übersehen wird zudem, dass Probleme interkommunaler Zusammenarbeit im Kern nicht durch die Einrichtung einer staatlichen Mittelinstanz, also einer Bezirksregierung Ruhrgebiet, gelöst werden können, die gar nicht für Aufgaben wie ÖPNV, kommunale Wirtschaftsförderung oder Kulturpolitik zuständig wäre.

Auch die Idee der *Ruhrstadt* ist heute für das Ruhrgebiet nicht mehr sinnvoll. Sie setzt auf Abschottung nach außen und verneint die positiven Vernetzungseffekte mit den prosperierenden Umlandregionen. Vor allem aber beinhaltet sie die Gefahr einer weiteren Verschlechterung der Lage im Ruhrgebiet. Angesichts einer pulsierenden Region Rheinland und eines durchaus optimistisch gestimmten Bereiches Westfalen mit ihren Zentren ist die Gefahr eines „Armenhauses Ruhrgebiet“ nicht gering. Ein kleines Indiz in diese Richtung ist, dass allein die Gründung eines eigenen Landschaftsverbandes für das Ruhrgebiet die Umlage in den Ruhrgebietsstädten um 24 Millionen Euro erhöhen würde. Es geht für die Zukunft des Ruhrgebiets um den *Aufbau von Heterogenität*, nicht um die Bewahrung der Homogenität, denn jede monofunktionale Struktur birgt die Krise der Zukunft in sich. Deshalb gilt bei allen kommunalen Gebietsneuordnungen das Prinzip, eine möglichst heterogene Wirtschaftsstruktur zu erhalten oder zusammenzubringen.

Zudem wird die Größe des Ruhrgebiets falsch eingeschätzt. Erfahrungen mit Gebietsreformen haben gezeigt, dass größere Einheiten nicht automatisch wirtschaftlicher sind, denn ab einer bestimmten Größe steigen Abstimmungskosten und die Verwaltung entwickelt eine stärkere Eigendynamik. Hinzu kommt, dass der Vorschlag einer Ruhrstadt politisch nicht durchsetzbar ist. Wie will man erklären, warum es eine Ruhrstadt mit über 5 Millionen Einwohnern gibt, aber parallel dazu Stadtstaaten wie Bremen, Hamburg und Berlin, die allesamt deutlich kleiner sind? Was wird dann noch aus NRW?

5.3 Neue Chancen durch Kooperation

Weder die Einrichtung einer Bezirksregierung Ruhrgebiet noch die Gründung einer Ruhrstadt löst die angesprochenen Problemlagen im Ruhrgebiet. Daher spricht viel dafür, umso *intensiver auf eine verstärkte interkommunale Zusammenarbeit zu setzen* und in diese Zusammenarbeit nicht nur die politischen, sondern auch die wirtschaftlichen und gesellschaftlichen Akteure einzubeziehen. Aufgrund der räumlichen Dichte und der Nähe vieler Städte und Kreise ist es im Ruhrgebiet ohnehin sinnvoll, in bestimmten Politikfeldern einen Gesamtzusammenhang herzustellen (vor allem Regionalplanung, ÖPNV, regionale Wirtschaftsförderung, regionales Tourismusmanagement, Kulturpolitik, Abfall- und Abwasserentsorgung, Trägerschaft Berufs- und Förderschulen, Wissenschaft) und eine vernünftige Arbeitsteilung zwischen den Städten und Kreisen des Reviers auf- bzw. auszubauen.

In manchen Bereichen gibt es bereits funktionierende Kooperationen. Um die Möglichkeiten von Verbesserungen und Weiterentwicklungen zu diskutieren, bedarf es politikfeldbezogener Analysen der bisherigen Kooperationsformen und ihrer Stärken und Schwächen. Im Folgenden wird überblicksartig auf den Stand und die Perspektiven interkommunaler Kooperationen in wichtigen Politikfeldern eingegangen.

Der *ÖPNV* im Ruhrgebiet ist in einem 16 kreisfreie Städte und fünf Kreise mit 7,2 Millionen Einwohnern umfassenden kommunalen Zweckverband VRR zusammengeschlossen, der über das Verbandsgebiet des VRR hinausreicht (Düsseldorf, Krefeld, Mönchengladbach, Solingen, Remscheid sowie der Kreis Viersen und Mettmann). In die 67 Mitglieder umfassende Verbandsversammlung schickt jede Gebietskörperschaft, je nach Größe, zwischen einem und sechs Vertreter. Dieser Zweckverband ist offenbar nicht in der Lage, einen höheren Anteil am Gesamtverkehrsaufkommen auf den ÖPNV, der im Ruhrgebiet nur 11 Prozent beträgt (im Vergleich zu Berlin mit 25 Prozent), umzuleiten. Auch wenn die Rahmenbedingungen für den ÖPNV im Ruhrgebiet durch die Polyzentralität, das Sonderproblem Bergschäden und die zum Teil geringe Bevölkerungsdichte an bestimmten Strecken nicht einfach sind, ist es schwierig zu erklären, warum es unterschiedliche Straßenbahn-, Stadtbahn- und U-Bahnsysteme in einem gemeinsamen kommunalen Zweckverband gibt. Es gibt unterschiedliche Spurweiten, viele Fahrzeugtypen, keine einheitliche Leit- und Sicherungstechnik, den Neubau von Meterspur-Straßenbahnen sowie die ÖPNV-Insel Dortmund. Was Abbildung 28 zeigt, hat mit den Verkehrssystemen von Metropolen wenig gemeinsam.

Warum sind die Verbindungen im Ruhrgebiet vor allem innerstädtisch angelegt, die Fahrpläne schlecht abgestimmt, mit niedrigen Taktzeiten versehen und die Preise trotzdem vergleichsweise hoch? Vieles spricht dafür, dass die Konstruktion des VRR so nicht sinnvoll ist, da ihm zentrale Steuerungskompetenzen fehlen, denn die Kommunen sind die Aufgabenträger des ÖPNV und denken vor allem lokal, während der VRR vor allem für einheitliche Tickets sorgt. Zwar spricht einiges dafür, dass das Gebiet zu groß ist, um es von einer Stelle aus zentral zu steuern, aber wozu die nicht abgestimmte „Steuerung" der vielen Aufgabenträger führt, ist bereits erwähnt worden. Hier besteht jedenfalls ein deutlicher Optimierungsbedarf.

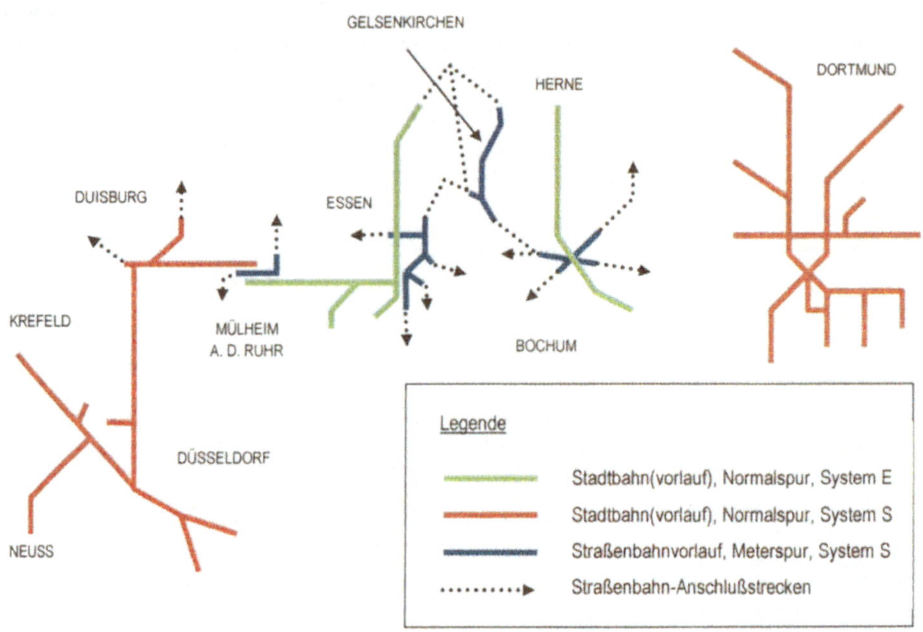

Quelle: Binder 2009: 119
Abbildung 28: Stadtbahninseln im Ruhrgebiet

Im Bereich der *Regionalplanung* ist zwischen der Einbeziehung der Kommunen in die staatliche Regionalplanung und interkommunaler Kooperation mit Planungselementen zu unterscheiden. Der Regionalplan (früher Gebietsentwicklungsplan) legt auf der Grundlage des Gesetzes zur Landesentwicklung NRW und des Landesentwicklungsplanes (LEP) NRW die regionalen Ziele der Raumordnung und Landesplanung für die Entwicklung und alle raumbedeutsamen Planungen und Maßnahmen im Planungsgebiet fest. Die damit festgehaltenen Ziele der Raumordnung sind von den Behörden des Bundes und des Landes, den Gemeinden und Gemeindeverbänden sowie öffentlichen Planungsträgern bei allen raumbedeutsamen Planungen und Maßnahmen zu beachten. Mit dem Regionalplan werden die *Rahmenbedingungen für die Flächennutzungspläne aller Kommunen* im Planungsraum geschaffen. Die Städte und Planungsträger sind an die Zielaussagen des Regionalplanes gebunden und brauchen bei der Aufstellung oder Änderung ihrer Flächennutzungspläne die Zustimmung des für die Regionalplanung zuständigen Gremiums.

Von 1920 bis 1975 gab es eine einheitliche Regionalplanung für das Ruhrgebiet durch den Siedlungsverband Ruhr (SVR), der für Planungen und Maßnahmen von überörtlicher Bedeutung zuständig war. Diese Zuständigkeit ging dann an die Bezirksregierungen und die neu geschaffenen Bezirksplanungsräte (seit 2001 als Regionalräte bezeichnet). 2004 wurde dann für das Verbandsgebiet des RVR das Instrument des Regionalen Flächennutzungsplanes (RFNP) zunächst für fünf Jahre eingeführt. Mittlerweile gibt es zwar einen genehmigten RFNP der Städte Bochum, Essen, Gelsenkirchen, Herne, Mülheim und Oberhausen, also im Kern des Ruhrgebiets, aber die alte Landesregierung beabsichtigte nicht, das Instrument des RFNP dauerhaft in die Landesplanung einzubauen, sondern plante, den Regionalen Flächennutzungsplan auslaufen zu lassen. Mit der Übertragung der Regionalplanung auf den RVR im Herbst 2009 übernimmt die Verbandsversammlung die Aufgaben der früheren Regionalräte einschließlich der Beratungskompetenz für strukturwirksame Förderprogramme des Landes.

Regionalverband Ruhr

Der *RVR* ist aus dem Kommunalverband Ruhrgebiet (KVR, 1979–2004) und dem Siedlungsverband Ruhrkohlenbezirk (SVR 1920–1978) entstanden und hat im Verlauf seiner Geschichte einige Zuständigkeitsveränderungen erfahren. Im Jahr 1920 wurde der SVR gegründet, der im Unterschied zu seinen Nachfolgern weitreichende gesetzlich geregelte Planungskompetenzen besaß. Die wichtigsten Aufgaben des SVR bestanden in der Planung und Steuerung der Siedlungsstruktur des Ruhrgebiets. Dazu gehörten die Regelung der Ansiedlung der vielen Arbeitskräfte, welche die Montanindustrie benötigte, und die Sicherung der Grün- und Freiflächen, auf welche einerseits der Bergbau angewiesen war, die andererseits aber auch für eine vernünftige Siedlungsstruktur und die Freizeitgestaltung wichtig waren. Darüber hinaus befasste sich der Verband mit der Abfallentsorgung und dem Verkehr. Heute ist der RVR ein sondergesetzlicher kommunaler Zweckverband für das Ruhrgebiet, gesteuert über eine indirekt gewählte Verbandsversammlung und finanziert über eine Umlage und eigene Einnahmen. Seine Aufgaben beinhalten vor allem regionale Wirtschaftsförderung und Tourismusmanagement einschließlich Freiflächengestaltung sowie seit 2009 die Regionalplanung für das Ruhrgebiet.

Bis der RVR einen neuen Regionalplan erstellt hat, gelten die drei Teilregionalpläne, die von den Bezirksregierungen in Zusammenarbeit mit den Bezirksplanungsräten erstellt wurden. In der Regel wird nur alle 10 bis 15 Jahre ein neuer

Regionalplan erstellt. Ob sich durch die Aufgabenwahrnehmung der Regionalplanung durch die Bezirksplanungsräte in den letzten 34 Jahren Nachteile fürs Ruhrgebiet ergeben haben und ob die jetzige Lösung zu besseren Ergebnissen führt, ist unklar, da es hierzu keine umfassenden Untersuchungen gibt.

Interkommunale Kooperationen mit Planungselementen finden sich zudem im Bereich Regionaler Einzelhandelskonzepte, dem Masterplan „Emscher Landschaftspark" sowie in der Städteregion Ruhr 2030, welche langfristige Zukunftsbilder für die Städteregion und Spielregeln für die Umsetzung kooperativer Leitprojekte entwickelt. Seit 2007 sind hier alle 11 kreisfreien Städte im Ruhrgebiet beteiligt. Der 2006 vorgelegte Masterplan Ruhr stellt die Potenziale der Region in den Themenfeldern Wohnen, Stadtentwicklung und Region am Wasser dar und benennt Entwicklungsziele. Hier fragt sich, welches Steuerungspotenzial diese Masterpläne entfalten.

Mit der Schaffung des RVR im Jahr 2004 erhielt dieser als neue Aufgabe: die *regionale Wirtschaftsförderung* zur Entwicklung und Vermarktung von Gewerbeflächen mit regionaler Bedeutung. Im Januar 2007 ist die „Wirtschaftsförderung metropoleruhr GmbH" (wmr) gegründet worden, die mit Zustimmung der 53 Kommunen übergreifende Marketingaufgaben wie *nationale und internationale Bewerbung des Standortes Metropole Ruhr* auf Kongressen und Messen, die Bereitstellung wirtschaftsrelevanter Informationen über die Region, die Vermittlung von Netzwerken, Kontakten und Ansprechpartnern vor Ort sowie die Initiierung und Begleitung regionaler Netzwerke und Kompetenzzentren und die Unterstützung der Kommunen bei der Beantragung von Fördermitteln übernommen hat.

Auch wenn es hier gegenüber dem Land, dem Bund und der Europäischen Union sowie auf den Messen dem Ruhrgebiet zunehmend gelingt, als einheitlicher Akteur aufzutreten, so reicht dies nicht aus, wenn das gemeinsame Auftreten wieder ganz schnell endet, wenn es um die Verteilung der Mittel aus Düsseldorf, Berlin und Brüssel oder um die Ansiedlung der auf den Messen gewonnenen Investoren geht. Das liegt vor allem daran, dass das Ruhrgebiet weder ein gemeinsames Selbstverständnis noch eine gemeinsame Vision und ein gemeinsames Handlungsprogramm oder eine Form der Verteilung von Gewinnen und Kosten entwickelt hat. Bei konkreten Ansiedlungsplänen wenden sich die Investoren letztlich jedoch an die Kommunen, da die wmr nicht von sich aus über Flächen verfügt, sodass das Kerngeschäft der Wirtschaftsförderung also nach wie vor von den 53 Kommunen wahrgenommen wird. Hier ist darüber nachzudenken, ob die wmr stärker in die reale Ansiedlung einzubeziehen ist oder ob die Funktion als regionale Marketingstelle und als erster Ansprechpartner ausreicht. Bei einer möglichen stärkeren regionalen Wahrnehmung der originären Wirtschaftsförderungsfunktion würde man allerdings finanzielle Ausgleichsmechanismen benötigen.

Auch das *regionale Tourismusmanagement* ist dem RVR übertragen worden, der dies unter dem Dach der Ruhr Tourismus GmbH durchführt. Ein positives Beispiel ist der Ausbau regionaler Radwege, bei denen unter der Leitung des RVR interkommunale Kooperation stattfindet (Emscherpark: Radwegeplanung mit 17 Kommunen). Ob regionales Tourismusmanagement künftig gestärkt werden sollte und in welchem Zusammenhang dies mit den Bemühungen der 53 Kommunen steht, ist ein weiterer Diskussionspunkt.

Prinzipiell sind die Kommunen im Rahmen ihrer Gewährleistungspflicht frei in der Entscheidung über die Art der Aufgabenerfüllung rund um die *Abfallbeseitigung*. Es gibt jedoch schon länger interkommunale Kooperationen auch unter Beteiligung des RVR bzw. seiner Vorgängerorganisationen. Der SVR entwickelte bereits in den 1960er Jahren ein grundlegendes Konzept für eine städteübergreifende Abfallbeseitigung im Ruhrgebiet. Mit dem Bau der zentralen Müllverbrennungsanlage RZR in Herten wurde schließlich 1982 die heutige Abfallentsorgungs-Gesellschaft Ruhrgebiet mbH als hundertprozentige Tochter des RVR gegründet. Die Unternehmensgruppe besteht derzeit aus fünfzehn Tochtergesellschaften und bietet ihre Leistungen den Kommunen im Ruhrgebiet an. Seit den 1990er Jahren haben zahlreiche Gemeinden aber einzelne Aufgaben der Abfallbeseitigung mit zum Teil sehr langen Vertragslaufzeiten auf private Unternehmen übertragen. Diese Privatisierungspraxis und die daraus resultierende Heterogenität der Aufgabenwahrnehmung führen einerseits zu Problemen bei der Ausnutzung von Synergien durch interkommunale Zusammenarbeit; andererseits hat sich unter den privaten Anbietern ähnlich wie im Energiesektor eine für die Kommunen nachteilige oligopole Marktstruktur entwickelt, die in NRW vereinzelt zu Rekommunalisierungen und damit einhergehenden Neugründungen von Zweckverbänden führt.

Im Ruhrgebiet entstand 2002 Deutschlands größter Zusammenschluss von Städten, Kreisen und Gemeinden im Abfallsektor, der Zweckverband EKOCity. Neben Bochum sind dort die Städte Remscheid, Herne und Wuppertal, der Ennepe-Ruhr-Kreis, der Kreis Mettmann und der Kreis Recklinghausen beteiligt, schließlich auch der RVR. Der Verbund sorgt für eine bessere Auslastung der bereits vorhandenen Müllverbrennungsanlagen und Sortiermaschinen und ist ein gutes Beispiel für effiziente Kooperation. Insgesamt stellt sich die Frage, ob über die vorhandene interkommunale Zusammenarbeit hinaus weitere Synergieeffekte erzeugt werden können.

Im *Abwassersektor* existiert im Ruhrgebiet seit über hundert Jahren die historisch gewachsene Form der interkommunalen Kooperation in der Gestalt von Wasserwirtschaftsverbänden. Längs der drei Ruhrgebietsgewässer, deren Verläufe über die Grenzen des Ruhrgebiets hinausragen, übernimmt die Emschergenossenschaft zusammen mit dem Lippeverband und dem Ruhrverband die Reinigung,

Aufbereitung und Beseitigung des Abwassers, das von den Mitgliedskommunen gesammelt und in die Verbandkanäle geleitet wird. Diese historisch gewachsene und geografisch bedingte Aufteilung erscheint sinnvoll und erhaltenswert.

Im Bereich der *Kulturlandschaft* ist das Ruhrgebiet zweifellos ein bedeutender Faktor. Das Ruhrgebiet besitzt eine Kulturlandschaft, die sich auch international gut sehen lassen kann. Die Ruhrfestspiele, das Klavier-Festival Ruhr, die Ruhrtriennale, die internationalen Kurzfilmtage Oberhausen, die Lichtburg in Essen, die Folkwang-Hochschule, das Folkwangmuseum, das Lehmbruckmuseum, das Aalto-Theater und das Musiktheater im Revier, das Schauspielhaus Bochum, die Philharmonie Essen, Varietés und Kabaretts und andere Einrichtungen sowie (einmalige) Ereignisse im Ruhrgebiet bieten Kultur auf hohem Niveau und genießen auch internationales Ansehen. Das große Aber besteht jedoch darin, dass diese Einrichtungen zwar Kultur machen oder Ereignisse in das Ruhrgebiet bringen, die zur internationalen Spitze gehören oder an sie anschlussfähig sind, diese Spitze aber selber nicht regelmäßig vorantreiben. Das Ruhrgebiet nimmt zwar neue Entwicklungen in der Kultur oft früh auf, aber diese neuen Entwicklungen werden hier selten gemacht oder durch die Kultur im Ruhrgebiet stark beeinflusst. Deshalb ist das Ruhrgebiet in den transnationalen Netzen der Kultur ein wichtiger Punkt, aber kaum ein Knotenpunkt.

Gerade in der Kultur liegt allerdings der Status einer Metropole für das Ruhrgebiet nicht mehr unerreichbar in den Sternen. Die vorhandenen Einrichtungen und Ereignisse bieten mehr als genug Potenzial für eine kulturelle Metropole. Was noch fehlt, ist die Fähigkeit der Kulturlandschaft im Ruhrgebiet, regelmäßig mit bedeutenden kulturellen Innovationen auszustrahlen und neue Entwicklungen anzustoßen oder zumindest erheblich zu beeinflussen. Sucht man nach den Gründen für dieses Defizit, stößt man vor allem auf die schwache Vernetzung und Bündelung der kulturellen Potenziale im Ruhrgebiet, das dünne soziale Umfeld der Kulturlandschaft im Ruhrgebiet und auf die schwache kommunikative Vermittlung der kulturellen Leistungen und Potenziale des Reviers. Negativ war lange, dass die vielfältigen Einrichtungen in der Regel untereinander weder durch regelmäßige Kooperationen noch durch einen starken Wettbewerb miteinander vernetzt waren und sich primär in einem lokalen Kontext mit einem lokalen Publikum auseinandersetzen. Da die Mittelschicht und das „Bildungsbürgertum" in allen Ruhrgebietsstädten schwächer sind als in Städten vergleichbarer Größe anderswo, hat fast jede kulturelle Einrichtung im Ruhrgebiet ein eher dünnes und vor allem stark lokal begrenztes soziales Umfeld. Der gut ausgebauten Kulturlandschaft des Ruhrgebiets fehlt ein großes städteübergreifendes Kulturpublikum. Das schränkt die Innovationsfähigkeit der Kulturlandschaft im Ruhrgebiet ein. Darüber hinaus verhindert es auch, dass Kultur im Ruhrgebiet ein starkes und wichtiges – und vor allem städteübergreifendes – Thema ist.

Mit der Kulturhauptstadt Ruhr.2010 ist nun hoffentlich vieles anders geworden. Sie ist zunächst ein sehr positives Beispiel, dass die Zusammenarbeit von 53 Kommunen erfolgreich sein kann, da für das gemeinsame Ziel Aktivitäten gebündelt und mitunter auch Eigeninteressen zurückgestellt werden mussten. Die regionale Kulturförderung und das gesamte Image des Ruhrgebiets haben hierdurch ohne Zweifel erheblich an Bedeutung gewonnen. Auch sind rund zehn Millionen Besucher der Kulturhauptstadtaktivitäten von außerhalb nicht zu verachten. Die offene Frage ist, was nach dem Kulturhauptstadtjahr bleibt, auch angesichts der schwierigen kommunalen Haushaltslagen im Ruhrgebiet und der Tatsache, dass freiwillige Aufgaben in der Regel unter diesen besonders leiden. Gibt es hier einen aus finanzieller Not angestoßenen Schub in Richtung einer stärkeren Zusammenarbeit jenseits von Großereignissen? Gibt es eine gemeinsame Verantwortung der Kommunen zur Gestaltung regionaler kultureller Angebote und Einrichtungen und Bemühungen zur Vernetzung und für gemeinsame Trägerschaften von Theatern, Orchestern und Museen? Wird dieser gemeinsame Lernprozess im Kulturhauptstadtjahr eine neue Kooperation im Kulturbereich verstetigen?

Auch in weiteren Bereichen kann interkommunale Kooperation die Kommunen und das Ruhrgebiet insgesamt voranbringen. Mögliche Aufgabenbereiche wären in Anlehnung an Erfahrungen aus anderen, besser aufgestellten Regionen zum Beispiel die Trägerschaft bei den Berufs- und Förderschulen, das Straßennetz (Baulast und Unterhalt), die Gesundheitsämter und das Veterinärwesen, der Natur- und Gewässerschutz oder die Trägerschaft der Krankenhäuser. Damit kann man eine flexible Integration des Ruhrgebiets erreichen, die viel tragfähiger ist als ein Regierungsbezirk oder gar die Ruhrstadt.

5.4 Interkommunale Zusammenarbeit: Ein pragmatischer Ansatz

Deutlich wird, dass es im Ruhrgebiet unterentwickelte interkommunale Kooperationen in zentralen Handlungsfeldern gibt. Diese trifft zwar, wie oben ausgeführt, nicht auf alle Politikfelder zu und es gibt in letzter Zeit auch einige ermutigende Signale, dass die interkommunale Kooperation besser wird (wie zum Beispiel die Kulturhauptstadt). Dennoch besteht die Notwendigkeit, im Bereich interkommunaler Zusammenarbeit deutlich stärker aktiv zu werden und *institutionelle Lösungen zu finden, die zwischen den Städten im und um das Ruhrgebiet herum Arbeitsteilung, Profilbildung und Zusammenarbeit ermöglichen* und damit die Steuerung und Koordinierung der „Metropolregion“ Ruhrgebiet deutlich verbessern.

Die wesentlichen Ursachen für die unterentwickelte interkommunale Kooperation liegen in der Größe des Ruhrgebiets, in der Polyzentralität und in den lokalen Animositäten. Der Druck, interkommunale Kooperationen auszubauen und zu verbessern, steigt nicht nur aufgrund des Wunsches nach einer stärkeren gemeinsamen „Positionierung nach außen“ im Prozess der Europäisierung und Globalisierung, sondern auch angesichts der katastrophalen kommunalen Finanzsituation im Ruhrgebiet. Wie ist es angesichts dieser Ausgangssituation nun möglich, zu Verbesserungen zu kommen?

Zum einen sollte sich die zukünftige Ausgestaltung weiterer interkommunaler Kooperationen der großen polyzentrischen Region Ruhrgebiet an das Modell einer „funktionalen regionalen Governance“ anlehnen. Damit ist eine von den *Aufgaben abhängige, variable räumliche Abgrenzung* bei der Regionsbildung gemeint. Das heißt, je nach Politikfeld muss die Kooperation *nicht immer alle* Kommunen im Revier betreffen und muss auch *nicht auf den Raum des RVR beschränkt* sein. Zum anderen sind die Erfahrungen und Erfolgsfaktoren mit interkommunaler Zusammenarbeit in anderen Regionen zu analysieren, um Hinweise für die Entwicklung der Prozesse im Ruhrgebiet zu erhalten. In der folgenden Tabelle sind einige wichtige Regeln für eine erfolgreiche Zusammenarbeit zusammengestellt:

Regel	*Grund*
- Mit Einzelprojekten beginnen ○ Keine vorzeitige Gründung neuer Institutionen ○ Interkommunale Zusammenarbeiten: nicht zu viele gleichzeitig	- Erfahrungswerte sammeln/ Lernen - Steuerungsfähigkeit erhalten - Transparenz sichern
- „Leichte" Aufgaben zuerst ○ Administrativer Bereich ○ Bürgerferne Back Office-Aufgaben ○ Hohe Standardisierung ○ Nicht gruppenspezifisch, sondern die Allgemeinheit betreffend ○ Aufgaben des übertragenen Wirkungskreises (Pflichtaufgaben) ○ Diskussionsvermeidung von freiwilligen Aufgaben	- Frühes Scheitern verhindern - Schnelle Erfolge - Hohe Transparenz
- Ertragreiche Aufgaben zuerst ○ Umstrukturierung/Konzentration kostenintensiver Organisationseinheiten ○ Aufgaben, die teure Fachkräfte/ Spezialisten erfordern ○ Aufgaben, die teure Gerätschaften erfordern	- Erfolge sind für die Beteiligten sichtbar
- Einbindung der Verwaltungschefs/ Übernahme der Promotorenrolle	- Präsenz schaffen - Wichtigkeit des Vorhabens hervorheben
- Gleichberechtigung zwischen den Partnern	- Notwendige Vertrauensbildung - Gegenseitiger Ausgleich als Kooperationsbedingung
- Ressourcenbereitstellung (Personal und Zeit)	- Rechtliche Unklarheiten beseitigen - Konstanten Fortschritt im Planungsvorhaben sichern
- Bewahrung von Autonomie der neuen Kooperationsform	- Steuerungs- und Einflussmöglichkeiten erhalten
- Klare Entscheidungs- und Organisationsstrukturen	- Transparenz gewähren

Abbildung 29: Wichtige Regeln für eine erfolgreiche interkommunale Zusammenarbeit

Interkommunale Zusammenarbeit wächst am besten durch Kooperationserfahrungen und Vertrauen der kommunalen Gebietskörperschaften zueinander. Wenn dies nicht von alleine geschieht, was in polyzentrischen Regionen wie im Ruhrgebiet nicht selten der Fall ist, braucht es externe Hilfen durch Expertise, Anreize und/oder Druck oder am besten alles zusammen.

- *Expertise* könnte über die Aufbereitung von Erfahrungen funktionierender interkommunaler Zusammenarbeit in wichtigen Politikfeldern den Akteuren zur Verfügung gestellt werden, um die Chancen einer interkommunalen Zusammenarbeit zu verdeutlichen und den Druck auf Veränderungen zu erhöhen. Allerdings fehlt es an aktuellen empirischen Untersuchungen über die Erfahrungen, Möglichkeiten und Grenzen interkommunaler Kooperationen im Ruhrgebiet bezogen auf wichtige regionale Politikfelder. In vielen Bereichen sind die Möglichkeiten interkommunaler Zusammenarbeit zudem schlicht noch nicht bekannt.
- *Anreize* können durch gezielte Landesprogramme, die nicht nach dem Gießkannenprinzip funktionieren, gesetzt werden. Die Gewährung von Fördermitteln kann mit dem Nachweis einer verstärkten interkommunalen Zusammenarbeit verbunden werden.
- *Druck* entsteht vor allem aus der immer größer werdenden Finanznot der Kommunen im Ruhrgebiet, die durch ihre jahrzehntelangen stärkeren Belastungen durch Sozialleistungen – bei durchschnittlich geringeren Steuereinnahmen – die sich auftürmenden Haushaltsdefizite aus eigener Kraft nicht abbauen können. Interkommunale Zusammenarbeit kann diese Defizite nicht beseitigen, aber dazu beitragen, die vorhandenen Ressourcen effizienter einzusetzen. Zudem wird es über kurz oder lang einen staatlichen „Rettungsfonds" für besonders verschuldete Ruhrgebietskommunen geben müssen, da diese keine Chance haben, aus eigener Kraft die Schulden abzutragen. Solche Rettungsmaßnahmen müssen mit deutlichen Auflagen in Richtung einer verstärkten regionalen Zusammenarbeit verbunden werden und könnten damit die schon zu beobachtenden Initiativen zur Kooperation verstärken.

Literaturhinweise

Zur Bedeutung von Agglomerationen und Metropolen im Zeitalter der Globalisierung siehe:

Knox, P./Taylor, P. J. 1995: *World cities in a world system.* Cambridge: Cambridge University Press.

Saxenian, A. 2006: *The New Argonauts. Regional Advantage in a Global Economy.* Cambridge, MA: Harvard University Press.

Scott, A. J. 1998: *Regions and the World Economy. The Coming Shape of Global Production, Competition, and Political Order.* New York: Oxford University Press.

Metropolen, ihre Voraussetzungen und ihre Bedeutung in der Welt werden unter anderem in den folgenden Büchern diskutiert:

Sassen, S. 2006: *Territory, Authority, Rights. From Medieval to Global Assemblages.* Princeton/Oxford: Princeton University Press.

Sassen, S. 1996: *Metropolen des Weltmarkts. Die neue Rolle der Global Cities.* Frankfurt/New York: Campus.

Zimmermann, C. 2000: *Die Zeit der Metropolen. Urbanisierung und Großstadtentwicklung.* Frankfurt: Fischer.

Siehe dazu auch:

Blotevogel, H. 1998: *Europäische Metropolregion Rhein-Ruhr. Theoretische, empirische und politische Perspektiven.* Dortmund: ILS.

Matejovski, D. 2000: *Metropolen: Laboratorien der Moderne.* Frankfurt/New York: Campus.

Für eine kritische Auseinandersetzung mit dem Konzept der Metropole verweisen wir auf:

Fuchs, G./Moltmann, B./Prigge, W. (Hg.) 1995: *Mythos Metropole.* Frankfurt: Suhrkamp.

Zu den Problemen von polyzentrischen Regionen:

Saller, R. 2000: *Kommunale Kooperation innerhalb westdeutscher Stadtregionen zwischen Anspruch und politischer Realität.* In: Raumforschung und Raumordnung 58/2–3, S. 211–221.

Mehr über die aktuelle Debatte zu interkommunaler Kooperation und regionaler Zusammenarbeit findet man in den folgenden Aufsätzen:

Bogumil, J./Grohs, S. 2010: *Möglichkeiten und Grenzen von Regionalverwaltungen.* In: Bogumil, J./Kuhlmann, S. (Hg.): Kommunale Aufgabenwahrnehmung im Wandel. Kommunalisierung, Regionalisierung und Territorialreform in Deutschland und Europa. Wiesbaden: VS Verlag für Sozialwissenschaften, S. 89–110.

Fürst, D. 2007: *Regional Governance.* In: Benz, A./Lütz, S./Schimank, U./Simonis, G. (Hg.): Handbuch Governance. Theoretische Grundlagen und empirische Anwendungsfelder. Wiesbaden: VS Verlag für Sozialwissenschaften, S. 353–366.

Zur Debatte um die politische und administrative Steuerung des Ruhrgebiets findet man eine ausführlichere Darstellung in:

Bogumil, J. 2010: *Der zukünftige Handlungsbedarf im Bereich der Verwaltungsstrukturen in NRW unter besonderer Berücksichtigung der Probleme des Ruhrgebiets.* Münster. Expertise im Auftrag der Westfalen-Initiative.

Das Schaubild zum ÖPNV ist entnommen aus:

Binder, S. 2009: *Vom einheitlichen Stadtbahnsystem Rhein-Ruhr zur Verinselung der Gegenwart.* Diplomarbeit an der Fakultät für Raumplanung der TU Dortmund, Dortmund.

6 Zukunftsstrategien

Im Ruhrgebiet hat sich vieles zum Positiven verändert. Viele Unternehmen und ganze Branchen haben sich neu ausgerichtet und neue Märkte erschlossen, neue Unternehmen und neue Arbeitsplätze wurden geschaffen, in Kultur und Wissenschaft sind Landschaften entstanden, die sich national und international sehen lassen können. Ökologisch hat das Ruhrgebiet einen großen Sprung gemacht, und mit der Internationalen Bauausstellung Emscher Park, der Kulturhauptstadt Ruhr.2010 und anderen Projekten wurden Leuchttürme gesetzt, die weithin wahrgenommen wurden.

Aber: Trotzdem hat das Ruhrgebiet wenig gewonnen, weil sich die nationale und internationale Wettbewerbsfähigkeit nicht nachhaltig verbessert haben. Im Verlauf der Zeit haben sich wichtige Voraussetzungen seiner Wettbewerbsfähigkeit eher verschlechtert oder wurden nicht hinreichend weiterentwickelt. Gemeint sind damit die immer noch unzureichende Entwicklung von Humankapital und Humanvermögen, die nach wie vor mangelhafte politisch-ökonomische Handlungsfähigkeit, die zu geringe funktionale Differenzierung der Wirtschaft sowie die verbesserungsfähigen Lebens- und Arbeitsbedingungen im Ruhrgebiet.

Wie gewichtig diese Defizite sind, wird deutlich, wenn man den „Megatrend" des globalen Strukturwandels – die Transformation der Industriegesellschaften zur Wissensgesellschaft – und seine Auswirkungen betrachtet. Mit dieser Transformation verändern sich Formen und Bedingungen des Strukturwandels und die mit seiner Bewältigung verbundenen Anforderungen grundlegend. Die Logik des Strukturwandels ist eine andere geworden als die, mit der sich das Ruhrgebiet viele Jahre und Jahrzehnte auseinandersetzen musste:

- Während in der Vergangenheit Strukturwandel vor allem hieß, dass bestimmte Industriebranchen einen Niedergang erlebten und an ihrer Stelle neue „zukunftsträchtige" Branchen entwickelt oder angesiedelt werden mussten, geht es in Zukunft immer mehr um eine tiefgreifende und weitreichende Erneuerung aller Branchen.
- In diesem Prozess wird Wissen zur zentralen Ressource für Innovation und Kundenorientierung, aber auch für eine ökologisch notwendige „Dematerialisierung" der Produktion.
- Mit der Bedeutung von Wissen als zentraler Ressource treten die Qualifikation der Menschen in der Region und ihre Lebens- und Arbeitsqualität an die Stelle herkömmlicher Faktoren der Standortqualität.

Im Kontext dieser „neuen" Logik des Strukturwandels gewinnen zwar einerseits diese grundlegenden Probleme des Ruhrgebiets an Gewicht und Schärfe, andererseits aber wachsen auch die Chancen, diese Probleme und Defizite zu bearbeiten und den Strukturwandel erfolgreicher zu bewältigen als bisher. Die Leitlinien hierfür sind

- *forcierte Investition in die Menschen der Unterstadt,*
- *bessere interkommunale Kooperation,*
- *Profilbildung durch mehr „funktionale Differenzierung“ und Wettbewerb.*

Einige konkrete Umsetzungsbeispiele hierfür sind in den vorherigen Kapiteln aufgezeigt worden: im Bereich regionaler Clusterpolitik (2.3), bei der Bildungsoffensive für die Kinder der Unterstadt (3.3), der angemessenen Beteiligung der Eltern (3.5), den Strategien zur Sicherung des Humanvermögens (3.6), dem problemlösenden Wachstum (4.5) sowie der Stärkung von Kooperation und interkommunaler Zusammenarbeit (5.3, 5.4). Darauf aufbauend möchten wir nun etwas allgemeiner auf die Möglichkeiten und Grenzen der Wissensgesellschaft für das Ruhrgebiet eingehen (6.1 und 6.2), die Stärkung der Lebensqualität als Standortfaktor für das Ruhrgebiet beleuchten (6.3) und auf den richtigen Mix aus Kooperation, Wettbewerb und Einbeziehung der Zivilgesellschaft verweisen, der nötig ist, um das Ruhrgebiet voranzubringen (6.4).

6.1 Wissensgesellschaft: Eine Chance für das Ruhrgebiet

Die massive Ausweitung der Wissensproduktion, deren Ergebnis die Wissensgesellschaft ist, hat nach Ansicht führender Innovationsforscher dazu geführt, dass *Wissen im Überfluss vorhanden ist, aber die Fähigkeit fehlt, es (wirtschaftlich) zu nutzen*. Wenn diese Einschätzung, die auch von der OECD geteilt wird, wirklich richtig wäre, so würde sich die Wissensgesellschaft wirtschaftlich ad absurdum führen, denn etwas, was im Überfluss vorhanden ist, hat wirtschaftlich keinen Wert. Wissen würde also seine Rolle als zentraler Produktionsfaktor verlieren. Auch die Wissensproduktion würde drastisch eingeschränkt, weil es sich für Unternehmen und die Politik nicht mehr lohnt, in einen Faktor zu investieren, der im Überfluss vorhanden ist. Die enorme Wissensproduktion erzeugt heute mehr Wissen, als tatsächlich wirtschaftlich genutzt werden kann, weshalb (zu) viel Wissen wirtschaftlich nicht oder nur mit Verzögerungen genutzt wird.

Dafür gibt es eine Reihe von Gründen. Erstens ist die wirtschaftliche Nutzung neuen Wissens oft mit hohen Kosten und Risiken verbunden, die in manchen Fällen nicht geringer oder gar größer sind als die Kosten und Risiken von Forschung und Entwicklung. Das führt dazu, dass forschungsintensive Unternehmen nur noch einen Teil der aus ihrer Forschung stammenden Erkenntnisse und Patente wirtschaftlich nutzen. Zweitens hemmen gesetzliche Regelungen und andere Bedingungen oft die rasche Umsetzung von Wissen in Produkte und Prozesse am

Markt. Das gilt besonders in neuen Wissensgebieten, wie der Gentechnologie, wo die Wissensproduktion so rasch voranschreitet, dass die Nutzung neuen Wissens mit tatsächlichen oder vermeintlichen Risiken verbunden ist, die sich gesellschaftlich nicht vermitteln lassen. Drittens hat sich in manchen entwickelten Volkswirtschaften, auch in Deutschland, die Massenkaufkraft über viele Jahre so schlecht entwickelt, dass für neue Produkte oft keine aufnahmefähigen Märkte da sind – der Wirtschaft fehlt das „Schmieröl" für die rasche Nutzung neuen Wissens. Viertens entwickelt sich das naturwissenschaftlich-technische Wissen, das neuen Produkten zugrunde liegt, schon seit Jahren schneller als das sozial- und wirtschaftswissenschaftliche Wissen, auf das die Vermarktung aufbaut. Das *Wissen über neue vermarktbare Bedürfnisse und Wünsche und über neue Märkte hinkt dem Produktwissen hinterher*, weil sowohl der Staat als auch die Unternehmen viel mehr in die Produktion von naturwissenschaftlich-technischem Wissen investieren.

Daraus folgt jedoch keineswegs, dass Wissen generell im Überfluss vorhanden sei und es wirtschaftlich nicht mehr lohne, in die Wissensproduktion zu investieren. *Neues Wissen an der Spitze der Entwicklung*, das innovative Problemlösungen, Produkte und Prozesse ermöglicht, schafft vielmehr immer noch *wirtschaftliche Vorsprünge*. Unternehmen der Pharmaindustrie, die lange vor der Konkurrenz ein neues Medikament auf den Markt bringen, das zum Beispiel bisher nicht heilbare Krankheiten heilbar macht, können damit immer noch ein Vermögen verdienen. Umgekehrt verlieren Pharmaunternehmen, die keine wichtigen Innovationen in der Pipeline haben, oft nicht nur ihren Börsenwert, sondern rasch auch ihre wirtschaftliche Wettbewerbsfähigkeit. Volkswirtschaften mit einer leistungsfähigen Wissensproduktion entwickeln sich immer noch besser als solche, denen diese fehlt.

Das Wissen an der Spitze ist also nach wie vor ein knappes Gut mit einem potenziell hohen Wert. Deshalb muss man die Aussage korrigieren, in der Wissensgesellschaft sei Wissen im Überfluss vorhanden: Es gibt zwar auf der einen Seite viel Wissen, das wirtschaftlich nicht oder nur mit Verzögerung verwertet wird, auf der anderen Seite aber ist Spitzenwissen nach wie vor ein knapper Faktor. Mehr noch: Beides ist eng miteinander verbunden. Die Produktion von Spitzenwissen zieht eine große und wachsende Schleppe von weiterem Wissen mit sich, das wirtschaftlich nicht genutzt wird.

Diese These ist in Bezug auf das Ruhrgebiet interessant, weil sich aus ihr *zwei unterschiedliche Strategien zur Entwicklung einer wissensbasierten Volkswirtschaft* ergeben. Die eine Strategie ist diejenige, die man in den wirtschaftspolitischen Programmen vieler Regierungen und auch der OECD findet, nämlich Spitzenforschung und Spitzentechnologie sowie die Entwicklung von Hightech-Industrien in neuen Märkten. Die zweite Strategie wird dagegen selten wahrgenommen. Sie zielt darauf ab, das viele Wissen, das in der modernen Wissensgesellschaft tagtäglich produziert wird, möglichst rasch und möglichst breit in der ganzen Wirtschaft – vor allem auch in den etablierten Industrien (wie etwa Automobilbau, Chemie, Maschinenbau oder Bau) – einzuführen. Diese Strategie setzt also weniger auf Spitzenforschung und Spitzentechnologie, sondern auf die rasche und breite Durchdringung der Wirtschaft mit neuem Wissen und ein entsprechend hohes Innovationstempo, sowohl bei Produkten wie auch bei Prozessen. Das kann zu einer Wirtschaft führen, in der es zwar keine oder nur wenige forschungsintensive Hightech-Unternehmen gibt, die sich an der Spitze der wissenschaftlich-technischen Entwicklung befinden, aber viele Unternehmen, die Wissen kreativ nutzen und in innovative Problemlösungen, qualitativ hochwertige Produkte und leistungsfähige Verfahren umsetzen. Solche Unternehmen können sich im internationalen Wettbewerb oft gut und vor allem profitabel durchsetzen, wie die Exporterfolge vieler alteingesessener Industriezweige in Deutschland (wie Maschinenbau) zeigen.

Zwei Strategien zur Entwicklung der wissensbasierten Volkswirtschaft

Entgegen verbreiteten Vorstellungen kann in einer Region eine wissensbasierte Volkswirtschaft nicht nur durch Unternehmen vorangetrieben werden, die neue Technologien für neue Märkte oder wissensbasierte Dienstleistungen anbieten, sondern auch durch die Industrien in herkömmlichen Branchen und Märkten – wenn diese neues Wissen und neue Technologien rasch aufnehmen.

Diese *zweite Strategie* ist *für das Ruhrgebiet aussichtsreicher* als die erste, weil das Ruhrgebiet trotz vieler Förderprogramme und anderer Anstrengungen keine Hightech-Region ist und auf absehbare Zeit auch nicht werden wird. Das Ruhrgebiet hat zwar in einigen wenigen Bereichen, wie etwa der Energietechnik, bei neuen Werkstoffen oder der Medizintechnik, eindeutige Stärken, die sich zu internationaler Spitze ausbauen lassen. Aber das reicht nicht aus, um eine Trendwende bei Wachstum und Beschäftigung herbeizuführen. Letzteres soll nicht heißen, dass man die Förderung von Spitzenforschung und -entwicklung aufgeben sollte. Auch im Ruhrgebiet ist es wichtig, dort, wo starke oder zumindest gut entwicklungsfähige Kompetenzfelder und „Cluster" existieren, Spitzenforschung und Spitzentechnologie voranzutreiben. Ansonsten aber ist eine *diffusionsgetriebene Strategie* naheliegend. Eine solche Strategie schafft nicht nur eine international wettbewerbsfähige Industrie, sondern macht das Ruhrgebiet zu einem attraktiven Markt für technologisch hochwertige Investitionsgüter und wissensbasierte Dienstleistungen. Dadurch wird das Ruhrgebiet zunehmend attraktiv als Standort für die Hersteller und Anbieter technologisch hochwertiger Investitionsgüter und wissensbasierter Dienstleistungen.

Die Entwicklung der wissensbasierten Volkswirtschaft kann auch genutzt werden, um die große ökologische Herausforderung der Wirtschaft innovations- und wachstumsfördernd zu lösen – die rasche *„Dematerialisierung"* der Produktion. Dematerialisierung heißt, dass Güter und Dienstleistungen bei gleicher oder besserer Qualität mit immer weniger Einsatz von nicht-erneuerbaren Ressourcen und mit immer weniger Eingriffen in die Natur produziert werden. Der Chemiker und Umweltforscher Friedrich Schmidt-Bleek hat dazu den einprägsamen Begriff des *„ökologischen Rucksacks" von Produkten und Dienstleistungen* geschaffen. Der ökologische Rucksack ist das, was an natürlichen Ressourcen gebraucht wird, um ein Produkt herzustellen, plus das, was an Eingriffen in die Natur vorgenommen werden muss, um an die Ressourcen heran zu kommen, plus das, was als Abfall und Abraum zurückbleibt. Dieser Rucksack muss, so Schmidt-Bleek, radikal verringert werden, wenn wir die großen ökologischen Probleme, vor denen wir stehen, lösen wollen, ohne auf Wachstum und Lebensqualität verzichten zu müssen. Konkret heißt das, dass wir innerhalb von wenigen Jahrzehnten den Rucksack für möglichst jedes Produkt und jede Dienstleistung auf ein Zehntel der heutigen Größe reduzieren müssen.

Dieses hohe Ziel kann man mit viel Wissen, Kreativität und Innovation durchaus schaffen – und dabei auch noch an Wachstum und Wohlstand gewinnen. Schon heute werden viele Güter und Dienstleistungen mit viel kleineren Rucksäcken produziert als noch vor einem Jahrzehnt. Das machen unter anderem neue Materialien, wie Kunststoffe aus Zellulose, die stark sind und recycelt werden können, und neue Verfahren, wie etwa die Nutzung von „Unkräutern" für die Herstellung von Pharmazeutika, möglich. Aber auch klassische Werkstoffe, wie Stahl, oder herkömmliche Produkte, wie Werkzeugmaschinen, können heute mit einem kleineren Rucksack viel mehr leisten als noch vor wenigen Jahren. Die Schaffung dieser Möglichkeiten und ihr früher Einsatz geben für die Wirtschaft starke Innovations- und Wachstumsimpulse. Das gilt aber nur dann, wenn man auf der einen Seite in entsprechende Forschung und Entwicklung investiert, auf der anderen aber auch dafür sorgt, dass neue Verfahren, Technologien und Materialien möglichst früh und möglichst breit eingesetzt werden. Gerade für das Ruhrgebiet gilt auch hier, dass es mit einer diffusionsgetriebenen Strategie weit kommen kann – es kann seine großen ökologischen Probleme bearbeiten, welche die Lebens- und Standortqualität des Reviers beeinträchtigen, und sich dabei zu einem attraktiven Leitmarkt entwickeln.

Um mit einer diffusionsgetriebenen Strategie erfolgreich zu sein, müssen im Ruhrgebiet das Tempo und die Breite der Diffusion und die Nutzung von Wissen in der regionalen Wirtschaft so gesteigert werden, dass ein möglichst großer Teil der regionalen Wirtschaft mit der (internationalen) Entwicklung von Produkt- und Prozessinnovationen und von Organisationsinnovationen in der jeweiligen

Branche mithalten kann. Ziel muss es sein, das Ruhrgebiet in wichtigen Technologie- und Wissensbereichen zu einer der Regionen zu machen, in der *neue Technologien und neues Wissen schnell in den eigenen Märkten umgesetzt* oder von denen aus neue Technologien und neues Wissen früh zu den wichtigsten Weltmärkten gebracht werden. Das ist eine große Herausforderung, weil es nicht mehr nur um eine mehr oder weniger große „Vorauswirtschaft“ geht, also um einen im Vergleich zur restlichen Wirtschaft kleinen, aber sehr innovationsstarken Teil der Wirtschaft, sondern darum, den weit überwiegenden Teil der regionalen Wirtschaft in die rasche und breite Diffusion und Nutzung von Wissen einzubeziehen.

Dazu muss man „Wachstumskatalysatoren“ nutzen. Wachstumskatalysatoren sind Programme zur Entwicklung von Bereichen, die einerseits die wichtigen Probleme und Bedürfnisse der Menschen im Ruhrgebiet und an vielen anderen Orten – und damit große Marktpotenziale – markieren und andererseits eine Vielzahl von Wissensgebieten, Technologien, Industriezweigen und Dienstleistungen – und damit große Diffusions- und Innovationspotenziale – einbeziehen. Besonders *interessante Wachstumskatalysatoren für das Ruhrgebi*et sind Gesundheit und Lebensqualität, Umwelt und Bildung, aber auch Arbeits- und Produktionsorganisation sowie Alterung und Mobilität.

Diffusionsgetriebene Strategien zur Entwicklung einer wissensbasierten Volkswirtschaft erfordern *leistungsfähige und breit wirksame Strukturen und Mechanismen des Wissenstransfers.* In den vergangenen Jahren und Jahrzehnten ist im Ruhrgebiet eine recht gut ausgebaute Transferlandschaft entstanden. Wir haben schon im zweiten Kapitel dargestellt, dass diese Transferlandschaft Defizite aufweist. Neben den Problemen der Vernetzung und Bündelung kämpft der Wissens- und Technologietransfer im Ruhrgebiet (und anderswo) mit einem grundlegenden Dilemma, das in der Schwierigkeit besteht, Wissen so breit zu vermitteln, dass es viele Unternehmen erreicht, gleichzeitig aber auch so unternehmensspezifisch und vertieft ist, dass die Unternehmen das neue Wissen rasch in Innovationen umsetzen können. Mit den üblichen Transfermechanismen kann man entweder das eine oder das andere machen, aber nicht beides gleichzeitig. Die Handwerkskammern und die Industrie- und Handelskammern vermitteln beispielsweise neues Wissen und neue Technologien über gezielte Veranstaltungen, während sie das Wissen für Innovationsprozesse in aufwendigen Beratungsverfahren verbreiten, die auf bestimmte Projekte von bestimmten Unternehmen bezogen sind und deshalb und wegen der begrenzten personellen Kapazitäten der Kammern nicht stark in die Breite gehen oder beliebig ausgeweitet werden können.

Der Zugang zu exklusivem Wissen und die branchenspezifische Qualifizierung von Arbeitskräften verlangen neue Arrangements in der regionalen Verzahnung von Hochschulen und Forschungseinrichtungen mit der Wirtschaft, den Branchenverbänden und weiteren staatlichen Akteuren. Wirtschaftliche Wettbewerbsfähigkeit und ihre Auswirkungen auf den Standort werden stark von der Fähigkeit zur schnellen *Interaktion* in Form von Technologietransfer und Wissensteilung abhängen, in der die Unternehmen und ihre effiziente regionale Einbettung in eine leistungsfähige Forschungs- und Hochschullandschaft ein notwendiger Standortfaktor in Hightech-Branchen sein werden. Leistungsfähige kooperative Innovations- und Produktionssysteme lassen sich aber weder anordnen noch durch schöne Broschüren oder Unternehmensberater herbeizaubern. Alle bislang vorliegenden Erfahrungen besagen, dass der Wandel der regionalen Regulationsstrukturen nur über kooperativ und experimentell ausgerichtete, zeitraubende und manchmal enttäuschungsreiche Planungs- und Gestaltungsprozesse möglich ist. Die Zusammenarbeit wird oft dadurch beeinträchtigt oder kommt überhaupt nicht zustande, weil einzelne Akteure befürchten, übervorteilt zu werden. Kooperationsorientiertes Verhalten der einzelnen Akteure muss also belohnt werden, um das „Kirchturmdenken" zu überwinden.

Innovationsprozesse verlaufen nur dann erfolgreich, wenn die Steuerung von *heterogenen Netzwerken* gelingt, was erhebliche organisatorische Lernprozesse von den Akteuren aus Wissenschaft, Wirtschaft und Politik verlangt. Hochschulen werden dadurch als „player" in der regionalen Strukturpolitik betrachtet und Wissenschaft explizit als „Wirtschaftsfaktor" diskutiert. Neben den global agierenden Finanzmärkten und den universellen Informations- und Kommunikationstechnologien scheinen es regionale Faktoren zu sein, die in ihrer spezifischen Kombination mit entscheidend für Entwicklung und Innovation sind.

Die Hochschulen können *Knotenpunkte* einer regionalen Innovationsstrategie sein. Dazu freilich bedarf es bei den Hochschulen nicht nur einer aufgeschlossenen Leitung, sondern es braucht auch vernetzt agierende Persönlichkeiten, die sich in der Region auskennen und Vertrauensverhältnisse zu Akteuren in anderen Systemen aufgebaut haben. Neben der Bereitschaft zum Austausch und zur Kooperation werden in hohem Maße strategisches Können und interdisziplinäre Sichtweisen gefordert.

Es geht also nicht in erster Linie darum, mehr Geld in das Transfersystem zu pumpen, um personelle Kapazitäten auszubauen. Viel wichtiger sind zunächst strukturelle Veränderungen, deren Ziel ein Transfersystem sein soll, welches

- das Ruhrgebiet als einheitliche Wissenschaftslandschaft nutzt, also an jedem Ort des Reviers jede Hochschule für die ansässigen Unternehmen und Organisationen zugänglich macht,
- Wissensnetze aufbaut, die kontinuierlich relevante Wissensbestände identifizieren, sie sich aneignen, zu Problemlösungen zusammenführen und sie für die Anwendung bereitstellen,

- Transfer in projektförmige Strukturen münden lässt, die sich wirtschaftlich weitgehend selbst tragen können.

Ein solches System kann man schaffen, indem man vorhandene Transferkapazitäten örtlich in *Innovations- und Transferzentren* bündelt und ausbaut. Diese Zentren sollen auf die örtliche Wirtschaft und deren Innovationspotenziale ausgerichtet sein. Sie sollen vor allem zwei Aufgaben wahrnehmen. Sie sollen, erstens, Wissensnetze schaffen und betreiben, welche die örtliche Wirtschaft mit der Wissenschaftslandschaft des Ruhrgebiets dauerhaft verknüpfen. Dabei kommt es darauf an, regelmäßige Kommunikation und Vertrauen zwischen Unternehmen und Hochschuleinrichtungen aufzubauen. Die zweite Aufgabe soll in der Organisation konkreter Projekte bestehen, die nicht nur einzelne Unternehmen einbeziehen soll, sondern mehrere Unternehmen aus einer Branche oder einer Wertschöpfungskette – auch Unternehmen, die ansonsten Konkurrenten sind. Damit sollen einerseits die Diffusion von neuen Problemlösungen beschleunigt und andererseits örtliche *Minicluster* entwickelt werden.

Die Bündelung und der Ausbau von vorhandenen Transferkapazitäten in Innovations- und Transferzentren sollen mit einer *funktionalen Differenzierung und Vernetzung* der Zentren verbunden werden. Die Zentren sollen sich also spezialisieren und sich dabei soweit wie möglich an den spezifischen Bedürfnissen der lokalen Wirtschaft orientieren. Diese Spezialisierung ist ein unabdingbarer Beitrag zu der im vierten Kapitel geforderten funktionalen Differenzierung der Ruhrgebietsstädte.

6.2 Bildung: Der schwere Weg zur Wissensgesellschaft

Die wichtigste Ressource der Wissensgesellschaft ist Bildung und ihre primäre *Herausforderung ist Ungleichheit der Verteilung von Wissen und des Zugangs zu Bildung*. Bildung bestimmt zum einen die Wissensentwicklung und die Fähigkeit von Unternehmen, Branchen und ganzen Volkswirtschaften, die Ressource Wissen produktiv zu nutzen. Bildung ist zum anderen das Vehikel zur Regelung der für die Wissensgesellschaft zentralen Verteilungskonflikte. Wenn Wissen die entscheidende wirtschaftliche Ressource darstellt, dann hängen die Möglichkeiten aller gesellschaftlichen Akteure, ihre Bedürfnisse zu befriedigen, ihre Interessen zu verfolgen und ihre Ziele zu erreichen, von ihren Zugängen zu Wissen und ihrer Verfügung über Wissen ab. Ein Unternehmen, das nicht über hinreichendes Wissen verfügt, wird im Innovationswettbewerb abgehängt. Ein Verband, der nicht in der Lage ist, Politik und Bürokratie spezielles Wissen aus seinem Bereich zur Verfügung zu stellen, verliert seinen Einfluss. Regionen, die im Hinblick auf die Produktion und Verteilung von Wissen schwächer sind als andere, verlieren gegenüber diesen anderen an Attraktivität und Wettbewerbsfähigkeit. Menschen, die über wenig Wissen verfügen, haben in aller Regel geringere Berufs- und Beschäftigungschancen und damit auch geringere Einkommenschancen, einen geringeren sozialen Status und eine deutlich geringere Mobilität als solche, die über viel Bildung und Wissen verfügen. Die regionale und kleinräumige Konzentration von Menschen mit nur geringer Bildung erweist sich als wichtiges Hemmnis im „Strukturwandel" des Ruhrgebiets.

Zugang zu und die Verteilung von Wissen sind zentrale Konfliktdimensionen der Wissensgesellschaft. In demokratischen Gesellschaften werden zentrale Konfliktdimensionen durch Parteien und Verbände politisch aufgenommen und organisiert. Sie werden Teil der Parteien- und Verbändekonkurrenz. Bildung und Wissenschaft werden zu einem zentralen Thema politischer und gesellschaftlicher Auseinandersetzung – und damit auch zu einem zentralen Thema gesellschaftlichen Zusammenhalts und gesellschaftlicher Handlungsfähigkeit. Darüber hinaus werden sie auch zu einem zentralen Thema der Standortkonkurrenz und des Wettbewerbs zwischen den Regionen.

In dieser Allgemeinheit formuliert, dürfte diese Argumentation heute kaum mehr bestritten werden. Die große Bedeutung von Wissen und Bildung für die wirtschaftliche und gesellschaftliche Entwicklung ist in Deutschland und vielen anderen Ländern längst erkannt worden. Mit dieser Einsicht verhält es sich jedoch ähnlich wie mit dem Wissen: Das Problem liegt nicht in der fehlenden Einsicht, sondern in der Fähigkeit, die vorhandene Einsicht konsequent umzusetzen. Das gilt für das Ruhrgebiet eher mehr als für viele Regionen, mit denen es sich vergleicht oder sich vergleichen lassen muss.

Das Ruhrgebiet hat auch im Vergleich mit anderen Ballungsräumen einen relativ hohen Anteil an jungen Menschen ohne Schulabschluss oder ohne Ausbildungsreife. Es hat deutlich mehr Schulabgänger, die nicht mehr als die Hauptschulreife mitnehmen. Besonders die jungen Menschen mit Migrationshintergrund, die in einigen Städten und vielen Stadtteilen bereits die Mehrheit der jungen Generation ausmachen, sind unter den Schulabgängern mit Hochschulreife unterrepräsentiert und unter denen, die im Schulsystem scheitern, überrepräsentiert. Der Anteil der Hochqualifizierten am Wohnort und am Arbeitsort ist niedriger als in den meisten Städten vergleichbarer Größe. Anders aber als heute noch viele klagen, geht nicht (mehr) die Mehrheit der Absolventen der vielen Hochschulen des Reviers nach dem Studium wieder weg. Der Studierendenmonitor der Ruhr-Universität Bochum beispielsweise belegt, dass zwei Drittel des Examensjahrgangs 2008 ihre Studienberechtigung im Ruhrgebiet erworben haben, drei Viertel der Absolventen aber zwei Jahre nach dem Studium noch im Ruhrgebiet sind.

Der Bochumer Historiker Klaus Tenfelde hatte also nicht Unrecht mit seiner These, dass die Hochschulen im alten Revier eine „neue soziale Mitte“ entstehen lassen. All das braucht aber Zeit, und die sozialräumliche Segregation im Ruhrgebiet (Kapitel 3) sorgt dafür, dass die neue Mitte und die Bewohner der Unterstadt auf ihrer Seite des Sozialäquators A 40 bleiben.

Die drohende Abwärtsspirale der Unterstadt haben wir beschrieben; damit diese Bewegung nicht die ganze Region mitnimmt, braucht es eine *Bildungsoffensive*, mit der sich das Ruhrgebiet zu einer auch im internationalen Vergleich starken Bildungsregion entwickelt. Da Bildungsausgaben und nicht-finanzielle Aufwendungen für Bildung zumeist nur langfristig wirksam sind – und insofern Investitionen darstellen –, geht das nicht von heute auf morgen, sondern im Rahmen einer langfristigen Strategie. Auch das geht nur, wenn die Lösung der Probleme nicht dem Staat und dem Bildungssystem allein überlassen wird, sondern wenn sich die Zivilgesellschaft mit dem Staat und dem Bildungssystem für eine nachhaltige Verbesserung von Bildung und Bildungspartizipation im Ruhrgebiet einsetzt. Nicht nur im Ruhrgebiet gilt, dass grundlegende Probleme von Bildungspartizipation und Bildungsqualität *nicht durch die Bildungspolitik allein gelöst* werden können. Vielmehr bedarf die Bildungspolitik der Unterstützung durch die Zivilgesellschaft. Bildungspolitik kann zwar die formalen Strukturen und Programme des Bildungssystems festlegen, aber nicht für die sozialen Einstellungen und Milieus sowie die gesellschaftlichen Unterstützungsstrukturen sorgen, die gute Bildungssysteme von weniger guten unterscheiden. Das muss die Zivilgesellschaft schaffen.

Wie wichtig die Zivilgesellschaft ist, lässt sich anhand der Bildungspartizipation besonders gut darstellen. Mangelnde Bildungspartizipation heißt, dass Kinder und Jugendliche nicht oder nur schwach in das Bildungssystem und die dahinterstehenden gesellschaftlichen Wertstrukturen integriert sind. In vielen Fällen wurden sie durch das Bildungssystem ausgesondert, in anderen Fällen ist es dem Bildungssystem gar nicht erst gelungen, Kinder und Jugendliche einzuschließen und zu integrieren. Das *Bildungssystem ist also selbst Teil des Problems*. Deshalb kann gerade das Bildungssystem Kinder und Jugendliche mit konkreten Problemen der Bildungspartizipation gar nicht mehr oder nur beschränkt erreichen. Die Lösung der Probleme muss deshalb *mit Hilfe von Akteuren außerhalb des Bildungssystems* erfolgen, welche die Kinder und Jugendlichen besser (oder überhaupt) erreichen können. Solche Akteure sind beispielsweise Vereine, Wohnungsgesellschaften oder auch Handwerksbetriebe und andere Unternehmen. Auch die nachhaltige Verbesserung der Fähigkeit des Bildungssystems, alle Kinder und Jugendlichen einzubeziehen und zu integrieren, kann durch das Bildungssystem allein nicht geleistet werden. Die mangelnde Integrationsfähigkeit des Bildungssystems ist zu einem beträchtlichen Teil auch entsprechenden gesellschaftlichen Einflüssen geschuldet. Eine nachhaltige Verbesserung der Integrationsfähigkeit des Bildungssystems setzt deshalb ein gesellschaftliches Umdenken voraus, das durch zivilgesellschaftliche Akteure angestoßen werden muss. Das Umdenken können zivilgesellschaftliche Akteure einerseits anstoßen, indem sie öffentliche Debatten initiieren, aber auch durch ein sichtbares Engagement in konkreten Projekten und Investitionen. Dafür gibt es viele Beispiele, wie etwa die Verknüpfung von Spiel, Motivierung und Lernen durch Fußballvereine oder die Unterstützung von Jugendzentren durch Unternehmen und Nachbarschaftsprogramme.

Ein gutes Beispiel ist die *Bildungsoffensive Hassel.* Ein evangelischer Gemeindepfarrer in einem Zechenviertel in Gelsenkirchen im nördlichen Ruhrgebiet hat (ohne einen Auftrag der Politik) in seiner lokalen „Bildungsoffensive" Schulen, Unternehmen, Kirchengemeinden (auch die Muslime), den Handel, das Handwerk und engagierte Bürger und natürlich die Familien und die Kinder im Stadtteil beteiligt und an einem Tisch (zum Beispiel in Zukunftswerkstätten) mit hoher Beteiligung von Eltern und Kindern „vernetzt". Gemeinsames Ziel ist es, die besten Bedingungen für das Aufwachsen von Kindern im Stadtteil zu schaffen, die sie motivieren und fähig machen, formale Bildungsprozesse erfolgreich zu durchlaufen, was wiederum die Voraussetzung dafür ist, dass sie entweder mobil werden und anderswo eine Perspektive entwickeln oder eben im Stadtteil selbst innovativ werden können. Im evangelischen Gemeindezentrum gibt es zum Beispiel Ganztagsbetreuung für die überwiegend muslimischen Schüler der benachbarten Hauptschule und Sprachwerkstätten.

Ein anderes gutes Beispiel ist die *Werner-von-Siemens-Schule in Bochum.* Diese Schule – eine ehemalige Hauptschule, die heute eine Gemeinschaftsschule ist – hat ein ganzes Netz von Partnerschaften mit Unternehmen, Kammern und anderen Einrichtungen aufgebaut. Im Rahmen dieses Netzes bietet die Schule Schülerinnen und Schülern, die ansonsten wohl schlechte Aussichten auf einen Ausbildungsplatz hätten, Werkstätten in den Fachrichtungen Metall, Holz, Raum und Farbe, Garten und Landschaftsbau sowie Gestalten an. Die Lernwerkstätten finden für jeweils drei Stunden an einem Nachmittag pro Woche statt und werden von berufserfahrenen Ausbildern geleitet. Sie bieten nicht nur Möglichkeiten des Erwerbs von fachlichen Qualifikationen, sondern auch von sogenannten „Schlüsselqualifikationen" – die ja ein zentrales Element von Humanvermögen sind. Schülerinnen und Schüler, die eine solche Werkstatt über zwei Jahre erfolgreich besuchen, haben aber nicht nur Qualifikationen erworben, sondern auch eine feste Ausbildungsplatzgarantie. Beiden Beispielen gemeinsam ist die Organisation von Bildungsprozessen unter Beteiligung der Stadtgesellschaft und der Wirtschaft.

6.3 Lebensqualität: Eine neue Urbanität für das Ruhrgebiet

Wir haben im vierten Kapitel dargestellt, dass unzureichende Lebensqualität im Ruhrgebiet zu einem Engpassfaktor der wirtschaftlichen Entwicklung geworden ist und es in Zukunft noch stärker wird, wenn sich nichts ändert. Wenn man diese Einsicht strukturpolitisch konsequent zu Ende denkt, ist ein grundlegender Strategiewechsel angesagt – nicht mehr die Standortqualität muss im Fokus der Strukturpolitik stehen, sondern die *Lebensqualität*. Die Qualität einer Region als Standort hängt zunehmend von der Stärke der an diesem Standort verfügbaren qualifizierten Fachkräfte ab. Für diese Fachkräfte ist Lebensqualität der entscheidende Faktor für ihre Entscheidung, sich an einem Ort anzusiedeln oder nicht. Die Strukturpolitik muss also zur Lebensqualitätspolitik werden. Heute liegt der Anteil der Hochqualifizierten, die in den Kommunen des Ruhrgebiets wohnen, deutlich niedriger als etwa in Köln, Münster oder Düsseldorf.

Lebensqualitätspolitik markiert gegenüber der herkömmlichen Strukturpolitik und dem damit verbundenen Verständnis staatlichen Handelns einen grundlegenden Wandel. Es ist die schon seit vielen Jahren geforderte Abkehr von dem Versuch der Politik, bestimmte Technologien und Innovationen als zukunftsweisend zu identifizieren und dann finanziell zu fördern. Anstelle solcher Versuche, konkrete Innovationen und Strukturen zu schaffen, die sich bisher gerade im Ruhrgebiet zumeist nicht als erfolgreich erwiesen haben, tritt der Versuch, *Rahmenbedingungen* zu schaffen, unter denen sich *kreative Milieus und Innovationsumfelder* entwickeln und sich selbst tragende Innovationsprozesse in Gang kommen.

Lebensqualität besteht nicht einfach aus einer Reihung bestimmter Eigenschaften von Orten und Regionen, sondern entsteht aus spezifischen Konfigurationen dieser Eigenschaften, die zusammen für bestimmte Gruppen von Menschen ein sinnvolles Ganzes darstellen. Lebensqualitätspolitik muss also nicht nur einzelne Dimensionen von Lebensqualität in den Kommunen des Ruhrgebiets verbessern, sondern sie richtet sich auf die *Entwicklung von Milieus und Quartieren, die für qualifizierte Fachkräfte attraktiv* sind. Einen solchen Versuch kann man derzeit in Hamburg beobachten, wo im Zusammenhang der Internationalen Bauausstellung versucht wird, den ehemals proletarischen und heute überwiegend von Migranten und Transferleistungsempfängern bewohnten Stadtteil Wilhelmsburg für „kreative Milieus" zu erschließen, ohne die ursprünglichen Bewohner zu vertreiben. Allerdings bilden qualifizierte Arbeitskräfte und die sogenannten Kreativen keine homogene Gruppierung mit einheitlichen Werten, Einstellungen und Interessen. Qualifizierte Menschen, die in urbanen Räumen leben, haben in mancher Hinsicht ganz andere Vorstellungen von Lebensqualität als diejenigen, die in ländlichen Räumen wohnen und arbeiten. Beträchtliche Unterschiede kann man auch zwischen Menschen, die mobil sind und die Region, in der sie leben, mehrfach gewechselt haben, und bodenständigen Menschen beobachten, die da leben, wo sie geboren wurden und aufgewachsen sind. Allgemeiner gesagt, gibt es bezogen auf Werte, Einstellungen und Interessen unterschiedliche Typen von qualifizierten Arbeitskräften. Deshalb konkurrieren Regionen oft um unterschiedliche Typen und können sich im Wettbewerb um qualifizierte Arbeitskräfte auch an unterschiedlichen Typen orientieren. Auch in dieser Hinsicht ist das Ruhrgebiet ein besonderer Fall.

Milieu und Quartier

Der Begriff Milieu beschreibt ein abgrenzbares soziales und kulturelles Umfeld mit typischen Lebensweisen, Verständnissen und Einstellungen und sozialen Formen und Strukturen. Solche Milieus sind manchmal auf einen eng begrenzten Teil einer Stadt beschränkt. In diesem Fall spricht man von einem Quartier. Allerdings wird der Begriff Quartier in manchen Ländern oder Städten auch für die Bezeichnung eines offiziellen Stadtviertels verwendet, das keinen besonderen sozialen und kulturellen Zusammenhalt haben muss.

Im montanindustriellen Zeitalter entwickelten sich im Ruhrgebiet bodenständige Belegschaften, die von großen Unternehmen durch eine Vielzahl von Aktivitäten und Maßnahmen an diese Unternehmen und oft auch an spezifische Standorte gebunden wurden. Diese Strukturen haben sich auch nach dem Niedergang der Montanindustrie lange gehalten, bröckeln aber schon seit Jahren immer mehr ab. *Wanderungsprozesse* entziehen *dem Ruhrgebiet qualifizierte Arbeitskräfte.*

Das Ruhrgebiet steht heute in einem *Wettbewerb um qualifizierte Arbeitskräfte mit anderen Regionen.* Als große Agglomeration muss sich das Ruhrgebiet dabei verstärkt auf qualifizierte Arbeitskräfte ausrichten, die urban und mobil sind. In den Vorstellungen dieser Arbeitskräfte über Lebensqualität spielen neben Wohnqualität, Bildungs-, Kultur-, Einkaufs-, Freizeit- und Mobilitätsangeboten und ökologischer Lebensqualität städtebauliche und soziale Bedingungen eine wichtige Rolle. Urbanität verbindet sich für gut gebildete Menschen mit individuellen Entfaltungsmöglichkeiten und einer Vielfalt von Angeboten, mit mannigfaltigen Quartieren, interessanter Architektur und anregenden sozialen Milieus. Städte und Agglomerationen sind also dann stark im Wettbewerb um qualifizierte Arbeitskräfte, wenn sie viele unterschiedliche Quartiere und Milieus mit jeweils spezifischen Eigenarten aufweisen. Das bietet diesen Personen einerseits die Möglichkeit, ein Quartier oder Milieu zu finden, in dem sie sich besonders wohlfühlen und dort wohnen. Andererseits können sie aber von dort auch die Angebote und Ausstrahlungen anderer Quartiere und Milieus nutzen. Sie können also beispielsweise in einem gutbürgerlichen Quartier mit vielen Familien wohnen, ihre Freizeit aber unter anderem in einem Quartier verbringen, das durch Theater, Museen, Künstlerkneipen und gute Restaurants, die besonders vom Theaterpublikum frequentiert werden, oder in einem Quartier, das durch Geschäfte und Restaurants oder Kneipen aus unterschiedlichen Kulturen und ein entsprechendes Publikum geprägt wird.

Auch im Hinblick auf diese Anforderungen an Lebens- und Arbeitsbedingungen gibt es im Ruhrgebiet – neben ausgewiesenen Stärken (unter anderem Kultur, Offenheit, gut organisierte Zivilgesellschaft) – *reale Defizite und beträchtliche Imageprobleme.* Mangelnde Urbanität und Lebensqualität führen dazu, dass qualifizierte Menschen aus dem Ruhrgebiet abwandern oder erst gar nicht herkommen. Diese Effekte werden durch das Image des Ruhrgebiets verstärkt, das die realen Defizite vielfach überzogen und verzerrt wiedergibt.

Ein besonderes Defizit ist die mangelnde Familiengerechtheit und die zu schwache Orientierung des Wohnungsangebots, der Siedlungsstrukturen und der Infrastrukturen im Ruhrgebiet an den Bedürfnissen der Mittelschichten. Das begünstigt den Wegzug bildungsnaher Familien in das Umland und die Entwicklung von prekären Verhältnissen in den Kernstädten der Region. Es hindert zudem die unter sozialstrukturellen und ökonomischen Gesichtspunkten besonders wichtige Stärkung des Anteils der Mittelschicht im Ruhrgebiet. Das Ruhrgebiet hat aus seiner montanindustriellen Vergangenheit heraus traditionell eine im Vergleich zu anderen städtischen Räumen schwache Mittelschicht. Das prägt die Kultur, das Bildungsverhalten, das Konsumverhalten und die Nachfrage, das politische Bewusstsein, die Einstellungen zu Innovation, Wandel und Selbstständigkeit, das soziale Engagement und viele andere für die wirtschaftliche und soziale Entwicklung des Ruhrgebiets wichtige Faktoren. Das im dritten Kapitel beschriebene Schwinden der traditionellen Arbeiterschicht (die das soziale und kulturelle Kapital des alten Reviers verkörpert hat) und das Wachsen einer neuen, prekären Unterschicht verschärfen diese negativen Auswirkungen erheblich. Deshalb ist es für die wirtschaftliche und soziale Zukunft des Ruhrgebiets entscheidend, mehr *Quartiere für die Mittelschicht*, insbesondere für *Mittelschichtfamilien mit Kindern*, zu schaffen. Wie das geht, ist kein Geheimnis – der Phönixsee in Dortmund und die Solarsiedlung Bismarck in Gelsenkirchen sind Beispiele dafür, wie man neue Stadtquartiere schafft oder bestehende umbaut, um Mittelschichtfamilien in der Stadt zu halten oder sie in die Stadt zu holen, ohne die ansässige Bevölkerung zu verdrängen.

Es gibt im Ruhrgebiet zweifellos viele attraktive Orte, sie hängen aber wenig zusammen, sondern bilden *Inseln, zu denen man sich durchschlagen muss.* Es gibt Inseln der Kreativität, viele Inseln, auf denen man gut wohnen kann oder wo man interessante kulturelle Angebote und attraktive Freizeitmöglichkeiten geboten erhält, es gibt gute Einkaufsmöglichkeiten oder Restaurants mit Küchen unterschiedlicher Nationalität. Diese Inseln existieren jedoch wenig vernetzt nebeneinander, schwächen sich wechselseitig oft eher, als dass sie sich verstärken, strahlen auch nicht weit aus und bilden deshalb zusammen eben auch kein „starkes Stück Deutschland" (wie es vor Jahren in einer Ruhrgebietskampagne versprochen wurde). Sie bilden in ihrem Inseldasein nicht das Lebensgefühl einer Groß- oder Weltstadt, sondern das einer Ansammlung von Städten, in der selbst die großen Städte durch ihre wechselseitige Beschränkung nicht das „Flair" von Weltläufigkeit, Vielfalt und Vitalität einer wirklichen Großstadt vermitteln können. Das Kernproblem des Ruhrgebiets besteht also nicht in erster Linie darin, dass ihm die Elemente einer modernen Urbanität fehlen, sondern eher darin, dass diese Elemente *nicht zu einer urbanen Lebenswelt verknüpft* sind.

Die meisten dieser Inseln bilden auch *keine wirklichen Milieus und Quartiere.* Ausnahmen, wie das Bermuda-Dreieck in Bochum oder die Rüttenscheider Straße in Essen, bestätigen diese Regel. Illustrative Beispiele für die Regel sind das Musiktheater im Revier oder die Theaterlandschaft in Essen. Das Musiktheater ebenso wie das Grillo- und das Aalto-Theater in Essen sind aber nicht Mittelpunkte eines Theater- und Kunsttreffs, an dem man sich mit kulturinteressierten oder kulturschaffenden Menschen aus unterschiedlichen Schichten treffen und über Kultur (und vieles drumherum) diskutieren kann. Sie stehen vielmehr solitär in einem Umfeld, das ansonsten mit Kunst und Theater wenig zu tun hat. Ähnlich verhält es sich mit Einkaufsmöglichkeiten, Restaurants oder auch mit den verschiedenen ethnischen Gruppierungen. Große und besondere Einkaufsstraßen fehlen ebenso wie kleine Nebenstraßen mit vielen kleinen und besonderen Geschäften. Die Einkaufsstraßen sind, was das Angebot anbelangt, oftmals ziemlich uniform, kleine und besondere Geschäfte so verstreut, dass sie nur Eingeweihte finden. Die von bestimmten ethnischen Gruppen dominierten Stadtgebiete wirken zumeist eher wie vernachlässigte deutsche Wohngegenden mit vielen Satellitenschüsseln und nicht als kulturell andersartige und deshalb interessante Quartiere.

Um die vielen vorhandenen zusammen mit neuen Elementen zu einer urbanen Lebenswelt zu verknüpfen, sind drei Dinge notwendig. Das erste sind *städtebauliche und sozialräumliche Entwicklungsachsen*, welche die Inseln physisch, sozial und kulturell miteinander verbinden. Das zweite sind *Verdichtungen* von Faktoren der Lebensqualität *zu Milieus und Quartieren.* Das dritte sind *dichte regionale Kommunikationsnetze*, über die Entwicklungen angestoßen und begleitet werden.

Übergreifende Entwicklungsachsen können zum einen *aus vorhandenen Stärken* heraus entwickelt werden, zum anderen im Sinne eines problemlösenden Wachstums auch *aus der Lösung von Problemen.* Ein Beispiel für die Nutzung vorhandener Stärken zur Bildung einer urbanen Entwicklungsachse ist die Kultur. Eine dauerhafte städteübergreifende Vernetzung der Kulturlandschaft durch gemeinsame Projekte, einen Austausch von Programmen, gemeinsame Abonnements oder besondere Theater-, Museums- oder Konzertexpresse zwischen den Städten, wie sie temporär durch Ruhr.2010 geschaffen wurden, würde aus dem Ruhrgebiet eine Kulturlandschaft machen, die nicht nur in einem formalen Sinn zu den dichtesten Europas gehören, sondern die auch als solche alltäglich erfahren würde. Diese alltägliche Erfahrung würde über die Zeit auch zur Herausbildung von starken städteübergreifenden kulturellen Milieus im Ruhrgebiet führen.

Beispiele für die *Nutzung von Problemen zur Schaffung von Entwicklungsachsen* sind die ökologische Stadtentwicklung, die Entwicklung familiengerechter Städte und die ethnische Integration. Im vierten Kapitel haben wir dargestellt, wie man mit dem Projekt CultNature die Beseitigung von Brachflächen für den Aufbau von Entwicklungsachsen nutzen kann. Verfolgt man den Ansatz von CultNature konsequent, so entsteht im Ruhrgebiet ein wabenförmiges System von bebauten Flächen, die von Grünzügen oder Wasserwegen umschlossen sind. Die Nutzung dieses Grundmusters für die Entwicklung einer Bio-Energie-Parklandschaft schafft eine hohe räumliche Qualität, weil viele Wohn- oder Gewerbegebiete von Grünzügen oder Wasserflächen umschlossen sind, die oft nur wenige Meter entfernt sind. Die Grünzüge lassen sich deshalb gut mit unterschiedlichen Aktivitäten in Freizeit, Kultur, Konsum und Kommunikation anreichern. Grünzüge und Grünräume verbinden dadurch Stadtteile und Städte nicht nur physisch, sondern vernetzen sie auch durch Aktivitäten. Dadurch übernehmen sie Funktionen, die in Städten bisher von Straßen und Plätzen wahrgenommen werden. Auf Straßen und Plätzen spielt sich Mobilität ab, auf und an Straßen und Plätzen gibt es unterschiedliche soziale Aktivitäten (zum Beispiel Freizeitaktivitäten, Kultur, Kommunikation und Konsum), an Straßen und Plätzen sind aber auch Produktionsstätten angesiedelt.

Die demografische Entwicklung, die Schrumpfung der Bevölkerung, ist nicht nur ein Problem für die Stadtentwicklung, sondern bietet auch Chancen. Viele Quartiere in den Ruhrgebietsstädten weisen eine geringe städtebauliche Qualität auf. Diese Qualität lässt sich jedoch oft dadurch deutlich und nachhaltig verbessern, dass man die Tatsache nutzt, dass die *Wohnbevölkerung im Ruhrgebiet rückläufig* ist. Wenn Wohnraum leer steht, Mieten wegen mangelnder Nachfrage sinken und Gebäudewerte abnehmen, dann kann man Wohngebäude rückbauen oder abreißen, um Freiflächen zu schaffen und vorhandene Wohneinheiten zu größeren und höherwertigen Einheiten zusammenzulegen. Es gibt Vorschläge, wie man ein solches Vorgehen ohne öffentliche Subventionen durch einen Ausgleich von Verlusten und Gewinnen der Immobilienbesitzer finanzieren kann.

Im Rahmen eines solchen Stadtumbaus lassen sich Quartiere familiengerechter gestalten. Wenn dieser Umbau verbunden wird mit besseren Angeboten an Kindertagesstätten, Kindergärten und Schulen, so können Familien im Ruhrgebiet gehalten werden – was auch ökologisch sinnvoll wäre, weil damit der Auswucherung der Agglomeration Rhein-Ruhr Einhalt geboten wird. Auch ein anderes wichtiges Problem kann im Rahmen eines Stadtumbaus gelöst werden: Die *Abwanderung von qualifizierten Menschen mit Migrationshintergrund.* Deutschland verliert immer mehr qualifizierte Menschen mit türkischem Migrationshintergrund, weil diese Menschen gesellschaftlich nicht angemessen aufgenommen werden, sondern mit vielen Vorurteilen zu kämpfen haben. Schon rein räumlich können sich diese Menschen kulturell nicht entfalten. Es gibt zwar im Ruhrgebiet viele türkisch geprägte Quartiere, aber diese Quartiere manifestieren *nicht die moderne türkisch und deutsch geprägte Kultur gut ausgebildeter Menschen mit türkischem Hintergrund*, sondern die traditionelle Kultur der schlecht ausgebildeten und wenig integrierten Menschen. Vor einiger Zeit hat der Duisburger Planungsdezernent Jürgen Dressler vorgeschlagen, im Ruhrgebiet Quartiere zu entwickeln, die stärker von türkischer Kultur geprägt sind. Wenn solche Quartiere durch gut ausgebildete Menschen mit türkischem Migrationshintergrund gestaltet und mit Leben gefüllt würden, die in Deutschland gut integriert sind, dann könnten sie attraktive Räume kultureller Offenheit und einer echten Multikulturalität werden.

Ein Stadtumbau, wie wir ihn hier skizzieren, lässt sich nicht von oben anordnen, sondern erfordert die Beteiligung und das Zusammenwirken vieler unterschiedlicher Personen und Organisationen, unter anderem von Hauseigentümern, Mietern, Laden- und Restaurantbesitzern, Stadtplanern, Kindergärten und Schulen. Der Staat, die Städte, der Initiativkreis Ruhrgebiet oder Stiftungen können eine solche Zusammenarbeit fördern. Sie können, ähnlich wie das bei InnovationCity gemacht wurde, *Wettbewerbe für Innenstadt- und Quartierkonzepte* ausschreiben und den jeweiligen Siegern dann auch finanziell und mit anderen Möglichkeiten bei der Realisierung der Konzepte helfen. Das ist allerdings nur dann sinnvoll, wenn die Wettbewerbe nicht bloß einen Sieger haben, sondern mehrere, denn sonst würde man nur die Zahl der schönen Inseln vergrößern.

Innenstadt- und Quartierkonzepte dürfen sich allerdings nicht nur auf einen architektonischen und infrastrukturellen Umbau beschränken, sondern müssen das soziale Geschehen mit einbeziehen. Multikulturalität und andere wichtige Aspekte von Lebensqualität lassen sich allerdings nicht durch physische Entwicklungsachsen allein ausbauen; dazu sind auch *sozialräumliche Entwicklungsachsen* notwendig. Türkisch geprägte Quartiere können beispielsweise Menschen neue kulturelle Erfahrungs- und Handlungsmöglichkeiten und *Chancen für die Entwicklung neuer multikultureller Verhaltensweisen* bieten. Das gilt allerdings nur dann, wenn solche Quartiere von gut integrierten Personen gestaltet werden. Solche Personen können Brücken zwischen der türkischen und der deutschen Kultur bilden. Die zahlreichen Absolventen und Absolventinnen der Ruhrgebietshochschulen mit Migrationshintergrund könnten helfen, Brücken zu bauen.

Eine wichtige Rolle bei der Entwicklung urbaner Sozialräume spielen *Mobilität und vor allem Kommunikation*. Durch Kommunikation und Mobilität können bestehende Sozialräume zu größeren und vielfältigeren Räumen vernetzt oder auch neue sozialräumliche Entwicklungen angestoßen werden. Die Ruhrgebietsorganisationen von Parteien zum Beispiel verbinden nicht nur die kommunalen Sozialräume der Parteien, sondern schaffen einen eigenen regionalen Sozialraum. Dieser regionale Sozialraum einer Partei ist nicht bloß die Addition der kommunalen Sozialräume, sondern entwickelt ein Eigenleben. In dem regionalen Sozialraum der jeweiligen Parteien werden Probleme der Region und ihrer Kommunen oft anders diskutiert und angegangen als in den kommunalen Sozialräumen, parteiinterne Interessen formieren sich anders und es entwickeln sich oft auch andere Verständnisse von Problemen und Lösungswegen. Ähnlich verhält es sich auch mit Jugendtreffs, wie dem Bermuda-Dreieck oder dem CentrO oder den Fanclubs der Bundesligisten. Sie binden Jugendliche und andere Menschen in übergreifende Kommunikationsprozesse und konkrete Aktivitäten ein, die für die betreffenden Personen oft erweiterte soziale Räume und damit auch neue Handlungsmöglichkeiten schaffen. Die Fanclubs sind allerdings auch ein gutes Beispiel dafür, dass soziale Räume nicht nur integrieren, sondern auch ausschließen – Fanclubs fördern nicht nur eine Identifikation mit einem bestimmten Fußballverein und dessen Heimatstadt, sondern auch Aversionen gegen rivalisierende Vereine und deren Heimatstadt.

Die Tatsache, dass sozialräumliche Entwicklungen nicht nur integrieren, sondern auch trennen, ist keineswegs immer negativ zu bewerten. Im Gegenteil: Es ist oft die *Voraussetzung unterschiedlicher Milieus*. Besondere Milieus können sich nur dadurch entwickeln, dass sie *im Inneren einen spezifischen Zusammenhang* haben, sich aber *nach außen klar und deutlich abgrenzen*. Das Ruhrgebiet bildet sicher in Sachen Fußball insofern einen großen und besonderen Sozialraum, weil es ein großes Angebot an Fußballvereinen hat und Fußball auch in weiten Teilen der Bevölkerung eine wichtige Rolle spielt. Das ist ein sozialer Integrationsfaktor, den man nicht unterschätzen sollte – Fußball überwindet gerade im Ruhrgebiet ethnische und soziale Grenzen. Dieser Sozialraum besteht jedoch aus unterschiedlichen Milieus, weil jeder Verein seine eigene Fangemeinschaft hat, die ihre Identität nicht primär aus spezifischen sozialen und kulturellen Merkmalen gewinnt, sondern durch die Ablehnung bestimmter anderer Clubs und Fangemeinschaften. Die Existenz dieser unterschiedlichen Milieus macht für viele Fußballfans das Revier besonders attraktiv.

Ein attraktiver urbaner Raum lebt davon, dass es viele *unterschiedliche Milieus* gibt – und dass diese Milieus auch *sichtbar und erfahrbar* sind. Das ist insbesondere dann der Fall, wenn bestimmte Milieus räumlich konzentriert sind, also spezielle Quartiere bilden. Ein Beispiel dafür ist das schon erwähnte Bochumer Bermuda-

Dreieck, wo sich junge Menschen treffen können und ihr besonderes Milieu auch im Kontrast zu Orten in der Nähe, in denen es mehrere Restaurants für ältere und auch besser situierte Menschen gibt, erleben können. Die Sichtbarkeit und die Erfahrbarkeit von Milieus sind keineswegs selbstverständlich. Ein Beispiel: Obwohl es im Ruhrgebiet eine gut ausgebaute Hochschullandschaft mit vielen Wissenschaftlerinnen und Wissenschaftlern und ein entsprechendes Milieu gibt, ist von diesem Milieu außerhalb der Hochschulen wenig zu merken. Die Netzwerke zwischen den Hochschulen und ihrem regionalen Umfeld sind immer noch dünn. Es gibt kaum besondere Hochschul- oder Wissenschaftsquartiere, vor allem keine Quartiere, in denen viele Wissenschaftlerinnen und Wissenschaftler sowie Studierende wohnen oder sich in Restaurants, Kneipen und anderen Einrichtungen aufhalten, und die dadurch das Quartier prägen. Deshalb fehlt es auch an einfach zugänglichen Treffpunkten, an denen man dem Milieu begegnen kann. Das ist in vielen Städten, nicht nur in typischen Universitätsstädten wie Heidelberg oder Tübingen, sondern in großen Städten wie München, Paris, London oder New York, anders.

Das Ruhrgebiet ist, bedingt durch seine Vergangenheit, nicht nur wirtschaftlich (funktional) weniger differenziert als die Agglomerationen, mit denen es im Wettbewerb steht, sondern auch in Bezug auf Lebenswelten, Milieus und Quartiere. Deshalb muss sich das Ruhrgebiet nicht nur funktional viel stärker ausdifferenzieren, als dies bisher der Fall ist, sondern auch sozialräumlich und geografisch. Die *sozialräumliche und geografische Differenzierung* ist eine ebenso anspruchsvolle Aufgabe wie die funktionale Differenzierung. Es ist eine Aufgabe, die die Handlungsmöglichkeiten von Politik bei weitem übersteigt und nur im Zusammenspiel von Zivilgesellschaft, Städten und Land gelingen kann. Es ist aber auch eine Aufgabe, die durch ein solches Zusammenspiel gut lösbar ist – etwa dadurch, dass Wohnungsgesellschaften, Städte und andere Akteure zusammen an der Entwicklung der räumlichen Umfelder von Hochschulen oder Kultureinrichtungen zu attraktiveren Quartieren oder manch trister Stadtzentren zu alltäglichen Erlebniswelten arbeiten. Ein interessantes Beispiel dafür ist *Wohnen im Alter.*

Wohnen im Alter ist gerade für das Ruhrgebiet als demografisch „alte" Region ein interessantes Problemfeld. Das Ruhrgebiet kann im Hinblick auf die Alterung der Gesellschaft ein „Laboratorium" für Deutschland darstellen, in dem es frühzeitig neue Lösungen für die mit der Alterung der Gesellschaft verbundenen Probleme entwickelt und einsetzt – und auch die damit verbundenen Chancen frühzeitig nutzt. Mit solchen Lösungen sind viele wirtschaftlich interessante technische und organisatorische Innovationsimpulse verbunden. Dazu gehören die Vernetzung von Dienstleistungsanbietern und privaten Haushalten mit modernen Informations- und Kommunikationssystemen und die Ausstattung von Wohnungen mit technischen Hilfen, die es auch alten Menschen ermöglichen, in ihrer eigenen Wohnung zu leben. Es existieren mittlerweile im Ruhrgebiet sowohl verschiedene technische Lösungen, die Wohnungen bzw. Privathaushalte mit Dienstleistungsanbietern (auch medizinischen Zentren) direkt oder über eine Vermittlungsstelle miteinander zu vernetzen („vernetztes Wohnen") als auch e-Health-Anwendungen (und insbesondere Telemedizin). Wohnen im Alter ist also nicht nur ein wichtiges gesellschaftliches Problem, sondern auch eine große Chance für die Entwicklung von Leitmärkten für entsprechende Güter und Dienstleistungen. Wohnen im Alter, insbesondere die Verknüpfung von technisch anspruchsvollem Wohnen mit einem guten Dienstleistungsangebot, kann also für das Ruhrgebiet ein ambitioniertes, aber auch vielversprechendes Projekt werden, das nationale und internationale Beachtung finden könnte.

6.4 Kooperation, Profilbildung durch Wettbewerb und Einbezug der Zivilgesellschaft

Für das Ruhrgebiet geht es um den Aufbau eines starken Humanvermögens und Humankapitals, die Schaffung von funktional differenzierten Wirtschaftsstrukturen und die Entwicklung einer attraktiven urbanen Lebensqualität. Wir haben an Beispielen versucht zu zeigen, wie diese Herausforderungen bewältigt werden können. Diese Beispiele und Vorschläge enthalten bei aller Verschiedenheit eine *gemeinsame Botschaft*: Der Strukturwandel im Ruhrgebiet gelingt nur dann, wenn nicht immer nur nach dem Staat gerufen wird, sondern wenn sich auch die *Zivilgesellschaft* engagiert und wenn es zu einem neuen *Mix von Kooperation und Profilbildung durch Wettbewerb* kommt.

Die Gründe hierfür liegen in den Erfahrungen von inzwischen mehreren Jahrzehnten Strukturpolitik im Ruhrgebiet. Sie zeigen, dass gut gemeinte Förderprogramme immer wieder daran gescheitert sind, dass jede Stadt und jeder Kreis ein Stück vom Förderkuchen haben wollten und erhielten und möglichst alle wichtigen Interessengruppen ebenfalls gut bedient wurden. Deshalb konnten Prioritäten und Ziele nicht eingehalten werden und Mittel wurden ineffizient eingesetzt. Schlimmer noch: Die Städte und Kreise und ihre Akteure haben viel Kraft darauf verwendet, aussichtsreiche Projekte anderer Städte und Kreise zu verhindern, statt selber gute Projekte zu entwickeln. Wenn eine gute Idee nicht zu verhindern war, wurde sie „kannibalisiert", indem gleich viele Städte und Kreise diese Idee realisieren wollten. Am Ende haben sie sich mit ihren geförderten Aktivitäten offen oder versteckt wechselseitig Konkurrenz gemacht und damit die Erfolgschancen vieler Projekte gemindert oder vernichtet. Das war keineswegs bloß das böse Spiel der Kirchturmpolitiker, sondern hinter diesen standen viele andere böse Buben aus Verbänden, Vereinen, Kammern, Unternehmen, Ministerien und weiteren Einrichtungen, welche die Politiker auf die Kirchtürme getrieben haben, weil sie von der Kirchturmpolitik profitieren wollten. Da haben sich der Staat und die Kommunen sowie die Zivilgesellschaft oft in ihren schlechten Seiten noch verstärkt.

Aus dieser Erfahrung muss das Ruhrgebiet lernen. Die erste Lektion heißt: *Fördermittel allein helfen dem Ruhrgebiet wenig*, wenn sich die Städte und Kreise und ihre wichtigsten Akteure nicht darüber verständigen, wer in welchen Feldern besondere Kompetenzen hat und wie diese Kompetenzen in konkrete Aktivitäten umgesetzt werden sollen. Die zweite Lektion lautet: Diese Verständigung muss in einer *offen und öffentlich geführten Diskussion* erzielt werden, damit zum einen die unterschiedlichen Interessenlagen und Konflikte offengelegt werden und zum andern vermieden wird, dass die Verständigung in Form von faulen Kompromissen erfolgt, die viel Geld kosten, aber wenig bewirken. Die dritte Lektion ist: In diesen Prozess muss die *Zivilgesellschaft möglichst früh und möglichst breit einbezogen* werden, damit die notwendige Verständigung gesellschaftlich verankert werden kann und die zivilgesellschaftlichen Akteure auf der Basis einer gemeinsamen Verständigung selbst aktiv werden.

Wie wichtig diese Lektionen sind, haben wir im dritten Kapitel anhand der Lösung der Probleme der *Bildung und Bildungspartizipation* und der damit verbundenen Familien- und Stadtteilprobleme dargestellt. Keines dieser Probleme kann von der Politik allein gelöst werden. Das gilt umso mehr, als in der Bildungs- und in der Familienpolitik viel Geld fehlt und das Geld auch nicht immer dahin fließt, wo es wirklich sinnvoll eingesetzt werden kann. Ein Beispiel: Seit vielen Jahren wird von Experten einhellig gefordert, mehr in die frühkindliche und vorschulische Bildung zu investieren, aber gerade die von Bildungsproblemen besonders betroffenen Kommunen im Ruhrgebiet müssen aufgrund ihrer Haushaltslage höhere Gebühren für Kindertagesstätten und Kindergärten verlangen als die von Bildungsproblemen weniger betroffene Stadt Düsseldorf. Schon wegen dieser finanziellen Situation können die hier angesprochenen Probleme vom Staat und den Kommunen allein nicht gelöst werden – die weiter oben kurz dargestellten Lernwerkstätten der Siemens-Schule in Bochum gibt es nur, weil wirtschaftliche und andere zivilgesellschaftliche Akteure sich finanziell und mit anderen Mitteln engagieren. Auch da, wo viel Geld vorhanden ist, wie in dem sogenannten Übergangssystem, das Schülerinnen und Schülern ohne Schulabschluss oder „Ausbildungsreife" zu einer Berufsausbildung verhelfen soll, ist der Erfolg häufig von dem Engagement wirtschaftlicher und anderer zivilgesellschaftlicher Akteure abhängig.

Im Bildungsbereich und auch in der Familienpolitik ist zivilgesellschaftliches Engagement oft deshalb besonders wirksam, weil es kleinräumig und in konkreten Projekten organisiert werden kann. Die einzelnen Projekte können zumeist unabhängig von anderen Projekten zum Erfolg geführt werden, große Absprachen und Verständigungen zwischen vielen Akteuren an ganz unterschiedlichen Orten sind zumeist nicht erforderlich. Ganz anders sieht das in Bezug auf die *funktionale Differenzierung* aus. Ein sinnvolles und politisch durchsetzbares Programm zur Förderung funktionaler Differenzierung setzt eine breite Verständigung der wirtschaftlichen und politischen Akteure im Ruhrgebiet voraus. Das gilt noch mehr für eine effektive und effiziente Umsetzung eines solchen Programmes. Die Umsetzung jedes sinnvollen Programmes für eine funktionale Differenzierung der Region erfordert die *aktive oder passive Mitwirkung einer größeren Zahl von wichtigen Akteuren*. Unternehmen müssen sich beispielsweise in neue regionale Wertschöpfungsketten einbringen, Gewerkschaften und Arbeitgeber müssen sich auf neue Weiterbildungsprogramme oder neue Arbeitssysteme einigen und Hochschulen neue Bildungs- und Transferangebote machen.

Die ebenso notwendige wie schwierige Verständigung über eine funktionale Differenzierung des Ruhrgebiets kann man erleichtern, indem man die entsprechenden Diskussionen räumlich zusammenfasst und fokussiert. Im Ruhrgebiet gibt es für strukturpolitische Diskussionen und für strukturpolitisches Handeln traditionell zwei Räume, von denen der eine viel zu groß und der andere viel zu klein ist. Der *zu große Raum* ist das *Ruhrgebiet insgesamt*, *viel zu klein* ist dagegen *der kommunale Raum*. Das Ruhrgebiet insgesamt ist nicht nur wegen der territorialen Größe zu groß, sondern wegen der Vielzahl unterschiedlicher Interessenlagen und Außenbeziehungen. In dem Ausmaß, in dem das Ruhrgebiet seine durch die Montanindustrie geschaffene wirtschaftliche, soziale und politische Einheit verloren hat, hat es sich auch nach außen neu orientiert. Heute ist Dortmund mit seinem westfälischen Umland mindestens so stark verbunden wie mit Duisburg. Duisburg seinerseits hat seine schon traditionell starken Beziehungen in das Rheinland weiter verstärkt, während die Beziehungen zum „Rest" des Reviers schwächer geworden sind. Gelsenkirchen und Recklinghausen haben ihre Beziehungen zum Münsterland verstärkt, Hagen diejenigen zum Bergischen Land.

Vor diesem Hintergrund ist es sinnvoll, für strukturpolitische Diskussions- und Entscheidungsprozesse, von begründeten Ausnahmen abgesehen, möglichst einen *mittleren Raum zwischen der „Ruhrstadt" und den über 50 Kommunen* zu schaffen. Ein solcher Raum könnte durch geografisch oder funktional definierte Planungs- und Entwicklungsgemeinschaften von Kommunen entstehen. Ein *geografisch definierter Raum* entsteht durch eine breite Zusammenarbeit von benachbarten Kommunen in der Strukturpolitik, ein *funktional definierter Raum* durch eine auf bestimmte Wertschöpfungsketten oder Aktivitäten fokussierte Zusammenarbeit.

Eine Verlagerung in mittlere Räume kann Diskussions- und Entscheidungsprozesse über räumliche Arbeitsteilung und funktionale Differenzierung in mehrfacher Hinsicht erleichtern. Probleme und Interessenlagen sind oft *weniger kom-*

plex und überschaubarer, Abhängigkeiten und damit Kooperationszwänge größer und Interaktionen und Kommunikationen dichter. Differenzierungsprobleme können zudem in zwei oder drei Schritten abgearbeitet werden. In funktional definierten mittleren Räumen können Städte und Kreise mit Interessen in gleichen oder aufeinander bezogenen Kompetenzfeldern ihre Kompetenzen vergleichen und mögliche Synergien identifizieren, die ihnen Kooperation statt Konkurrenz ermöglichen.

Für das geforderte zivilgesellschaftliche Handeln bestehen im Ruhrgebiet einerseits günstige Voraussetzungen, weil es eine *gut organisierte und für die Region engagierte Zivilgesellschaft* gibt. Zu dieser organisierten Zivilgesellschaft gehören der Initiativkreis Ruhrgebiet, der Verein proRuhrgebiet, lokale Bildungsbündnisse, Stiftungen, Kooperationen zwischen Schulen, Wirtschaft und anderen Akteuren, das politische Forum Ruhr und andere Orte gesellschaftlicher und politischer Debatten, kulturelle Netzwerke, Vereine und vieles andere mehr. Wie erfolgreich diese organisierte Zivilgesellschaft im Zusammenspiel mit Staat und Politik sein kann, belegt insbesondere die kulturelle Entwicklung des Ruhrgebiets. Nicht zuletzt dank des Engagements der organisierten Zivilgesellschaft ist es im Ruhrgebiet gelungen, eine Kulturlandschaft zu schaffen, die sich national und international sehen lassen kann. Ein ebenso starkes und erfolgreiches Engagement ist erforderlich, um das Ruhrgebiet in Sachen Bildung ganz nach vorne zu bringen und es zu einer national und international sichtbaren Bildungsregion zu machen – und damit die Voraussetzungen für eine starke Wissensgesellschaft zu schaffen.

Allerdings hat auch diese schöne Medaille eine unschöne Kehrseite. Die Zivilgesellschaft ist im Ruhrgebiet nur in der „Oberstadt" stark und stark engagiert, in der „Unterstadt" ist sie dagegen oft schwach oder gar nicht mehr vorhanden. Der größte Teil der für die Zivilgesellschaft wichtigen Organisationen und Vereinigungen konzentriert sich auf Stadtteile und Quartiere mit relativ hohem Wohlstand und relativ geringen sozialen Problemen. Sie sind geprägt von der Denkweise der Mittel- und Oberschicht und haben oft mental kaum Zugang zu den Problemen der prekären Bevölkerungsschichten. In den Quartieren mit sozialen Brennpunkten gibt es weniger an zivilgesellschaftlichen Organisationen und Vereinigungen. *Die Zivilgesellschaft im Ruhrgebiet muss ihre Leistungsfähigkeit also vor allem dadurch beweisen, dass sie den Weg von der „Oberstadt" in die „Unterstadt" findet.*

Literaturhinweise

Die im Teil 6.1. erwähnte Aussage, in der modernen Wissensgesellschaft sei nicht das Wissen knapp, sondern die Fähigkeit, Wissen zu nutzen, findet sich in dem Aufsatz:

Lundvall, B.-Å./Johnson B. 1994: *The Learning Economy.* Journal of Industry Studies, 1, S. 23–42.

Siehe dazu auch:

OECD 1996: *The Knowledge-based Economy.* Paris: OECD.

Die zwei Strategien zur Entwicklung der wissensbasierten Volkswirtschaft sind ausführlicher dargestellt in:

Lehner, F. 2006: *Wissensnetze und Wissensmanagement im Strukturwandel.* In: Blecker, T./Gmünden, H. J., Wertschöpfungsnetzwerke. Festschrift für Bernd Kaluza. Berlin: Schmidt

Zur Frage, wie die ökologischen Herausforderungen, vor denen das Ruhrgebiet und die ganze Welt stehen, wirtschaftlich sinnvoll zu lösen sind, siehe:

Lehner, F./Schmidt-Bleek, F. 1999: *Die Wachstumsmaschine. Der ökonomische Charme der Ökologie.* München: Droemer.

Wir haben dabei das Konzept des „ökologischen Rucksacks" genutzt; vgl. dazu:

Schmidt-Bleek, F. 1994: *Wie viel Umwelt braucht der Mensch? MIPS – Das Maß für ökologisches Wirtschaften.* Basel/Boston/Berlin: Birkhäuser.

Wie wichtig Bildung und Bildungspartizipation für die wirtschaftliche Entwicklung insbesondere von Regionen sind, kann man unter anderem in folgenden Arbeiten nachlesen:

Braczyk, H.-J./Cooke, P./Heidenreich, M. 1998: *Regional Innovation Systems.* London: UCL Press.

Bryson, J. R./Daniels, P. W./Henry, N./Pollard, J. (Hg.) 1995: *Knowledge, Space, and Economy.* London: Routledge.

Cooke, P./Schienstock, G. 2000: *Structural Competitiveness and learning regions.* Enterprise and Innovation Management Studies 1 (3), S. 265–280.

Lawson C., 1999: *Towards a competence theory of the region.* Cambridge Journal of Economics 23, S. 151–166.

Malecki, E. J. 2000: *Knowledge and Regional competitiveness.* Erdkunde 54: S. 334–351.

Stehr, N. 2001: *Wissen und Wirtschaften. Die gesellschaftlichen Grundlagen der modernen Ökonomie.* Frankfurt: Suhrkamp.

Die Bedeutung der Lebensqualität und ihrer einzelnen Dimensionen für gut gebildete und qualifizierte Arbeitskräfte wird ausführlich diskutiert in:

Florida, R. 2002: *The Rise of the Creative Class. And How It's Transforming Work, Leisure, Community and Everyday Life.* New York: Basic Books.

Florida, R. 2011: *The great Reset. How new ways of living and working drive post-crash prosperity.* Harper: New York.

Zur Bedeutung der Zivilgesellschaft verweisen wir auf:

Adloff, F. 2005: *Zivilgesellschaft: Theorie und politische Praxis.* Frankfurt/New York: Campus.

Klein, A./Kern, K./Geißel, B./Berger, M. (Hg.) 2004: *Zivilgesellschaft und Sozialkapital: Herausforderungen politischer und sozialer Integration.* Wiesbaden: VS Verlag für Sozialwissenschaften.

Olk, T./Klein, A./Hartnuß, B. (Hg.) 2009: *Engagementpolitik: Die Entwicklung der Zivilgesellschaft als politische Aufgabe.* Wiesbaden: VS Verlag für Sozialwissenschaften.

Olk, T./Hartnuß, B. (Hg.) 2011: *Handbuch Bürgerschaftliches Engagement.* Weinheim: Juventa.

Zum Thema Wohnen im Alter und der generellen wirtschaftlichen Bedeutung des Alters siehe:

Heinze, R. G./Naegele, G./Schneiders, K. 2011: *Wirtschaftliche Potentiale des Alters.* Stuttgart: Kohlhammer.

Heinze, R. G./Naegele, G. (Hg.) 2010: *EinBlick in die Zukunft. Gesellschaftlicher Wandel und Zukunft des Alterns.* Münster/Berlin: LIT Verlag.

Die Autoren

Prof. Dr. Jörg Bogumil, geboren 1959, Lehrstuhl für Öffentliche Verwaltung, Stadt- und Regionalpolitik, Fakultät für Sozialwissenschaft, Ruhr-Universität Bochum.

Prof. Dr. Rolf G. Heinze, geboren 1951, Lehrstuhl für Allgemeine Soziologie, Arbeit und Wirtschaft, Fakultät für Sozialwissenschaft, Ruhr-Universität Bochum.

Prof. Dr. (em.) Franz Lehner, geboren 1946, bis 2011 Lehrstuhl für Angewandte Sozialforschung, Fakultät für Sozialwissenschaft, Ruhr-Universität Bochum, sowie geschäftsführender Direktor des Instituts Arbeit und Technik der Fachhochschule Gelsenkirchen.

Prof. Dr. Klaus Peter Strohmeier, geboren 1948, Lehrstuhl für Stadt, Region und Familie, Fakultät für Sozialwissenschaft, Ruhr-Universität Bochum.